Mobiliar- und Unternehmenshypotheken in Europa

Studien zum europäischen

Privat- und Prozeßrecht

Herausgegeben von Manfred Wolf

Band 10

PETER LANG
Frankfurt am Main · Berlin · Bern · Bruxelles · New York · Oxford · Wien

Franc Zimmermann

Mobiliar- und Unternehmenshypotheken in Europa

Auswirkungen der Grundfreiheiten
des EG-Vertrages auf das nationale Sachrecht

PETER LANG
Europäischer Verlag der Wissenschaften

Bibliografische Information Der Deutschen Bibliothek
Die Deutsche Bibliothek verzeichnet diese Publikation in der Deutschen Nationalbibliografie; detaillierte bibliografische Daten sind im Internet über <http://dnb.ddb.de> abrufbar.

Zugl.: Frankfurt (Main), Univ., Diss., 2005

D 30
ISSN 1434-2405
ISBN 3-631-54353-0

www.peterlang.de

„Der EWG-Vertrag hat eine eigenständige Rechtsordnung geschaffen, die in die Rechtsordnungen der Mitgliedstaaten aufgenommen worden und von ihren Gerichten anzuwenden ist.

Es würde dem Wesen dieser Rechtsordnung widersprechen, wenn es den Mitgliedstaaten gestattet wäre, Maßnahmen zu ergreifen oder aufrechtzuerhalten, welche die praktische Wirksamkeit des Vertrages beeinträchtigen könnten."

EuGH, Urt. vom 13.02. 1969 - Slg. 1969, S. 1ff.

Meinem Bruder Marc

In vielerlei Hinsicht habe ich meinem Doktorvater Herrn Prof. Dr. Manfred Wolf zu danken. Insbesondere dafür, dass er mir die für die vorliegende Arbeit nötige Freiheit gegeben und rasch das Erstgutachten erstellt hat, sowie für seine Bemühungen um meine Interessen und die Aufnahme dieser Arbeit in seine Schriftenreihe.

Ebenso danke ich meinem Zweitgutachter Herrn Prof. Dr. Helmuth Kohl für die schnelle Zweitbegutachtung.

Besonderer Dank gilt auch Herrn Prof. Dr. Michael Veltins von der Kanzlei Veltins & Wilkinson, Barker, Knauer, Leitermann, Frankfurt am Main, Washington D.C., ohne dessen Vertrauen in meine juristischen Tätigkeiten die vorliegende Dissertation hätte nicht entstehen können.

Ausserdem bedanke ich mich ganz herzlich bei meiner Mutter für ihre jederzeitige Unterstützung, sowie meinen Freunden, die jeder für sich viel zu dieser Arbeit durch Ihre Geduld und ihren Rat beigetragen haben.

Schliesslich habe ich meinem Vater für die anfängliche Unterstützung zu danken.

Endlich bin ich der Interessengemeinschaft Frankfurter Kreditinstitute GmbH für die großzügige Tragung der Druckkosten dieser Arbeit zu Dank verpflichtet.

Die Förderung durch die Gemeinschaft ist mir eine Ehre.

Indien, im Sommer 2005 Franc Zimmermann

Inhaltsverzeichnis:

Literaturverzeichnis:

Adomeit, Klaus / Frühbeck, Guillermo; Einführung in das spanische Recht – Das Verfassungs-, Zivil-, Wirtschafts- und Arbeitsrecht des Königreichs Spanien; München 2001

Adrian, Axel; Juristische Methodenlehre und die „Keck-Entscheidung" des EuGH, EWS 1998, 288ff.

Ahlfeld, Martin; Zwingende Erfordernisse im Sinne der Cassis-Rechtsprechung des Europäischen Gerichtshofs zu Art. 30 EGV; Baden-Baden, 1997 [zugl. Diss. Göttingen 1996]

Amtliches Handbuch zur Abgabenordnung des Bundesministeriums der Finanzen (2004)

Anschütz / von Völderndorff; Kommentar zum Allgemeinen Deutschen Handelsgesetzbuch mit Ausschluß des Seerechts, Bd. 1 Erlangen 1868

Armbrüster, Christian; Ein Schuldvertragsrecht für Europa? – Bemerkungen zur Privatrechtsangleichung in der Europäischen Union nach »Maastricht« und »Keck« RabelsZ 60 (1996) S. 72ff.

Arndt, Hans-Wolfgang; Europarecht; 4. Aufl., Heidelberg 1999

Arndt, Hans-Wolfgang; Warenverkehrsfreiheit innerhalb der Europäischen Union: der Fall „Keck" – EuGH, NJW 1994, 121, JuS 1994, 469ff.

Badura, Peter [Hrsg. / Scholz, Rupert; Wege und Verfahren des Verfassungslebens, Festschrift für Peter Lerche zum 65. Geburtstag München 1993

Bangemann, Martin; Privatrechtsangleichung in der Europäischen Union, ZEuP 1994, S. 377ff.

Basedow, Jürgen; Von der deutschen zur europäischen Wirtschaftsverfassung – Vorträge und Aufsätze; Tübingen 1992

Basedow, Jürgen [Hrsg.]; Europäische Vertragsrechtsvereinheitlichung und deutsches Recht, Tübingen 2000

Basedow, Jürgen; Deregulierungspolitik und Deregulierungspflichten – Vom Zwang zur Marktöffnung in der EG, Staatswissenschaften und Staatspraxis, 1991, S. 151ff.

Baur, Fritz / Stürner, Rolf; Lehrbuch des Sachenrechts; 17. Aufl., München 1999

Baur, Fritz; Entwicklungstendenzen im Sachenrecht; JA 1987, 161ff.

Becker, Ulrich; Von „Dassonville" über „Cassis" zu „Keck" – Der Begriff der Maßnahmen gleicher Wirkung in Art. 30 EGV, EuR 1994, 162ff.,

Becker, Ulrich; Das Verbot tarifärer und nichttarifärer Hemmnisse des EU-Warenverkehrs JA 1997, 65ff., 73

Behrend, Jakob Friedrich; Lehrbuch des Handelsrechts, Bd.1, Abt. I Berlin 1880/86

Behrens, Peter; Die Konvergenz der wirtschaftlichen Freiheiten im europäischen Gemeinschaftsrecht, EuR 1992, 145ff.

Beisel, Wilhelm / Klumpp, Hans-Hermann; Der Unternehmenskauf – Gesamtdarstellung der zivil- und steuerrechtlichen Vorgänge einschließlich gesellschafts-, arbeits-, und kartellrechtlicher Fragen bei der Übertragung eines Unternehmens; 3. Aufl., München 1996

Benkard, Georg; Patentgesetz, 9. neubearbeitete Aufl., München 1993

Benöhr, Hans-Peter; Fast vier Tropfen sozialen Öls. Zum Arbeitsrecht im BGB., in FS für Karl Kroeschell S. 18ff.

Beysen, Erwin; in: v. Bar Sachenrecht in Europa, Band IV – Belgien S. 7ff.

Beysen, Erwin; in: v. Bar Sachenrecht in Europa, Band IV – Frankreich S. 177ff.

Blaurock, Uwe; Europäisches Zivilrecht, JZ 1994, S. 270ff.

Bleckmann, Albert; Europarecht; 6. Aufl.; Köln, Berlin, Bonn, München 1997

Brehm, Wolfgang / Berger, Christian; Sachenrecht; Tübingen 2000

Brödermann, Eckart / Iversen, Holger; Europäisches Gemeinschaftsrecht und Internationales Privatrecht; Tübingen 1994

Butterworth´s Commercial Law Handbook, London 1989

Calliess, Christian / Ruffert, Matthias [Hrsg.]; Kommentar zum EU-Vertrag und EG-Vertrag, 2. Aufl. Neuwied 2002

Coing, Helmut; Grundzüge der Rechtsphilosophie; 3. Aufl., Berlin, New York 1976

Conradi, Johannes; Das Unternehmen im Handelsrecht – Eine rechtshistorische Untersuchung vom preußischen Allgemeinen Landrecht (1749) bis zum Allgemeinen Deutschen Handelsgesetzbuch (1861), Heidelberg 1993, [zugl. Diss. Hamburg 1992]

Collan, Matias / Koivula, Juha; in: v. Bar Sachenrecht in Europa, Band I – Finnland, S. 209ff.

Cornu, Gerard; Droit civil. Introduction – Les personnes – Les biens, 8. Aufl., Paris 1997

Dany, Peter; Grundeigentum und Freiheit, Liberalisierung der preußischen Agrarverfassung in der Zeit von 1794 bis 1850; [Diss. Kiel 1970]

Dauses, Manfred A. [Hrsg.]; Handbuch des EU-Wirtschaftsrechts; Loseblattsammlung, München

Deckert Martina R. / Schroeder, Werner; Anmerkung zum Urteil EuGH v. 27.1.2000 – Rs. C-190/98 – Volker Graf ./. Filzmoser Maschinenbau GmbH, JZ 2001 S. 88ff.

de Groot, Gerard-René; Auf dem Weg zu einem europäischen (internationalen) Familienrecht, ZEuP 2001, S. 617ff.

de Seabra, Maria Margarida R. A. C. / de Alencar Xavier, Yanko Marcius; in: v. Bar Sachenrecht in Europa, Band III – Portugal, S. 338ff.

Dorndorf, Eberhard / Frank, Jürgen; Reform des Rechts der Mobiliarsicherheiten – unter besonderer Berücksichtigung der ökonomischen Analyse der Sicherungsrechte, ZIP 1985, S. 65ff.

Dörr, Oliver; Die Warenverkehrsfreiheit nach Art. 30 EWGV – doch bloß ein Diskriminierungsverbot?; RabelsZ 54 (1990) S. 677ff.

Drasch, Wolfgang; Das Herkunftslandsprinzip im internationalen Privatrecht, Baden-Baden 1997 [zugl. Diss. Augsburg]

Dreier, Horst [Hrsg.]; Grundgesetz Kommentar, 2. Aufl., Tübingen 2004

Dreier, Thomas / Schulze, Gernot; Urheberrechtsgesetz, München 2004

Drobnig, Ulrich; Mobiliarsicherheiten im Internationalen Wirtschaftsverkehr, RabelsZ 38 (1974) S. 468ff.

Drobnig, Ulrich; Eigentumsvorbehalte bei Importlieferungen nach Deutschland; RabelsZ 32 (1968), S. 450ff.

Drobnig, Ulrich; Empfehlen sich gesetzliche Maßnahmen zur Reform der Mobiliarsicherheiten? Gutachten F zum 51. Deutschen Juristentag 1976

Dubach, Alexander; Freier Warenverkehr in der EU: Der Gerichtshof auf neuen Pfaden? DVBl. 1995, 595ff.,

Ehlers, Dirk; Die Grundfreiheiten des Europäischen Gemeinschaftsrechts, JURA 2001, S. 266ff.

Ehricke, Ulrich; Die richtlinienkonforme und die gemeinschaftsrechtskonforme Auslegung nationalen Rechts – Ein Beitrag zu ihren Grundlagen und zu ihrer Bedeutung für die Verwirklichung eines »europäischen Privatrechts« RabelsZ 59 (1995) S. 598ff.

Eleftheriadou, Evlalia; in: v. Bar Sachenrecht in Europa, Band III – Griechenland, S. 7ff.

Enneccerus, Ludwig / Nipperdey, Hans Carl; Allgemeiner Teil des Bürgerlichen Rechts: Ein Lehrbuch- Halbband 1: Allgemeine Lehren, Personen, Rechtsobjekte, 15. neubearb. Aufl., Tübingen 1959

Erman / Hobloch; Handkommentar zum Bürgerlichen Gesetzbuch, 11. Aufl., Köln 2004

Everling, Ulrich; Eigentumsordnung und Wirtschaftsordnung in der Europäischen Gemeinschaft, in: Festschrift für Ludwig RAISER; 1974, S. 379

Everling, Ulrich; Probleme der Rechtsangleichung zur Verwirklichung des europäischen Binnenmarktes, in Festschrift für Steindorff, Ernst, Berlin 1990, S. 1155-1173.

Fastenrath, Ulrich; Inländerdiskriminierung – Zum Gleichbehandlungsgebot beim Zusammenwirken mehrerer (Teil)rechtsordnungen im vertikal gegliederten und international integrierten Staat –, JZ 1987, S. 170ff.

Ferid, Murad / Sonnenberger, Hans Jürgen; Das französische Zivilrecht, Band 2: Einzelne Schuldverhältnisse – Sachenrecht; 2. Aufl., Heidelberg 1986.

Fetsch, Johannes; Eingriffsnormen und EG-Vertrag, Tübingen 2002 [zugl. Diss. Bonn 2000/2001]

Franzen, Martin; Privatrechtsangleichung durch die Europäische Gemeinschaft, Berlin, New York 1999 [zugl. Habil. 1998/1999 Berlin]

Frenz, Walter; Handbuch Europarecht, Band 1, Europäische Grundfreiheiten Heidelberg 2004,

Fritzemeyer, Verena; Internationale Anerkennungs- und Substitutionsprobleme bei Mobiliarsicherheiten, 1. Aufl., Konstanz 1984, [zugl. Diss. Konstanz 1983]

Gaddum, Johann Wilhelm; Auf dem Weg zu einem Europäischen Bankaufsichtsrecht

Gaul, Hans Friedhelm; Lex comissaria und Sicherungsübereignung – Zugleich ein Beitrag zum so genannten Innenverhältnis bei der Sicherungsübereignung, AcP 168 (1968), 351ff.

Geiger, Rudolf; EGV-Kommentar, 2. Aufl., München 1995

Götz, Volkmar; Auf dem Weg zu Rechtseinheit in Europa JZ 1994, 265ff.

Grabitz, Eberhard [Hrsg.] / Hilf, Meinhard; Kommentar zum EWG-Vertrag, Loseblattsammlung, München

Grabitz, Eberhard; Über die Verfassung des Binnenmarktes, in Festschrift für Ernst Steindorff zum 70. Geburtstag am 13. März 1990; Berlin, New York, S. 1229ff.

Groeben, Hans von der [Hrsg.] / Thiesing, Jochen / Ehlermann, Claus-Dieter; Kommentar zum EU-/EG-Vertrag, 5. Aufl., Baden-Baden 1997

Grundmann, Stefan; Harmonisierung, Europäischer Kodex, Europäisches System der Vertragsrechte – Die Perspektiven der Kommissionsmitteilung zum Europäischen Vertragsrecht, NJW 2002, 393ff.

Grundmann, Stefan; Europäisches Schuldvertragsrecht, Berlin/New York 1999

Habersack, Mathias; Sachenrecht, 3. Aufl., Heidelberg 2003

Hadding, Walther/ Welter, Reinhard [Hrsg.]; Rechtsfragen bei Bankleistungen im Europäischen Binnenmarkt – Legal Issues Involved in Banking Services in the Single European Market – Problèmes juridiques des services bancaires au sein du Marché intérieur européen; 1994

Hadding, Walther / Schneider, Uwe; Recht der Kreditsicherheiten in europäischen Ländern, Teil II, Frankreich, 1978, Reinecker, Heinrich / Petereit, Wolfgang [Bearb.]

Haedicke, Maximilian; Der bürgerlich-rechtliche Verfügungsbegriff, JuS 2001, S. 966ff.

Härtel, Ines; Durchsetzbarkeit von Zwangsgeld-Urteilen des EuGH gegen Mitgliedstaaten, EuR 2000, S. 617ff

Hattenhauer, Hans; Grundbegriffe des bürgerlichen Rechts, Historisch-dogmatische Einführung; München 1982/2000

Hatzopoulos, Vassilis G.; Recent Developments of the Case Law of the ECJ in the Field of Services CMLR 2000, 43ff.

Hauschka, Christoph E.; Grundprobleme der Privatrechtsfortbildung durch die Europäische Wirtschaftsgemeinschaft, JZ 1990, S. 521ff.

Heck, Philipp; Grundriß des Sachenrechts; Tübingen 1930, Neudruck 1960.

Hedemann, Justus Wilhelm; Sachenrecht des Bürgerlichen Gesetzbuches; 3. Aufl., Berlin, Leipzig 1924

Hellenthal, Ludger; Das Bankaufsichtsrecht der Europäischen Gemeinschaft; Berlin 1992 [zugl. Diss. Münster 1992]

Hellner, Thorwald / Steuer, Stephan [Hrsg.]; Bankrecht und Bankpraxis, Loseblattsammlung, Köln

Henssler, Martin; Treuhandgeschäft – Dogmatik und Wirklichkeit, AcP 196 (1996), S. 37ff.

Herrmann, Klaus; Der gemeinsame Betrieb mehrerer Unternehmen, Konstanz 1993 [zugl. Diss. Konstanz 1993]

Herrmann, Reinhard / Westermann, Dirk; in v. Bar: Sachenrecht in Europa, Band I. – Schweden, S. 493ff.

Hitchcock, Tanya-Caroline / Poulsen, Malene Stein; in v. Bar: Sachenrecht in Europa, Band I – Dänemark, S. 7ff.

Hoeren, Thomas / Ernstschneider, Thomas; Das neue Geräte- und Produktsicherheitsgesetz und seine Anwendung auf die IT-Branche, MMR 2004, S. 507ff.

Hoffmann, Bernd von; Internationales Privatrecht einschließlich der Grundzüge des Internationalen Zivilverfahrensrechts, 7. Aufl., München 2002

Hölters, Wolfgang [Hrsg.] / Bauer, Jobst-Hubertus; Handbuch des Unternehmens- und Beteiligungskaufs, 5. Aufl., Köln 2002

Holzapfel, Hans-Joachim / Pöllath, Reinhard; Unternehmenskauf in Recht und Praxis – Rechtliche und steuerliche Aspekte, 10. Aufl., Köln 2001

Hommelhoff, Peter; Zivilrecht unter dem Einfluß europäischer Rechtsangleichung, AcP 192 (1992), S. 71ff.

Hondius, Ewoud; Finding the Law and Harmonisation of Private Law in Europe, in Schulte-Nölke, Hans / Schulze, Reiner [Hrsg.]; Europäische Rechtsangleichung und nationale Privatrechte, Baden-Baden 1999, S. 393ff.

Honrath, Alexander; Umfang und Grenzen der Freiheit des Kapitalverkehrs: die Möglichkeiten zur Einführung einer Devisenzwangsbewirtschaftung in der Europäischen Union; 1. Aufl., Baden-Baden, 1998 [zugl. Diss. Saarbrücken 1996]

Horn, Norbert; Ein Jahrhundert Bürgerliches Gesetzbuch; NJW 2000, S. 40ff.

Horn, Norbert; Bankrecht auf dem Weg nach Europa, ZBB 1989, 107ff.

Hromadka, Wolfgang; Die Entwicklung des Faustpfandprinzips im 18. und 19. Jahrhundert, Köln, Wien 1971

Hromadka, Wolfgang; Sicherungsübereignung und Publizität, JuS 1980, 89ff.

Huster, Stefan; Gleichheit und Verhältnismäßigkeit – Der allgemeine Gleichheitssatz als Eingriffsrecht, JZ 1994, S. 541ff.

Hübner, Ulrich / Constantinesco, Vlad; Einführung in das französische Recht; München 2001.

Hübner, Ulrich; Internationalprivatrechtliche Anerkennungs- und Substitutionsprobleme bei besitzlosen Mobiliarsicherheiten; ZIP 1980, S. 825ff.

Hübner, Ulrich; Internationalprivatrechtliche Probleme der Anerkennung und Substitution bei globalen Sicherungsrechten an Unternehmen, in Festschrift für PLEYER; 1986, S. 41ff..

Hübner, Ulrich; Dienstleistungsfreiheit auf dem Finanzdienstleistungssektor in Festschrift für BODO BÖRNER zum 70. Geburtstag: Europarecht, Energierecht, Wirtschaftsrecht

Hübner, Ulrich; Die Dienstleistungsfreiheit in der EG und ihre Grenzen; JZ 1987, 330ff.

Ingerl, Reinhard / Rohnke, Christian; Markengesetz – Gesetz über den Schutz von Marken und sonstigen Kennzeichen, 2. Aufl., München 2003

Ipsen, Hans Peter; Europäisches Gemeinschaftsrecht; Tübingen 1972

Jarass, Hans D. / Pieroth, Bodo; Grundgesetz für die Bundesrepublik Deutschland – Kommentar, 6. Auflage, München 2002

Jarass, Hans D.; Die Kompetenzverteilung zwischen der Europäischen Gemeinschaft und den Mitgliedstaaten AöR 1996, S. 173ff.

Jarass, Hans D.; Folgen der innerstaatlichen Wirkung von EG-Richtlinien, NJW 1991, 2665.

Jarass, Hans D.; Elemente einer Dogmatik der Grundfreiheiten, EuR 1995, 202ff.

Jayme, Erik; Transposition und Parteiwille bei grenzüberschreitenden Mobiliarsicherheiten in Festschrift für Rolf SERICK zum 70. Geburtstag, S. 241ff.

Jayme, Erik; Ein internationales Privatrecht für Europa: Reden zur Verleihung des Landesforschungspreises Baden-Württemberg 1989 – Ein internationales Privatrecht für Europa, Heidelberg 1991, S. 5ff.

Jayme, Erik / Kohler, Christian; Das Internationale Privat- und Verfahrensrecht der EG 1993 – Spannungen zwischen Staatsverträgen und Richtlinien; IPRax 1993, 357ff.

Jehoram, Cohen; Kritische Überlegungen zur wirtschaftlichen Bedeutung des Urheberrechts, GRUR Int. 1989, S. 23ff

Johannsen/Rademacher; Produkthaftungsrisiken im Handel und Lösungsansätze, BB 1996, S. 2636ff.

Junker, Abbo; Die IPR-Reform 1999: Auswirkungen auf die Unternehmenspraxis – Im Blickpunkt: Außervertragliche Schuldverhältnisse und Sachenrecht; RiW 2000, 241ff.

Katerlöb, Stephan; Das Handelsunternehmen als Kreditsicherheit im deutschen, französischen und spanischen Recht, Frankfurt am Main 2003 [zugl. Diss. Freiburg]

Kegel, Gerhard / Schurig, Klaus; Internationales Privatrecht, 8. Aufl., München 2000

Kewenig, Wilhelm; Niederlassungsfreiheit, Freiheit des Dienstleistungsverkehrs und Inländerdiskriminierung, JZ 1990, 20ff., 23

Kieninger, Eva-Maria; Mobiliarsicherheiten im europäischen Binnenmarkt: Zum Einfluß der Warenverkehrsfreiheit auf das nationale und internationale Sachenrecht der Mitgliedstaaten, Baden-Baden 1996 [zugl. Diss. Berlin 1995]

Kingreen, Thorsten; Die Struktur der Grundfreiheiten; Berlin 1999

Knieper, Rolf; Gesetz und Geschichte: ein Beitrag zu Bestand und Veränderung des Bürgerlichen Gesetzbuches; 1. Aufl., Baden-Baden 1996

Koch, Victoria; Der Fonds de commerce – Bestandteile, Verkauf und Verpfändung unter besonderer Berücksichtigung seiner Entstehungsgeschichte, Frankfurt am Main 1996

Koenig, Christian / Haratsch, Andreas; Europarecht ; 3. Aufl. Tübingen 2000

Kötz, Hein; Rechtsvereinheitlichung – Nutzen, Kosten, Methoden, Ziele RabelsZ 50 (1986) S. 1ff.

Kohler, Christian; La Cour de Justice des Communautés Européenes et le droit international privé, in : Travaux du Comité francais de droit international privé 1993-1994, 1996, S. 71ff.

Kramm, Beatrice; Handelsregisterrecht – Reformvorschläge unter Berücksichtigung des deutschen, französischen und englischen Systems, Baden-Baden 1998 [zugl. Diss. Berlin 1998]

Kreuzer, Karl; Europäisches Mobiliarsicherungsrecht in: Conflits et harmonisation. Mélanges en l`honneur d´Alfred E. von Overbeck à l´occasion de son 65e anniversaire; Fribourg/Suisse, S. 613ff.

Kreuzer, Karl; Die Inlandswirksamkeit fremder besitzloser vertraglicher Mobiliarsicherheiten: die italienische Autohypothek und das US-amerikanische mortgage an Luftfahrzeugen, IPRax 1993, 157ff.

Kreuzer, Karl; Die Vollendung der Kodifikation des deutschen Internationalen Privatrechts durch das Gesetz zum Internationalen Privatrecht der außervertraglichen Schuldverhältnisse und Sachen vom 21.5.1999, RabelsZ 65 (2001) S. 383ff.

Kronke, Herbert; Brauchen wir ein europäisches Zivilgesetzbuch? RPF 2002, Nr. 11, S.15ff.

Kroeschell, Karl; Rechtsgeschichte Deutschlands im 20. Jahrhundert, Göttingen 1992

Kropholler, Jan; Internationales Privatrecht, 4. Aufl., Tübingen 2001

Larenz, Karl / Wolf, Manfred; Allgemeiner Teil des Bürgerlichen Rechts, 8. Aufl., München 1997

Lewald, Hans; Règles générales des conflits de lois – Contribution à la technique du droit international privé, Recueil des Cours 69 (1939 III)

Lenz, Carl Otto / Borchardt, Klaus-Dieter [Hrsg.]; EU- und EG-Vertrag, Kommentar zu dem Vertrag über die Europäische Union und zu dem Vertrag zur Gründung der Europäischen Gemeinschaft. Jeweils in der durch den Vertrag von Nizza geänderten Fassung; 3. Auflage, Köln 2003

Lenz, Carl Otto; Unlauterer Wettbewerb und freier Warenverkehr in der Rechtsprechung des Europäischen Gerichtshofs; ZEuP 1994, 624ff.

Makorov; Grundriß des IPR, Frankfurt am Main 1970

Martinek, Michael; Moderne Vertragstypen, Bd. 1: Leasing und Factoring, München 1991

Mariscal, Rodríguez; in: v. Bar Sachenrecht in Europa, Band IIII – Spanien

Matthies, Heinrich; Art. 30 EG-Vertrag nach Keck, in Festschrift für Ulrich Everling, Due, Ole / Lutter, Marcus / Schwarze, Jürgen [Hrsg.], Baden-Baden 1995, S.803-817.

Mayer, Franz C.; Die Warenverkehrsfreiheit im Europarecht – eine Rekonstruktion, EuR 2003, S. 793ff.

Mayer, Franz C.; The language of the European Constitution – beyond Babel?, in A. Bodnar u.a. [Hrsg.] – The Emerging Constitutional Law of the European Union, 2003, S. 359ff.

Melchior, Robin / Schulte, Christian; Handelsregisterverordnung, Kommentar, Köln 2003

Mertens, Hans-Joachim; Nichtlegislatorische Rechtsvereinheitlichung durch transnationales Wirtschaftsrecht und Rechtsbegriff, RabelsZ 56 (1992), 219 ff.

Meyer, Andreas; Europäischer Binnenmarkt und produktspezifisches Werberecht, GRUR Int. 1996, 697ff

Middleton, Sean; in: v. Bar Sachenrecht in Europa, Band I – England, S. 93ff.

Model, Otto [Begr.] / Müller, Klaus; Grundgesetz für die Bundesrepublik Deutschland, 11. Aufl. München 1996

Moench, Christoph; Der Schutz des freien Warenverkehrs im Gemeinsamen Markt – Zur Auslegung der Art. 30, 34, 36 EWGV in der Rechtsprechung des EuGH, NJW 1982, S. 2689ff.

Möschel, Wernhard; Kehrtwende in der Rechtsprechung des EuGH zur Warenverkehrsfreiheit – Anmerkung zu dem Urteil EuGH, EuZW 1993, 770 = NJW 1994, 121 – Keck, NJW 1994, 429ff.

Mojzesowicz, Karolina; Möglichkeiten und Grenzen einer einheitlichen Dogmatik der Grundfreiheiten, Baden-Baden 2001 [zugl. Diss. Frankfurt / Oder 2000]

Münchner Kommentar zum Bürgerlichen Gesetzbuch, 3. Aufl., München 1997

Müller, Klaus; Kollisionsrechtliche Behandlung von Reisegepäck und individuellem Verkehrsmittel auf Auslandsreise RIW/AWD 1982, 461ff.

Müller-Graff, Peter-Christian; Gemeinsames Privatrecht in der europäischen Gemeinschaft: Ebenen und gemeinschaftsprivatrechtliche Grundfragen, in Festschrift für BODO BÖRNER zum 70. Geburtstag: Europarecht, Energierecht, Wirtschaftsrecht, S. 317ff.

Müller-Graff, Peter-Christian; Binnenmarktziel und Rechtsordnung; Bergisch-Gladbach 1989, S. 32ff.

Nagel, Bernhard; Wirtschaftsrecht der Europäischen Union; 2. Aufl. Baden-Baden 1999

Nieper, Franz / Ploeger, Hendrik; in: v. Bar Sachenrecht in Europa, Bd. III – Niederlande, S. 149ff.

Odendahl, Guido; Die Grundfreiheiten des Waren-, Kapital- und Zahlungsverkehrs, JA 1996, 221ff.

Ohler, Christoph; Die Kapitalverkehrsfreiheit und ihre Schranken, WM 1996, S. 1801

Oliver, Peter; Some further reflections on the scope of Art.28-30 (ex 30-36) EC CMLR 1999, 783ff.

Oliver, Peter; Free Movement of Goods in the EEC, 2nd Edition, London 1988

Oppermann, Thomas; Europarecht; 2. Aufl., München 1999

Palandt, Otto; Bürgerliches Gesetzbuch, 63. Aufl., München 2004

Pajunk, Axel; Die Bedeutung und Reichweite der Kapitalverkehrs- und Dienstleistungsfreiheit des EG-Vertrages: die gegenseitige Anerkennung von Privatrechtsinstituten am Beispiel der englischen Mobiliarkreditsicherheiten, Frankfurt/Main 1999 [zugl. Diss. Frankfurt/Main 1997]

Paul, Stephan / Stein, Stefan; Rating, Basel II und die Unternehmensfinanzierung, Bank-Verlag GmbH, Köln, 2002

Pfeiffer, Thomas; Der Stand des Internationalen Sachenrechts nach seiner Kodifikation, IPRax 2000, S. 270ff.

Pintens, Walter; Die Europäisierung des Erbrechts, ZEuP 2001, 628ff.

Plancker, Lukas / Pfeifer, Karl; in: v. Bar Sachenrecht in Europa, Band IV – Italien, S. 315ff.

Planck´s Kommentar; Planck´s Kommentar zum Bürgerlichen Gesetzbuch nebst Einführungsgesetz, Band III – Sachenrecht, 4. Aufl. Leipzig 1920

Poczobut, Jerzy; in: v. Bar Sachenrecht in Europa, Band II – Polen, S. 6ff.

Potinecke, Harald W.; Das Geräte- und Produktsicherheitsgesetz, DB 2004 S. 55ff.

Puchta, Georg Friedrich; Vorlesungen über das heutige römische Recht, 4. Aufl. 1854

Radke, Wolfram; Bedingungsrecht und Typenzwang: eine Untersuchung zu Grenzen und Grundlagen privatautonomer Gestaltung, Berlin 2001 [zugl. Diss. Marburg 2000]

Rehm, Hannes [Hrsg.]; Perspektiven für den Europäischen Binnenmarkt, Verband öffentlicher Banken, Bonn 1989

Reich, Norbert; Binnenmarkt als Rechtsbegriff, EuZW 1991, 203ff.

Reich, Norbert; Anmerkungen zu EuGH 24.11.1993 („Keck"), ZIP 1993, 1815ff.

Reinhardt, Rudolf; Protokolle der Ausschüsse, Fahrnis-, Besitz- und Bodenrecht 1937-1942, Band III

Reihe Alternativkommentare; BGB – Kommentar zum Bürgerlichen Gesetzbuch, Band IIII Sachenrecht

Reithmann, Christoph / Martiny, Dieter; Internationales Vertragsrecht; bearb. von Dageförde, Carsten, 5. völlig neubearb. und wesentlich erw. Aufl., Köln 1996

Remien, Oliver; Möglichkeiten und Grenzen eines europäischen Zivilrechts, in: Europäisches Privatrecht, Unternehmensrecht, Informationspflichten im Zivilrecht, Jahrbuch Junger Zivilwissenschaftler, 1991, S. 11ff.

Remien, Oliver; Illusion und Realität eines europäischen Privatrechts; JZ 1992, 277ff.

Remien, Oliver; Denationalisierung des Privatrechts in der Europäischen Union? - Legislative und gerichtliche Wege, ZfRV 1995, S. 116ff.

Rinnewitz, Jürgen; Zur dogmatischen Struktur des Anwartschaftsrechts aus dem Eigentumsvorbehalt [Diss. Göttingen 1989]

Ring, Gerhard / Olsen-Ring, Line; Einführung in das skandinavische Recht, München 1999

Rittner, Fritz; Die wirtschaftsrechtliche Ordnung der EG und das Privatrecht, JZ 1990, 838ff.

Rodríguez Mariscal, Elena; in: v. Bar Sachenrecht in Europa, Bd. IV – Spanien, S. 457ff.

Rödder, Thomas / Hötzel, Oliver / Mueller-Thuns, Thomas; Unternehmenskauf – Unternehmensverkauf – Zivilrechtliche und steuerrechtliche Gestaltungspraxis, München 2003,

Roth, Wulf-Henning; Die Freiheit des EG-Vertrages und das nationale Privatrecht – Zur Entwicklung internationaler Sachnormen für europäische Sachverhalte; ZEuP 1994, S.5ff.

Roth, Wulf-Henning; Die Grundfreiheiten und das Internationale Privatrecht – das Beispiel Produkthaftung -, Gedenkschrift Lüderitz

Sack, Rolf; Staatliche Regelungen sogenannter „Verkaufsmodalitäten" und Art. 30 EGV, EWS 1994, 37ff.

Sachs, Michael; Grundgesetz: Kommentar; Sachs, Michael [Hrsg.]; Battis, Ulrich [Bearb.]; 2. Aufl. München 1999

Sandrock, Otto; Das Privatrecht am Ausgang des 20. Jahrhunderts: Deutschland – Europa – und die Welt, JZ 1996, 1ff.,

Savigny, Friedrich Carl von; System des heutigen römischen Rechts Bd. I (1840) und VIII (1849)

Schäfer, Achim; Grenzüberschreitende Kreditsicherung an Grundstücken unter besonderer Berücksichtigung des deutschen und italienischen Rechts, Frankfurt am Main, Berlin, Bern, New York, Paris, Wien 1993 [zugl. Diss. Heidelberg 1992]

Scherzberg, Arno; Die innerstaatlichen Wirkungen von EG-Richtlinien, Jura 1993 S. 225ff.

Schildt, Bernd, Der deliktische Schutz des Rechts am Gewerbebetrieb, WM 1996, S. 2261ff.

Schilling, Theodor; Besitzlose Mobiliarsicherheiten im nationalen und internationalen Privatrecht – Versuch einer vergleichenden Darstellung unter Berücksichtigung der Rechte des deutschen und französischen Rechtskreises sowie des common law; München 1985 [zugl. Diss. Würzburg]

Schimansky, Herbert/Bunte/Lwowski; Bankrechtshandbuch ; 2. Aufl. München 2001

Schmidt, Karsten; Handelsrecht, 5. Auslage, Köln, Berlin, Bonn 1999

Schmidt-Leithoff; in Festschrift für Rittner, Fritz, 1991 S. 597ff.

Schnichels, Dominik; Reichweite der Niederlassungsfreiheit; 1. Aufl. Baden-Baden 1995, [zugl. Diss. München 1992/1993]

Schoch, Friedrich; Zur Tagung der Deutschen Staatsrechtslehrer in Tübingen 1988 – Der Gleichheitssatz, DVBl. 1988, S. 863ff.

Schön, Wolfgang, Der Nießbrauch an Sachen – Gesetzliche Struktur und rechtsgeschäftliche Ausgestaltung, Köln 1992 [zugl. Habil. Bonn 1992]

Schön, Wolfgang; Der freie Warenverkehr, die Steuerhoheit der Mitgliedstaaten und der Systemgedanke im europäischen Steuerrecht – Teil I EuR 2001, 216ff.

Schön, Wolfgang; Der freie Warenverkehr, die Steuerhoheit der Mitgliedstaaten und der Systemgedanke im europäischen Steuerrecht – Teil II: Das Verbot diskriminierender und protektionistischer Abgaben und das Problem der Belastung „exotischer Waren", EuR 2001, 341ff.

Schöpe, Volker; Rechtliche Probleme der Reorganisation des Handelsregisters in der Bundesrepublik Deutschland, Frankfurt am Main 1998 [zugl. Diss. Hannover 1998]

Schroeder, Werner; Kein Glücksspiel ohne Grenzen – Zugleich eine Besprechung des Lotterie-Urteils des EuGH, EuGRZ 1994, 373ff.

Schröder, Alexander; Das Konzept des Allgemeininteresses – Eine ungeschriebene Rechtfertigung der Einschränkung von EG-Grundfreiheiten durch die Mitgliedstaaten am Beispiel der Dienstleistungsfreiheit im Binnenversicherungsmarkt; Kiel 2001 [zugl. Diss. Berlin]

Schulte-Nölke, Hans; Die schwere Geburt des Bürgerlichen Gesetzbuchs NJW 1996, S. 1710ff.

Schulte-Nölke, Hans [Hrsg.]; Die Schuldrechtsreform vor dem Hintergrund des Gemeinschaftsrechts, Tübingen 2001

Schütz, Hans-Joachim; Cassis de Dijon – EuGH – Urt. vom 20.2.1979 = Slg. 1979, S. 649 – JURA, 1998, 631ff.

Schwartz, Ivo; Perspektiven der Angleichung des Privatrechts in der Europäischen Gemeinschaft; ZEuP 1994, 559ff.

Schwarze, Jürgen [Hrsg.]; EU-Kommentar, Baden-Baden 2000

Schweitzer, Michael / Hummer, Waldemar; Europarecht; Neuwied, Kriftel, Berlin 1996

Seidel, Martin; Die Dienstleistungsfreiheit in der neuesten Rechtsentwicklung, in: Schwarze, Jürgen: Der gemeinsame Markt – Bestand und Zukunft in wirtschaftlicher Perspektive, Baden-Baden 1987

Seif, Ulrike; Der Bestandsschutz besitzloser Mobiliarsicherheiten im deutschen und englischen Recht [Diss. Tübingen 1997]

Seifert, Karl-Heinz / Hömig, Dieter; Grundgesetz für die Bundesrepublik Deutschland, 7. Aufl. Baden-Baden 2003

Serick, Rolf; Eigentumsvorbehalt und Sicherungsübertragung. Neue Rechtsentwicklungen, 2. Aufl., Heidelberg 1993

Soergel, Theodor / Siebert, Wolfgang [Begr.]; Bürgerliches Gesetzbuch mit Einführungsgesetz und Nebengesetzen, 13. Aufl.

Sonnenberger, Hans Jürgen; Französisches Handels- und Wirtschaftsrecht; 2. Aufl. 1991

Speyer, Stefan; Anwendung der Cassis-de-Dijon-Doktrin und Spaltbarkeit reglementierter Tätigkeiten als neue Etappen der Dienstleistungsfreiheit – Anmerkung zum Urteil des EuGH vom 25.6.1991 in der Rs C-76/90 – Säger/Dennemeyer, EuZW 1991, 588ff

Staudinger, Julius von; J. von Staudingers Kommentar zum Bürgerlichen Gesetzbuch, 13. Bearbeitung, Berlin, Bandabhängiger Jahrgang

Steinberg, Phillip; Zur Konvergenz der Grundfreiheiten auf der Tatbestands- und Rechtfertigungsebene, EuGRZ 2002, S. 13ff.

Steindorff, Ernst; EG-Vertrag und Privatrecht; 1. Aufl. Baden-Baden 1996

Steindorff, Ernst; Unlauterer Wettbewerb im System des EG-Rechts, WRP 1993, S. 139ff.

Stephan, Paul / Stein, Stefan; Rating, Basel II und die Unternehmensfinanzierung; 1. Ausg., Köln 2002

Stöcker, Otmar M.; Die „Eurohypothek“ - zur Bedeutung eines einheitlichen nichtakzessorischen Grundpfandrechts für den Aufbau eines "Europäischen Binnenmarktes für den Hypothekarkredit"; mit einer Darstellung der Verwendung der Grundschuld durch die deutsche Hypothekarkreditpraxis sowie des französischen, spanischen und schweizerischen Hypothekenrechts; Berlin 1992 [zugl. Diss. Würzburg 1991]

Stöcker, Otmar M.; Die Eurohypothek- Wegbereiter zu einem Binnenmarkt für den Hypothekarkredit, Der Langfristige Kredit 1991, S. 537 ff.

Stoll, Hans; Rechtskollisionen beim Gebietswechsel beweglicher Sachen, RabelsZ 38 (1974), 450ff.

Stoll, Hans; Zur gesetzlichen Regelung des internationalen Sachenrechts in Artt. 43-46 EGBGB, IPRax 2000, S. 260

Streinz, Rudolf; Europarecht; 4. Aufl., Heidelberg 1999

Streinz, Rudolf; Das Prinzip der gegenseitigen Anerkennung und seine Auswirkungen auf das gesamte Lebensmittelrecht, ZLR 1993, S. 37ff.

Streinz, Rudolf [Hrsg.]; EUV/EGV – Vertrag über die Europäische Union und Vertrag zur Gründung der Europäischen Gemeinschaft, Kommentar, München 2003

Strub, Andreas; Bankdienstleistungen im Binnenmarkt - die Verwirklichung des Europäischen Binnenmarktes der Bankdienstleistungen; München 1993 [zugl. Diss. Hamburg, 1990]

Stumpf, Herbert [Hrsg.]; Eigentumsvorbehalt und Sicherungsübertragung im Ausland, Recht der Mobiliarsicherheiten im Ausland; Fichna, Gudrun / Zimmermann, Rudolf [Bearb.]; 4. Aufl., Heidelberg 1980

Taupitz, Jochen; Europäische Privatrechtsvereinheitlichung heute und morgen, Tübingen 1993

Taupitz, Jochen; Privatrechtsvereinheitlichung durch die EG: Sachrechts- oder Kollisionsrechtsvereinheitlichung?, JZ 1993, S. 533 ff.

Terré, Francois / Simmler, Philippe; Droit civil – Les biens, 5. Aufl., Paris 1998

Ulmer, Peter; Vom deutschen zum europäischen Privatrecht? JZ 1992, S. 1ff.

Vékas, Lajos; in: v. Bar Sachenrecht in Europa, Bd. II – Ungarn, S. 145ff.

Vieweg, Klaus / Werner, Almuth; Sachenrecht, Köln, Berlin, Bonn, München 2003

von Bar, Christian; Internationales Privatrecht, 2. Band, Besonderer Teil, München 1991 *von Bar, Christian [Hrsg.]*; Sachenrecht in Europa, Osnabrück, Bd. 1: 2000; Bd. 2: 2000; Bd. 3: 1999; Bd. 4: 2001

von Hahn, Friedrich; Commentar zum allgemeinen deutschen Handelsgesetzbuch; 1. Aufl. Braunschweig, Bd. I (1863), Bd. II (1867)

von Mangoldt, Herrmann / Klein, Friedrich / Stark, Christian; Das Bonner Grundgesetz, 4. Aufl., München 2000

von Münch, Ingo / Kunig, Philip; Grundgesetzkommentar, 3. Aufl., München 1996

von Thur; Der Allgemeine Teil des Deutschen Bürgerlichen Rechts, 1910ff., Band II 1. Hälfte

von Wilmowsky, Peter; Europäisches Kreditsicherungsrecht – Sachenrecht und Insolvenzrecht unter dem EG-Vertrag; Tübingen 1996 [zugl. Habil. 1994 Frankfurt/Main]

von Wilmowsky, Peter; Kreditsicherheiten im Binnenmarkt: Referat im Rahmen der Vortragsreihe „Grundfragen der europäischen Rechtsordnung", Bonn, 9. Dezember 1996; Bonn 1997

Wachter, Thomas; Die Eurohypothek – Grenzüberschreitende Kreditsicherung an Grundstücken im Europäischen Binnenmarkt, WM 1999, 49ff.

Wacke, Andreas; Das Besitzkonstitut als Übergabesurrogat in Rechtsgeschichte und Rechtsdogmatik – Ursprung, Entwicklung und Grenze des Traditionsprinzips im Mobiliarsachenrecht, Köln 1974

Wagner, Rolf; Der Regierungsentwurf eines Gesetzes zum Internationalen Privatrecht für außervertragliche Schuldverhältnisse und für Sachen; IPRax 1998, S. 429ff.

Wehrens, Hans G.; Das Projekt einer Eurohypothek-Rückblick und Ausblick, WPNR 1994, S. 170 f.

Wehrens, Hans G.; Überlegungen zu einer Eurohypothek, WM 1992, S. 557 ff.

Wesenberg, Gerhard; Neuere deutsche Privatrechtsgeschichte im Rahmen der europäischen Rechtsentwicklung; 4. Aufl., Wien, Köln, Graz 1985

Westermann, Harry; Sachenrecht, 7. Aufl., Heidelberg 1998

Westermann, Harm Peter; Sachenrecht, 10. Auflage, Heidelberg 2002

Wieacker, Franz; Privatrechtsgeschichte der Neuzeit, 2. neubearbeitete Aufl., Göttingen 1967

Wiegand, Wolfgang; Numerus clausus der dinglichen Rechte. Zur Entstehung und Bedeutung eines zentralen zivilrechtlichen Dogmas, in FS Karl Kroeschell, Wege europäischer Rechtsgeschichte, Karl Kroeschell zum 60. Geburtstag [Hrsg. Köbler, Gerhard], Frankfurt am Main 1987, S. 623ff.

Wiegand, Wolfgang; Die Entwicklung des Sachenrechts im Vergleich zum Schuldrecht, AcP 190 (1990) S. 112ff.

Wieling, Hans Josef; Sachenrecht, Band I Sachen, Besitz und Rechte an beweglichen Sachen Berlin

Wieling, Hans, Voraussetzungen, Übertragung und Schutz des mittelbaren Besitzes, AcP 184 (1984) S. 439ff.

Wilhelm, Jan; Sachenrecht; Berlin, New York 1993

Wolf, Manfred; Sachenrecht, 20. Aufl., München 2004

Wolf, Manfred; Privates Bankrecht im EG-Binnenmarkt – Auswirkungen der II. EG-Bankrechts-Richtlinie auf privatrechtliche Bankgeschäfte; WM 1990, S. 1941ff., 1950.

Wolf, Manfred; Beständigkeit und Wandel im Sachenrecht; NJW 1987, 2647, 2651

Wolff, Martin / Raiser, Ludwig; Lehrbuch des Bürgerlichen Rechts, Enneccerus, Ludwig / Kipp, Theodor / Wolff, Martin [Begr.], Band III – Sachenrecht, Tübinger 1957

Wolff, Martin; Das internationale Privatrecht Deutschlands; 3. Aufl. 1954

Zeranski, Dirk; Prinzipien und Systematik des gutgläubigen Erwerbs beweglicher Sachen JuS 2002, S. 340ff., 343

Zimmermann, Reinhard; Konturen eines Europäischen Vertragsrechts, JZ 1995, 477ff.

Zuklínová, Michaela; in: v. Bar Sachenrecht in Europa, Band II – Tschechien, S. 98ff.

Sonstige Materialien:

BTDrucks. 14/343, S. 16ff.

Hypothekarrichtlinienvorschlag ABl. Nr. C 43 v. 14.2.1985, S. 4 und Arbeitsdokument zum HRV, Ratsdokument 6673/88.

Motive zum Entwurf eines Bürgerlichen Gesetzbuches, Berlin 1888

Mugdan, Benno, Die Gesamten Materialien zum Bürgerlichen Gesetzbuch für das Deutsche Reich, Band 3 – Sachenrecht, Neudruck der Ausgabe Berlin 1899, Aalen 1979

Preußisches Allgemeines Landrecht von 1794, abgedruckt bei: Allgemeines Landrecht für die Preußischen Staaten: von 1794; 2. erw. Aufl.; Neuwied, Kriftel, Berlin, 1994

Protokolle der Ausschüsse, Akademie für Deutsches Recht 1933-1945, Fahrnis-, Besitz- und Bodenrecht 1937-1942, Schubert, Werner / Schmid, Werner / Regge, Jürgen [Hrsg.]; Bd. III

Rahmenvereinbarung des Baseler Ausschusses für Bankenaufsicht - Internationale Konvergenz der Kapitalmessung und Eigenkapitalanforderungen in der Übersetzung der Deutschen Bundesbank, Stand Juni 2004

Richtlinie 77/780/EWG ABl. Nr. L 322 v. 30.12.1977 (»1. BankRKRL«), S. 31ff.

Richtlinie 89/646/EWG ABl. Nr. L. 386 v. 15.12.1989, S. 1ff. (»2. BankRKRL«)

Verordnung (EG) Nr. 44/2001 v. 22.12.2000 über die gerichtliche Zuständigkeit und die Anerkennung und Vollstreckung von Entscheidungen in Zivil- und Handelssachen, ABl. 2001, L12, 1 (»Brüssel-I -Verordnung«)

Vorentwürfe der Redaktoren zum BGB – Die Vorlagen der Redaktoren für die erste Kommission zur Ausarbeitung des Entwurfs eines Bürgerlichen Gesetzbuches, herausgegeben von Schubert, Werner, Sachenrecht, Teil 3, Grundbuchordnung, Zwangsvollstreckung in das unbewegliche Vermögen und sachenrechtliche Vorlagen von 1876-1879, Verfasser: Johow, Reinhold / Achilles, Alexander; Berlin 1982

Abkürzungsverzeichnis:

a.A. .... andere Ansicht

a.a.O. .... am angegebenen Ort

ABGB .... Österreichisches Allgemeines Gesetzbuch von 1811

ABl. .... Amtsblatt

AcP .... Archiv für die civilistische Praxis

ADHGB .... Allgemeines Deutsches Handelsgesetzbuch

a. F. .... alte Fassung

AktG .... Aktiengesetz

AlusKiinL .... AluskiinnitysLaki (finnisches Gesetz über das Schiffspfandrecht – Suomen Laki I, Si. 424)

Anh. .... Anhang

Anm. .... Anmerkung

AO .... Abgabenordnung

AöR .... Archiv des öffentlichen Rechts

APEC .... Asia Pacific Economic Cooperation

Art(t.) .... Artikel

Aufl. .... Auflage

AutoKiinL .... AutoKiinnitysLaki (finnisches Gesetz über das Kraftfahrzeugpfandrecht – Suomen Laki I Si 423 v. v. 15.12.1972)

AWD .... Außenwirtschaftsdienst des Betriebs-Beraters mit Recht der Europäischen Gemeinschaften

BankRKRL .... Bankrechtskoordinierungsrichtlinie

bayer. .... bayerisch(er/es)

BB .... Betriebsberater

Bd. .... Band

Bearb. .... Bearbeiter

Begr. .... Begründer

BFH	Bundesfinanzhof
BGB	Bürgerliches Gesetzbuch v. 18.8.1896
BGBl.	Bundesgesetzblatt
BGH	Bundesgerichtshof
BGHZ	Entscheidungen des Bundesgerichtshofs in Zivilsachen, amtliche Sammlung
BOE	Boletín Oficial del Estado
BStBl.	Bundessteuerblatt
BTDrucks.	Bundestagsdrucksache
BVerfG	Bundesverfassungsgericht
ders.	derselbe
CMLR	Common Market Law Review
c.c.p.	Código Civil Português (Portugiesisches Zivilgesetzbuch)
c.c.	Code Civil (französisches Zivilgesetzbuch)
const. poss.	constitutum possessorium (Besitzkonstitut)
c.p.c.	Codice di procedura Civile (italienisches Zivilverfahrensgesetzbuch)
DB	Der Betrieb
d.d.	durch den
Diss.	Dissertation
DJT	Deutscher Juristentag
D.P.	Dalloz Périodique
DV	Die Verwaltung
DVBl.	Deutsches Verwaltungsblatt
E	Entscheidung
EG	Europäische Gemeinschaft
EGBGB	Einführungsgesetz zum Bürgerlichen Gesetzbuch
EGV	Vertrag zur Gründung der Europäischen Gemeinschaft
Einf.	Einführung

Einl.	Einleitung
EMRK	Europäische Menschenrechtskonvention
etc.	und andere
EU	Europäische Union
EuGH	Europäischer Gerichtshof
EuGRZ	Europäische Grundrechte-Zeitschrift
EuR	(Zeitschrift für) Europarecht
EuZW	Europäische Zeitschrift für Wirtschaftsrecht
EWS	Europäisches Wirtschafts- und Steuerrecht
EWG	Europäische Wirtschaftsgemeinschaft
EWGV	Vertrag der Europäischen Wirtschaftsgemeinschaft
f.	und folgende(r)
ff.	und fortfolgende
FGG	Gesetz über die Angelegenheiten der freiwilligen Gerichtsbarkeit
Fn.	Fußnote
franz.	französisch(er/es)
FS	Festschrift
GebrMG	Gebrauchsmustergesetz
GmbHG	Gesetz betreffend die Gesellschaften mit beschränkter Haftung
GG	Grundgesetz
griech.	griechisch(er/es)
GRUR Int.	Gewerblicher Rechtsschutz und Urheberrecht International
GS	Gedenkschrift
Herv.	Hervorhebung
HGB	Handelsgesetzbuch
h.M.	herrschende Meinung
Hrsg.	Herausgeber

i.d.	in der
i.d.F.	in der Fassung
insbes.	insbesondere
InsO	Insolvenzordnung
Int. WirtschR	internationales Wirtschaftsrecht
IPR	internationales Privatrecht
IPRax	Praxis des internationalen Privat- und Verfahrensrechts
i.S.(v.)	im Sinne (von)
ital.	italienisch(er)
i.V.m.	in Verbindung mit
JA	Juristische Arbeitsblätter
JuS	Juristische Schulung
JZ	Juristenzeitung
K.c.	Kodeks cywilny (Polnisches Zivilgesetzbuch)
KK	Kauppakaari (Finnisches Kaufgesetz, Suomen Laki I, Si. 401 von 1734)
KOM	Dokument der Kommission der europäischen Gemeinschaften
KWG	Kreditwesengesetz
Lag	Gesetz (schwedisch)
Laki	Gesetz (finnisch)
LG	Landgericht
LHM	Ley sobre Hipoteca Mobiliaria y Prenda sin Desplazamiento de Posesión (Spanisches Mobiliarhypothekgesetz)
LR	Landrecht
LS	Leitsatz
MarkenG	Gesetz über den Schutz von Marken und sonstigen Kennzeichen
m.E.	meines Erachtens
m.w.N.	mit weiteren Nachweisen

n.	nach
NAFTA	North American Free Trade Association
N.C.C.	Nouveau Code de Commerce (Französisches Handelsgesetzbuch)
n.F.	neue Fassung
N.B.W.	Nieuw Burgerlijk Wetboek (Niederländisches Bürgerliches Gesetzbuch)
NJW	Neue Juristische Wochenschrift
NJW-RR	Neue Juristische Wochenschrift Rechtsprechungsreport
Nr.	Nummer
nv.	Nicht veröffentlicht
NVersZ	Neue Zeitschrift für Versicherung und Recht
OLG	Oberlandesgesetz
ÖIPRG	Österreichisches IPR-Gesetzbuch
öster.	österreichisch(er/es)
PatG	Patentgesetz i.d.F. v. 16.12.1980 (BGBl. 1981 I 1)
poln.	polnisch(er/es)
PrALR	Preussisches Allgemeines Landrecht von 1794
RabelsZ	Zeitschrift für ausländisches und internationales Privatrecht
RCL	Repertorio Cronológico de Legislación (Arandzadi)
RG	Reichsgericht
RGZ	Entscheidungen des Reichsgerichts, amtliche Sammlung
RiW (RIW/AWD)	Recht der internationalen Wirtschaft – Außenwirtschaftsdienst des Betriebs-Beraters
RL	Richtlinie
Rn.	Randnummer
RPF	Rechtspolitisches Forum
Rsp.	Rechtsprechung
Rz.	Randzeichen

s.	siehe
S.	Seite
SachenR	Sachenrecht
sächs.	sächsisch(es)
Slg.	Sammlung der Entscheidungen des Europäischen Gerichtshofs
sog.	so genannt
UCC	Uniform Commercial Code
UNCITRAL	United Nations Commission on International Trade Law
UNIDROIT	International Institute for the Unification of Private Law
UrhG	Gesetz über Urheberrecht und verwandte Schutzrechte
Urt.	Urteil
v.	von / vom
verb. Rs.	verbundene Rechtssache
Verf.	Verfasser
vgl.	vergleiche
VMJL	Laki velkojien maksunsaantijärjestyksetä (finnisches Gesetz über die Rangordnung der Gläubiger – Suomen Laki I, Pr 508)
WEG	Gesetz über das Wohnungseigentum und das Dauerwohnrecht (Wohnungseigentumsgesetz) v. 15.3. 1951 (BGBl. I 175)
WM	Wertpapiermitteilungen
WPNR	Weekblad voor Privaatrecht, Notariat en Registratie
WRP	Wettbewerb in Recht und Praxis
YritysKiinL	YrityskiinnitysLaki (finnisches Gesetz über das eingetragene Unternehmenspfandrecht – Suomen Laki I, Si 421. v. 24. 08. 1984)
z.B.	zum Beispiel
ZBB	Zeitschrift für Bankrecht und Bankwirtschaft

ZEuP	Zeitschrift für Europäisches Privatrecht
ZGB	Zivilgesetzbuch
ZGR	Zeitschrift für Unternehmens- und Gesellschaftsrecht
ZHR	Zeitschrift für das gesamte Wirtschafts- und Handelsrecht
ZIP	Zeitschrift für Wirtschaftsrecht
zit.	zitiert
ZLR	Zeitschrift für das gesamte Lebensmittelrecht
ZPO	Zivilprozessordnung
zugl.	zugleich
ZVG	Gesetz über die Zwangsversteigerung und Zwangsverwaltung
ZZP	Zeitschrift für Zivilprozess

Teil I

§ 1 Einführung

Für die Realkreditsicherung hat das Sachenrecht grundlegende Bedeutung, da die Sicherung regelmäßig über Sachen im Sinne des § 90 BGB realisiert wird. Naturgemäß wird dabei in Deutschland entweder das Eigentum an der Sache vollständig auf den Sicherungsnehmer übertragen, etwa im Wege einer Sicherungsübereignung, oder bis zur vollständigen Bezahlung vorbehalten, wie beim Eigentumsvorbehalt. Auch ist es möglich, lediglich Teilrechte aus der umfassenden Eigentümerbefugnis herauszutrennen und an den Sicherungsnehmer abzutreten, wie dies bei den klassischen Pfandrechten einschließlich der Hypothek der Fall ist.

Fast alle Sachenrechtsordnungen in Europa sind von einem numerus clausus[1] der dinglichen Rechte geprägt,[2] so dass in diesen Ländern nur eine begrenzte Anzahl von Sicherungsrechten zur Verfügung steht. Neue, inhaltlich davon abweichende

---

[1] Im Folgenden meinen der sachenrechtliche Typenzwang und numerus clausus die anzahl- und umfangsmäßige Limitierung dinglicher Rechte. Zuweilen wird der Typenzwang differenziert nach Typenzwang einerseits und Typenfixierung andererseits, wobei Typenzwang die anzahlmäßige Begrenzung, Typenfixierung die inhaltliche Festlegung bezeichnet (hierfür BAUR/STÜRNER § 1 Rz. 7; WOLF, Sachenrecht Rz. 23). Diese Unterteilung erscheint entbehrlich, da der Typ durch den Inhalt bestimmt wird (siehe STAUDINGER–SEILER Einl. zum SachenR Rz. 38).

[2] So zum Beispiel neben Deutschland Belgien (COUR DE CASSATION v. 16.09.1966, Pas. 1967, I, S. 63; siehe auch BEYSEN– Belgien, S. 36 m.w.N.), Griechenland, vgl. Art. 973 griech. ZGB: „Rechte welche eine unmittelbare und gegen jedermann wirkende Herrschaft an der Sache gewähren (dingliche Rechte), sind das Eigentum, die Dienstbarkeiten, das Pfandrecht und die Hypothek."; siehe auch ELEFTHERIADOU–Griechenland S. 20f.), Niederlande (vgl. NIEPER/PLOEGER–Niederlande S. 159), Portugal (ausdrücklich in Art. 1306 Código Civil Português; siehe auch DE SEABRA/DE ALENCAR XAVIER–Portugal S. 347), ungeklärt Frankreich (ein großer Teil der französischen Literatur geht von einem numerus clausus aus, andere Teile der Literatur sind gegenläufiger Ansicht; hierzu auch BEYSEN–Frankreich, S. 203f. m.w.N.), Italien (vgl. PLANCKER/PFEIFER–Italien, S. 356 m.w.N.), Tschechien nicht, da dort keine dinglichen Nutzungsrechte bekannt sind (ZUKLÍNOVÁ–Tschechien S. 113), Polen, vgl. Art. 244 § 1 K.c.: „Beschränkte dingliche Rechte sind: der Nießbrauch, die Dienstbarkeit, das Pfandrecht, das genossenschaftliche Wohnungseigentumsrecht, das genossenschaftliche Nutzraumrecht, das Recht auf ein Einfamilienhaus in einer Wohngesellschaft und die Hypothek."

dingliche Rechte können nicht durch Parteivereinbarung geschaffen werden.[3] Dabei ist in den Rechtsordnungen der europäischen Mitgliedstaaten der Katalog der dinglichen Rechte nicht einheitlich, da je nach Staat unterschiedliche Bedürfnisse für die Ausgestaltung und zur-Verfügung-Stellung dinglicher Rechtsfiguren gesehen werden und dementsprechend kodifiziert wurden. So stellen eine Vielzahl der mitgliedstaatlichen Rechtsordnungen Mobiliarhypotheken[4] zur Verfügung, sehen aber dafür vielfach nicht die in Deutschland bekannten Rechtsfiguren wie die Sicherungsübereignung oder den Eigentumsvorbehalt vor.[5] Die Struktur der Mobiliarhypotheken, wozu auch die Unternehmenshypothek als Sachgesamtheitshypothek zählt,[6] ist stets ähnlich: Gegenstände werden dinglich belastet, indem der Sicherungsnehmer lediglich ein Verwertungsrecht erhält. Das Eigentum verbleibt beim Sicherungsgeber. Die Mobiliarhypothek wird typischerweise in einem Register, Grundbuch,[7] sonstigem Papier oder auf andere Weise, etwa wie im Falle der italienischen Maschinenhypothek mit einer Plakette, dokumentiert. Im Sicherungs- oder Insolvenzfall des Schuldners gewähren die Mobiliarhypotheken ein vorrangiges Verwertungsrecht.[8]

Es bestehen demnach drei gravierende Unterschiede zwischen den Sicherungsmitteln der Sicherungsübereignung und des Eigentumsvorbehalts einerseits und der Mobiliar- und Unternehmenshypothek andererseits: Erstens verleiht eine Hypothek nur ein Verwertungs-, nicht aber das Vollrecht an Eigentum, zweitens, kann aufgrund der Tatsache, dass es sich bei der Hypothek nur um ein Verwertungsrecht handelt der Sicherungsgegenstand regelmäßig mehrfach belastet werden, wobei eine Rangfolge unter den Sicherungsgläubigern entsteht und drittens kann mit Hilfe der Unterneh-

---

[3] Häufig wird der Typenzwang nicht ausdrücklich im Gesetz selbst genannt, sondern folgt aus der Systematik. Siehe zum deutschen Typenzwang WOLF, Sachenrecht Rz. 22-24; STAUDINGER–SEILER Einl. zu §§ 854ff. Rz. 38; HECK, Sachenrecht § 23 1.

[4] Hier und im Folgenden wird die Bezeichnung Hypothek als Oberbegriff für eine Sicherungsgattung, nicht das Verhältnis zwischen Hauptforderung und Sicherungsforderung verwendet.

[5] Wie etwa in Dänemark, vgl. zur Unzulässigkeit eines Eigentumsvorbehalts HITCHCOCK/POULSEN–Dänemark S. 27.

[6] Im Folgenden wird aus dogmatischen und praktischen Erwägungen die Unternehmenshypothek jeweils gesondert betrachtet.

[7] Wie im Falle der dänischen Kraftfahrzeughypothek, vgl. hierzu § 47 i.V.m. § 42 c des dänischen Gesetzes Nr. 111 über die Eintragung ins Grundbuch v. 31.3.1926.

[8] Exemplarisch: Schweden für sämtliche Registerpfandrechte gem. Förmånsrättslag (Gesetz auf vorzugsweise Befriedigung), (1970: 978) 5 § Nr. 2, in Finnland gem. § 3Abs. 1, 2 VMJL, in Italien für das Maschinenprivileg gem. Art. 2762 c.c. zur bevorzugten Befriedigung in der Zwangsvollstreckung Artt. 2741, 2776 Nr. 11 c.c., Art. 510 Abs. 2 c.p.c. und im Konkurs gem. Art. 54.

menshypotheken ein Unternehmen in seiner Gesamtheit als Sicherungsgegenstand eingesetzt werden.

Als Beispiele für Mobiliarhypotheken an einzelnen Sachen, die in europäischen Rechtsordnungen anzutreffen sind, sind exemplarisch die dänische Kraftfahrzeughypothek[9], die finnische Automobilhypothek (Autokiinnitys)[10], der französische nantissement de véhicules automobiles[11], die italienische Autohypothek ipoteka automobilistica[12] sowie die Maschinenhypothek privilegio del venditore di macchine[13] zu nennen. Als Unternehmenshypotheken sind die schwedische företagshypothek[14], der französische[15] und belgische[16] nantissement du fonds de commerce, die englische charge[17], die finnische Unternehmenshypothek aufgrund des YritysKiinnitysLaki (Yrityskiinnitys)[18], sowie die spanische hipoteca de establecimiento mercantil[19] anzuführen.

Solche Hypotheken sind dem deutschen Recht grundsätzlich unbekannt:[20] Eine Unternehmenshypothek ist gesetzlich nicht vorgesehen, Mobiliarhypotheken können

[9] Aufgrund § 47 des dänischen Gesetzes Nr. 111 über die Eintragung ins Grundbuch v. 31.3.1926 §§ 1ff. i.V.m. § 42 c des Grundbuchgesetzes.

[10] AutoKiinL § 1ff.

[11] Aufgrund des Gesetzes vom 29.12.1934 und Dekret Nr. 53-968 vom 30.9.1953.

[12] Gem. Art. 2810 c.c. i.V.m. königlichem Dekret r.d.l. Nr. 436 v. 15.3.1927, geändert durch Gesetz Nr. 510 v. 19.2.1928 und königlichem Dekret Nr. 1814 v. 29.7.1927.

[13] Aufgrund des italienischen Gesetzes Nr. 1329 v. 28.11.1965, Gazetta uffiziale v. 14.12.1965, S. 6255 und Decreto ministeriale v. 10.3.1966, Gazetta ufficiale v. 24.3.1966, S. 1399.

[14] Aufgrund des schwedischen Lag (1984: 649) om företagshypothek § 1ff. Von der Hypothek werden insbesondere das Inventar, der Lagerbestand und Kundenforderungen, nicht hingegen Barmittel, Bankguthaben oder Wertpapiere erfasst, vgl. Lag (1984: 649) om företagshypothek 2. Kap. § 1 Nr. 1-3.

[15] Artt. L-141-1 ff. N.C.C.

[16] Aufgrund des belgischen Gesetzes v. 25.10.1919 i.d. Fassung v. 30.3. und 4.5.1936 Artt. 1ff.

[17] Ob im Einzelfall eine floating charge oder eine fixed charge vorliegt, beurteilt sich nach der tatsächlichen Ausgestaltung der charge; siehe hierzu MIDDLETON–England, S. 198f.

[18] YrityskiinL §§ 1ff.

[19] Aufgrund Ley sobre Hipoteca Mobiliaria y Prenda sin Desplazamiento de Posesión (LHM), BOE Nr. 352 v. 18.12.1954 (RCL 1954 Nr. 1851).

[20] Zwar ist die einfache Hypothek gem. §§ 1120ff. oder Grundschuld gem. §§ 1191ff. als Verpfändung von Sachgesamtheiten gesetzlich vorgesehen (Vgl. WOLF, Privates Bankvertragsrecht im EG-Binnenmarkt – Auswirkungen der II. EG-Bankrechts-Richtlinie auf privatrechtliche Bankgeschäfte, WM 1990, S. 1950.), eine der Unternehmenshypothek vergleichbare Kumulierung von unterschiedlichen Rechten und Gegenständen gibt es nach deutschem Recht aber nicht. Siehe

nur an speziellen Gegenständen wie an Hochseekabeln,[21] Luftfahrzeugen,[22] Schiffen[23], am Inventar eines Pächters nach dem Pachtkreditgesetz[24] sowie an Saatgut und Düngemitteln[25] bestellt werden.

Aufgrund der Errichtung des europäischen Binnenmarktes haben grenzüberschreitende Transaktionen zugenommen und werden weiter zunehmen, wodurch der Frage, wie sich ein grenzüberschreitender Ortswechsel von Sachen oder Unternehmen auf die dingliche Rechtslage auswirkt, verstärkt Bedeutung zukommt. Hinzu kommt, dass insbesondere die Unternehmenshypotheken vor dem Hintergrund der sog. Basel II-Richtlinie[26] des Baseler Ausschusses für Bankenaufsicht in absehbarer Zeit noch erheblich an Bedeutung im internationalen Wirtschaftsverkehr gewinnen werden. Basel II ist eine weitreichende Neuregelung des Bankenaufsichtsrechts, die zum 1. Januar 2007 in Kraft treten soll und deren Schwerpunkt die Neugestaltung der Eigenkapitalunterlegungsvorschriften für Kreditinstitute ist.[27] Basel II rückt im Rahmen der Kreditvergabe die Bonität des Kreditnehmers in den Vordergrund und legt auf dieser Grundlage die Kapitalunterlegungshöhe des Finanzinstituts fest. Dies wirkt sich auf die Kreditkonditionen aus, da das ausgeschüttete Kreditvolumen mit einer Eigenkapitalisierung des Vergabeinstituts zu unterlegen ist, das nunmehr im Verhältnis zu dem prognostizierten Ausfallrisiko des Kredits steht. Nach der vorangegangenen Basel I-Richtlinie mussten Kredite von Finanzinstituten an Nichtbanken demgegenüber unabhängig von der Bonität des Kreditnehmers mit Eigenkapital in Höhe von 8% des ausgereichten Betrages unterlegt sein;[28] einwand-

---

auch Teil II § 1 VIII.2.b(v)(02) „Ineffizienz der Transposition bei Unternehmenshypotheken" S. 123ff. und Teil III § 4 II.8.b(ii)(02) „Haltung des deutschen Gesetzgebers zu Wirtschaftseinheiten im Allgemeinen" S. 207ff.

[21] Kabelpfandgesetz v. 31. März 1925.

[22] Gesetz über Rechte an Luftfahrzeugen v. 25. Feb. 1959.

[23] Gesetz über Rechte an eingetragenen Schiffen und Schiffsbauwerken v. 15. Nov. 1940.

[24] Pachtkreditgesetz v. 5. Aug. 1951.

[25] Gesetz zur Sicherung der Düngemittel- und Saatgutversorgung v. 19. Jan. 1949.

[26] Basel II setzt auf der Richtlinie des Baseler Ausschusses für Bankenaufsicht auf, die in über 100 Ländern in nationales Recht umgesetzt wurde. Basel I beinhaltet nicht nur die Harmonisierung der rechtlichen Grundlagen der Bankenaufsicht, sondern auch Regelungen über die Eigenkapitalunterlegung von Finanzinstituten. STEPHAN/STEIN, Rating, Basel II und die Unternehmensfinanzierung, S. 29.

[27] Rahmenvereinbarung des Baseler Ausschusses für Bankenaufsicht S. 1 Abs. 2.

[28] Rahmenvereinbarung des Baseler Ausschusses für Bankenaufsicht S. 2 Abs. 5.

freie Kreditnehmer finanzierten demgemäß die Risiken für riskantere Schuldner mit.[29]

Die „Teuerungen" durch die ggf. sehr hohe Eigenkapitalunterlegung seitens des Finanzinstituts infolge eines schlechten Unternehmensratings nach Basel II, die bis zu 50 % betragen können, werden als individuelle Kreditkonditionen an den Kreditnehmer weitergereicht.[30]

Es ist offensichtlich, dass dieses Verfahren zu erheblichen Erschwernissen bei der Krediterlangung führt, insbesondere wenn sich ein Unternehmen bereits in finanziellen Engpässen befindet, da das Rating im Grunde die Antwort auf die Frage ist, ob die Rückzahlung von Darlehen seitens des kreditnehmenden Unternehmens mit einiger Gewissheit gewährleistet ist.[31] Entscheidende Faktoren sind bei dieser Einstufung der Ausfallwahrscheinlichkeit (sog. Ratingnotation) neben Aspekten wie Wettbewerbsfähigkeit am Markt und Zukunftstauglichkeit der Unternehmung die Rechtsform und insbesondere das Vorhandensein von Sicherheiten und deren Beleihungsfähigkeit.[32] Da etwa die Sicherungsübereignung einzelner Betriebsmittel nicht mit der im Rahmen einer Unternehmenshypothek sehr weiten Belastungsmöglichkeit des Unternehmens in der Gesamtheit seiner Bestandteile konkurrieren kann, kann die Unternehmenshypothek – sofern sie in einer Rechtsordnung vorgesehen ist und im konkreten Fall eingesetzt wird – zu einem verbesserten Rating und dadurch zu verbesserten Kreditkonditionen für das Unternehmen führen.[33]

Basel II wird dazu führen, dass das Bedürfnis nach dinglichen Sicherheiten wächst und folglich die Unternehmenshypothek in den Ländern vermehrt zur Anwendung kommen wird, in denen sie zugelassen ist. Dadurch werden auch Berührungen anderer europäischer Länder mit Unternehmenshypotheken zunehmen.[34]

---

[29] PAUL / STEIN, Rating, Basel II und die Unternehmensfinanzierung S. 29ff.

[30] PAUL / STEIN (vorangehende Fn.) S. 47f.

[31] PAUL / STEIN a.a.O. S. 7.

[32] Rahmenvereinbarung des Baseler Ausschusses für Bankenaufsicht Abs. 119, 123, 145/146, 289 (insbes. Fn. 70 ebenda).

[33] Zur Berücksichtigung von Mobiliarsicherheiten im Rahmen des Basel-II-Ratings siehe PAUL / STEIN (oben Fn. 29) S. 60/61.

[34] Unabhängig davon wurde die Forderung nach einer Unternehmenshypothek schon mehrfach erhoben, vgl. PISKO, Das Kaufmännische Unternehmen, S. 236; HÜBNER, Allgemeiner Teil des Bürgerlichen Gesetzbuches, Rn. 297.

Vor dem Hintergrund der geschilderten Sachlage stellt sich die Frage, wie besagte Mobiliar- und Unternehmenshypotheken zu behandeln sind, wenn diese nach Deutschland gelangen.

§ 2 Art. 43 EGBGB - Lex rei sitae

Bei grenzüberschreitenden Sachverhalten greift zwingend das Kollisionsrecht ein und bestimmt das anzuwendende Recht. Das deutsche internationale Privatrecht im Sinne des Kollisionsrechts[35] geht dabei – wie die meisten Staaten weltweit[36] – vom Grundsatz der lex rei sitae als Anknüpfungspunkt zur Beurteilung aller sachenrechtlichen Vorgänge aus.[37] Der lex rei sitae-Grundsatz ist seit 1999[38] für das deutsche Recht in Art. 43 EGBGB normiert und ist im Grunde die Kodifizierung der bis dahin gewohnheitsrechtlich geltenden und allgemein anerkannten Regelung. [39] Eine

[35] Vgl. zu den unterschiedlichen Erscheinungsformen und Unterteilungen des internationalen Privatrechts STAUDINGER–STURM Einl. zum IPR Rz.4 ff.

[36] MünchKomm–KREUZER, BGB, nach Art. 38 EGBGB Anh. I Rz. 45ff.; REITHMANN/MARTINY, Internationales Vertragsrecht, Rz. 1008.

[37] Bezüglich Fahrnis galt ursprünglich der Grundsatz „mobilia personam sequuntur", wonach die Rechtsordnung maßgebend ist, in der der Rechtsinhaber seinen Wohnsitz hat. (MAKOROV, Grundriß des IPR S. 131) WÄCHTER und SAVIGNY haben in Deutschland maßgeblich dazu beigetragen, dass die lex rei sitae Regelung heute auch für Fahrnis Geltung beansprucht. SAVIGNY wies darauf hin, dass kein innerer Grund für eine unterschiedliche Behandlung von dinglichen Rechten an Mobilien und Immobilien bestehe. (SAVIGNY, System des heutigen römischen Rechts Bd. VIII S. 177 „ ...Die Hauptfrage bleibt immer die, ob denn ein innerer Grund vorhanden ist, die dinglichen Rechte an beweglichen Sachen nach einem anderen örtlichen Recht zu beurtheilen, als die unbeweglichen. Gerade dieses muß durchaus verneint werden. ..."). Bereits der Codex Maximilianaeus Bavaricus Civilis von 1756 enthielt in Teil I Kap. 2 § 17 S. 2 eine einheitliche Regelung: „Dafern aber die Rechten, Statuten und Gewohnheiten in loco Judicii, Delicti, Rei sitae, Contractûs und Domicilii unterschiedlich seynd, so soll quô ad formam Processûs auf die bey selbigen Gericht, wo die Sach rechtshängig ist, übliche Rechten mit Bestraffung eines Verbrechens aber auf die Rechten des Orts, wo solches begangen worden, so viel hingegen die bloße Solemnität einer Handlung betrifft, auf die Rechten des Orts, wo solche unter Todten oder Lebendigen gepflogen wird, in merè personalibus auf die Statuta in loco Domicilii, und endlich in realibus vel mixtis auf die Rechten in loco rei sitae ohne Unterschied der Sachen, ob sie beweglich oder unbeweglich, cörperlich oder uncörperlich seynd, gesehen und erkannt werden.".

[38] Eingefügt durch Gesetz vom 21.5.1999, BGBl. I S. 1026.

[39] Codification à droit constant; siehe auch PALANDT–HELDRICH, (IPR) EGBGB 43 Rz. 1; ERMAN–HOHLOCH EGBGB vor Art. 43 Rz.1.

Rechtswahlfreiheit, aufgrund dessen die Parteien die anzuwendende Rechtsordnung vereinbaren können, wurde durch den Gesetzgeber bewusst ausgeschlossen.[40]

Sachenrechtliche Tatbestände sind demnach grundsätzlich nach dem Recht des Lageortes der Sache zu beurteilen.[41] Das aufgrund des Art. 43 EGBGB berufene Recht entscheidet zunächst über die Voraussetzungen für die Entstehung eines dinglichen Rechts. Dadurch ist nach dem Belegenheitsrecht zu beurteilen, ob Eigentum bereits mit Abschluss des Kaufvertrages übergeht, [42] oder ob noch eine gesonderte Übereignung mit Übergabe[43] notwendig ist.[44] Neben dieser Entscheidung auf welche Weise Eigentum übergeht, trifft Art. 43 EGBGB aber auch die Entscheidung über die anwendbaren Vorschriften bei Änderung, Übergang und Untergang eines dinglichen Rechts.[45] Unbeachtlich ist stets,[46] resultierend aus der zwingenden situs-Anknüpfung, wo der zugrunde liegende Vertrag geschlossen wurde und welche Rechtsordnung die Parteien angewendet wissen wollen. Das führt dazu, dass etwa Eigentum, das in Italien nach Art. 1153 Abs. 1 des italienischen codice civile an einer gestohlenen Sache wirksam erworben wurde, auch in Deutschland fortbesteht; die Wertung des deutschen § 935 BGB spielt hierbei keine Rolle mehr.[47] Ebenso ist ein Verkauf von beweglichen Sachen von Frankreich nach Deutschland, die sich zum Zeitpunkt des Kaufs noch in Frankreich befinden, in Deutschland als bereits übereignet anzusehen, ohne dass es noch einer Übergabe bedürfte, da nach Artt. 1138, 1583 c.c. mit dem Kaufvertrag gleichzeitig das Eigentum übertragen wird.[48]

---

[40] BTDrucks. 14/343, S. 16; siehe hierzu auch WAGNER, Regierungsentwurf eines Gesetzes zum Internationalen Privatrecht, IPRax 98, 429ff., 435; JUNKER, IPR-Reform 1999, RiW 2000, 241ff., 252.

[41] Eine Ausnahme von dieser Regel besteht nur für solche Sachen, die nur vorübergehend den Bereich einer Rechtsordnung berühren, sog. *res in transitu* (siehe hierzu auch PALANDT–HELDRICH, (IPR) EGBGB 43 Rz. 1).

[42] Sog. Vertragsprinzip.

[43] Sog. Übergabeprinzip.

[44] Beispielsweise erfordern Österreich, Schweiz, Griechenland, die Niederlande und Spanien eine solche Übergabe, während in England, Frankreich, Italien, Belgien und Portugal das Vertragsprinzip gilt; siehe auch HELLNER/STEUER, Bankrecht und Bankpraxis Bd. 3, Rz. 5/150.

[45] BGH NJW 96, 2233ff., 2234 – Urt. v. 9.5.1996 – IX ZR 244/95; OLG Celle IPRax 91, 115 – Urt. v. 25.10.1989 – 8 U 25/87; PALANDT–HELDRICH, (IPR) EGBGB 43 Rz. 3; STAUDINGER–STOLL, Internationales Sachenrecht Rz. 147; SOERGEL–KEGEL Vor Art. 7 Rn. 557; ERMAN–HOHLOCH EGBGB vor Art. 43 Rz. 11ff.

[46] Zur Bedeutung des Art. 46 EGBGB siehe sogleich unten Teil I § 4. „Art. 46 EGBGB" S. 59ff.

[47] Siehe auch KG NJW 88, 341ff. – Urt. v. 29.9.1987 – 17 U 492/87; LG Hamburg RiW 1998, 892ff. – Urt. v. 25.6.1998 – 302 O 16/98.

[48] BGH AWD/BB 1968, 62 – Urt. v. 20.9.1967 – VIII ZR 201/66 für den Fall von Schmuckstücken.

Auch in den übrigen europäischen Mitgliedstaaten gilt der Belegenheitsort als Anknüpfungspunkt für die Beurteilung international-privatrechtlicher Vorgänge im Bereich des Sachenrechts.[49] In Österreich ist diese Anknüpfung in § 31 ÖIPRG, in Griechenland in Artt. 27, 32 griech. ZGB, in Italien in Art. 51 IPRG, in Portugal in Art. 46 Abs. 1 ZGB, in der Türkei in Art. 23 I IP-ZVRG und in Spanien in Art. 10 Nr. 1 S. 2 des Einleitungstitels zum código civil geregelt. In Frankreich, Belgien und Luxemburg sowie den nordischen[50] Staaten ist die situs-Regel als richterliche Rechtsfortbildung und in den Niederlanden, England, Schottland und Irland gewohnheitsrechtlich anerkannt. Für die europäischen Oststaaten gilt nichts anderes. So gilt in Polen aufgrund Art. 24 des Gesetzes über das IPR v. 12.11.1965 und in der Tschechischen Republik und der Slowakei – jedenfalls noch vorläufig – aufgrund §§ 5-8 des Gesetzes über das internationale Privat- und Prozessrecht vom 4.12.1963 ebenfalls der lex rei sitae-Grundsatz.[51]

Wenn eine Sache die Grenze zu einem anderen Land überschreitet, so wird aufgrund dieses Belegenheitsprinzips die Rechtsordnung des Destinationslandes für die Eigentumsverhältnisse und die auf der Sache lastenden Rechte maßgebend. Der Grenzüberschritt führt zum sog. Statutenwechsel.[52] Da es sich bei den Regelungen des internationalen Privatrechts jeweils um nationales Recht handelt,[53] steht es damit grundsätzlich im Belieben der jeweiligen Rechtsordnung, zu bestimmen, ob und wie dingliche Rechte, die bereits unter fremden Rechtsordnungen begründet worden sind, in dem Destinationsland akzeptiert werden.[54]

Im deutschen Recht ist im Rahmen grenzüberschreitender Sachverhalte zwischen offenen und abgeschlossenen Tatbeständen zu unterscheiden.

Ein offener Tatbestand liegt vor, wenn unter Geltung des alten Statuts noch nicht alle Voraussetzungen für eine dingliche Rechtsänderung erfüllt sind.[55] Solche Tatbestände sind in ihrer Gesamtheit nach dem neuen Statut zu beurteilen. Das neue Statut entscheidet dann über die Vollendung des sachenrechtlichen Tatbestandes;

---

[49] HELLNER/STEUER, Bankrecht und Bankpraxis, Band 3 Abschnitt 5 Rn. 149 (5/149).

[50] RING/RING, Einf. in das skandinavische Recht 9. Teil, § 38 Rz. 947.

[51] Im Einzelnen STAUDINGER–STOLL, Internationales Sachenrecht Rz. 22ff.

[52] STOLL, Zur gesetzlichen Regelung des internationalen Sachenrechts in Artt. 43-46 EGBGB, IPRax 2000, S. 259ff., 261; ERMAN–HOHLOCH EGBGB vor Art. 43 Rz. 17.

[53] Vgl. KREUZER, Europäisierung des Internationalen Privatrechts, S. 381; PAJUNK, Bedeutung und Reichweite der Kapitalverkehrs- und Dienstleistungsfreiheit, S. 63.

[54] STAUDINGER–STOLL, Internationales Sachenrecht Rz. 251; HELLNER/STEUER (oben Fn. 49) 5/158.

[55] PALANDT–HELDRICH, (IPR) EGBGB 43 Rz. 6.

sachenrechtlich relevante, bereits unter Geltung des alten Statuts verwirklichte Vorgänge sind hierbei im Rahmen des neuen Statuts wie inländische zu berücksichtigen, Art. 43 Abs. 3 EGBGB.

Sofern sämtliche für eine Verfügung erforderlichen Handlungen unter einem Statut vorgenommen werden, handelt es sich um einen sog. abgeschlossenen Tatbestand. [56] Eine in dieser Weise vorgenommene Rechtsänderung ist nach einem Statutenwechsel vom Neustatut grundsätzlich anzuerkennen.[57] Voraussetzung ist jedoch, dass die sachenrechtliche Ordnung des neuen Belegenheitsstaates, also etwa Deutschland, das in dem vorigen Belegenheitsstaat begründete dingliche Recht überhaupt kennt.[58] Ist dies nicht der Fall oder möglicherweise bewusst auf die Aufnahme bestimmter dinglicher Rechtsfiguren in die nationale Rechtsordnung verzichtet worden, so hing die Anerkennung des fremden Rechts nach ganz herrschender Meinung[59] bis zur Kodifikation des Art. 43 EGBGB 1999, davon ab, ob das ausländische Recht mit der inländischen Sachenrechtsordnung kompatibel, also in vergleichbare inländische Siche-rungstypen umsetzbar war. Wenn dies der Fall war, so wurde nach der herrschenden Lehre und Rechtsprechung in Deutschland aufgrund der von *Lewald*[60] begründeten und von *Wächter* modifizierten Transpositionslehre[61] eine funktionsäquivalente[62] Überleitung in das deutsche Recht vorgenommen. Auf diese Weise wurde dem nach fremdem Recht des Lageortes wirksam entstandenen Recht auch Wirksamkeit im Inland zuerkannt. [63] Sofern das Neustatut den importierten Sicherungstyp aber überhaupt nicht oder nur unter wesentlich strengeren Entstehungsvoraussetzungen kennt, war eine Transposition ausgeschlossen und das Recht als nicht existent zu behandeln.[64] Der lex rei sitae Grundsatz führte damit bei einer

56 ERMAN–HOHLOCH, EGBGB vor Art. 43 Rz. 21.

57 MünchKomm–KREUZER, nach Art. 38 EGBGB, Anh. I, Rn. 61, 62.

58 KEGEL/SCHURIG, Internationales Privatrecht § 19 III. (S.667).

59 Vgl. BGH, Urt. v. 20.3.1963 – VIII ZR 130/61, BGHZ 39, 173ff., 175 = BGH NJW 1963, 1200; BGH, Urt. v. 2.2.1966 – VIII ZR 153/64, BGHZ 45, 95 (97) = BGH NJW 1966, 879.

60 LEWALD, Règles générales des conflits de lois S. 1ff., 127 ff.; 129f. (zit. n. JAYME, Transposition und Parteiwille, S. 241ff., 244.).

61 Nach der Hinnahmetheorie ist die bei Grenzübertritt vorgefundene Rechtslage ... zu akzeptieren. Der Schutz der im Ausland wohlerworbenen Rechte gehe dem numerus clausus der deutschen Sachenrechte vor (STAUDINGER–STOLL, Internationales Sachenrecht Rn. 354), es besteht insoweit kein Widerspruch zur inländischen Rechtsordnung.

62 MünchKomm–KREUZER Nach Art. 38 Anh. I Rz. 86 m.w.N.

63 KREUZER, Conflits et harmonisation, S. 613, 620.

64 Wobei dies aber nicht zu einem völligen Untergang des Rechts führt (so aber noch KEGEL Int. Privatrecht, § 19 III, S. 576 und MÜLLER, Kollisionsrechtliche Behandlung von Reisegepäck und

Inkompatibilität der inländischen Sachenrechte mit fremden dinglichen Rechten im besten Fall zu einer Rechtsverschiebung, im schlimmsten Fall zu einer vollständigen Wirkungslosigkeit im Inland, wodurch das fremde dingliche Sicherungsrecht entwertet wurde.

Hieran hat sich entgegen dem ersten Anschein auch nach der Neuregelung des Art. 43 EGBGB nichts geändert. Zwar spricht Abs. 2 der Vorschrift nur davon, dass die Ausübung von Rechten „nicht im Widerspruch" zum Recht des Neustatuts ausgeübt werden kann und verlangt nach dem Wortlaut der Vorschrift zunächst keine „juristische Metamorphose"[65] im vorgenannten Transpositionssinne. Aufgrunddessen ziehen einige Autoren, wie *Pfeiffer*, in Betracht, ob mit Abs. 2 nicht nur eine Wirkungsgleichstellung intendiert ist, das dingliche Recht an sich aber nicht berührt werden soll.[66] Jedoch stellt die Gesetzesbegründung klar, was gemeint ist: „Die wirksam begründeten Sachenrechte bestehen bei Statutenwechsel also fort; sie müssen sich aber ***inhaltlich an verwandte*** Sachenrechtstypen des neuen Statuts ***anpassen*** [Herv. d. Verf.]."[67] Begründet wird diese inhaltlich notwendige Modifikation an gleicher Stelle mit dem sachenrechtlichen Typenzwang.[68] Hiermit wird klargestellt, dass der in Deutschland bekannte und abgeschlossene Kreis von dinglichen Rechten nicht durchbrochen werden können soll.[69] Die Berufung auf den Typenzwang spricht dafür, dass Art. 43 EGBGB nicht nur als Widerspruchs-, sondern als Transpositionslösung im oben genannten Sinne zu verstehen ist.[70]

---

individuellem Verkehrsmittel auf Auslandsreise, RIW/AWD 1982, 461, 462 zur gewohnheitsrechtlichen lex rei sitae-Regelung), weil dafür regelmäßig keine Eingriffsinteressen der nationalen Rechtsordnung zur Rechtfertigung in Betracht kommen. (STAUDINGER–STOLL, Internationales Sachenrecht Rz. 356 m.w.N.) Vielmehr lebt das Sicherungsrecht bei einem erneuten Wechsel in das Altstatut wieder auf. In diesem Sinne ist jetzt auch die Regelung des Art. 43 EGBGB zu verstehen; siehe auch PFEIFFER, Der Stand des Internationalen Sachenrechts nach seiner Kodifikation, IPRax 2000, S. 270, 273.

[65] STOLL (oben Fn. 52) S. 262; ERMAN-HOHLOCH, Art. 43 Rz. 21.

[66] PFEIFFER (oben Fn. 64) S. 273; ähnlich wohl auch HOFFMAN IPR S. 486: „ Dies bedeutet im Unterschied zur Transpositionslehre ***nicht notwendigerweise***, dass das Recht in ein Institut des Lageortes ***umgewandelt*** wird; vielmehr genügt es, dass es in seinen Wirkungen vom neuen Recht begrenzt wird." [Herv. d. Verf.].

[67] BTDrucks. 14/343, S. 16.

[68] BTDrucks. 14/343, S. 16.

[69] Dass das deutsche Recht trotzdem einige fremde Sicherungsrechte aufnimmt, spielt an dieser Stelle noch keine entscheidende Rolle. Dazu ausführlich unten Teil II § 1 VIII.2.b(v). „Ausschluss der Belastungswirkung des Art. 43 EGBGB durch das Transpositionskorrektiv?" S. 121ff.

[70] PFEIFFER (oben Fn. 64) S. 272.

Im Übrigen nimmt die Gesetzesbegründung Bezug auf eine Entscheidung des BGH[71] bei der eine italienische Autohypothek in eine Sicherungsübereignung nach deutschem Recht funktional transponiert, also in ein funktionsäquivalentes Sicherungsrecht übergeleitet wurde.[72] In dieser Entscheidung wurde keine Widerspruchslösung, sondern eine Transposition angewandt. Durch den Bezug hierauf hat sich der Gesetzgeber gegen eine „Widerspruchslösung" entschieden. Die Rechtsprechung wendet die funktionsäquivalente Überleitung demgemäß auch nach der ausdrücklichen Regelung des lex rei sitae-Grundsatzes in Art. 43 EGBGB an. Erst kürzlich hat das OLG Karlsruhe ein besitzloses security interest gem. Art. 9 UCC an einem Kraftfahrzeug nach US-amerikanischem Recht in eine Sicherungsübereignung transponiert.[73]

Es ist demnach festzustellen, dass aufgrund Art. 43 EGBGB wirksam begründete Sachenrechte bei Statutenwechsel zwar fortbestehen, sich aber inhaltlich an verwandte Sachenrechtstypen des neuen Statuts anpassen müssen, um fortbestehen und entsprechend durchgesetzt werden zu können.[74] Besteht eine Transpositionsmöglichkeit nicht, ist ein dingliches Sicherungsrecht, das im europäischen Ausland wirksam bestellt wurde, in Deutschland wirkungslos.

§ 3 Problemverdichtung

I. Allgemeines

Dass eine solchermaßen aus der lex rei sitae-Regel resultierende Rechtsdurchsetzungsgefährdung und Wirkungslosigkeit dinglicher Rechte insbesondere vor dem Hintergrund eines fortschreitenden europäischen Integrationsprozesses unbefriedigend und bereits vom Ergebnis her nicht tragbar ist, ist offensichtlich: Die Wirksamkeit des ausländischen Sicherungsrechts ist nur bis zur eigenen Grenze sichergestellt. Von da an liegt das rechtliche Schicksal im Belieben des Destinationslandes. Damit ist eine echte grenzüberschreitende Kreditsicherung innerhalb Europas vielfach nicht gewährleistet.

---

[71] BGH NJW 1991, 1415, 1416.

[72] BTDrucks. 14/343, S. 16; zu der Entscheidung BGH, Urt. v. 11.3.1991 – II ZR 88/90, NJW 1991, 1415ff.

[73] OLG Karlsruhe, Urt. v. 6.7.2000 – 9 U 159/99, WM 2003, 584f.

[74] PALANDT–HELDRICH, (IPR) EGBGB 43 Rz. 6.

Dies wurde insbesondere im Rahmen der Bemühungen um die von der Commission des Affaires de la Communauté Européenne [75] vorgeschlagene Eurohypothek deutlich,[76] die bis heute nicht als rechtliches Sicherungsinstrument zur Verfügung steht. Die Eurohypothek soll im Kern eine von der zu sichernden Forderung unabhängige Grundstückshypothek, also nach dem Grundgedanken vergleichbar einer deutschen Grundschuld, sein, die neben den nationalen Sicherungsrechten steht, insofern also supranational sein soll. Wie die Vorarbeiten zeigen, bestehen die Probleme der Ausgestaltung insbesondere hinsichtlich Rangfragen im Verhältnis zu den nationalen Sicherungsrechten, sowie den divergierenden Strukturen und Prinzipien der mitgliedstaatlichen Rechtsordnungen. Das Anbieten von inländischen Sicherungstechniken an Grundstücken im europäischen Ausland scheitert an der in den Mitgliedstaaten geltenden lex rei sitae-Regelung. Um überhaupt an dem Markt der Grundstückshypotheken grenzüberschreitend teilnehmen zu können, sehen sich Kreditinstitute immer noch dazu gezwungen, Tochtergesellschaften oder Niederlassungen im Zielland zu gründen.[77] Sofern diese grundstückshypothekarisch gesicherte Kredite vergeben, geschieht dies mittels der im Zielland vorhandenen Finanzierungstechniken, um Rechtssicherheit zu erhalten und die situs-Problematik zu umgehen.[78] Hierbei handelt es sich allerdings letztlich nicht mehr um eine echte grenzüberschreitende Kreditsicherung.

II. Mobiliarhypotheken

Außerhalb des Grundstücksverkehrs besteht aufgrund der Geltung des lex rei sitae-Grundsatzes ebenfalls vielfach kaum die Möglichkeit inländische Finanzierungstechniken grenzüberschreitend im traditionellen Sinne in Europa einzusetzen: Der italienische Kraftfahrzeughändler, der sich zur Sicherung des Kaufpreises eine ipoteka automobilistica an dem Fahrzeug bestellt, ist aufgrund Art. 43 EGBGB und dem dadurch zur Anwendung gebrachten sachenrechtlichen Typenzwang in einer ungewissen Situation, wenn der Schuldner das Fahrzeug über die Grenze nach Deutschland verbringt, da ein solches Sicherungsrecht im deutschen Katalog der dinglichen Rechte nicht vorgesehen ist und ggf. nicht oder zumindest nicht

---

[75] CACE/UINL.

[76] Zur Eurohypothek siehe auch WEHRENS, Überlegungen zu einer Eurohypothek, WM 1992, S. 557 ff.; STÖCKER, Die Eurohypothek, Der Langfristige Kredit 1991, S. 537 ff.

[77] STÖCKER, Die Eurohypothek S. 20f.

[78] WACHTER, Die Eurohypothek, WM 1999, 49ff., 51.

befriedigend umgesetzt (transponiert) werden kann.[79] Auch ist es dem französischen ebenso wenig wie dem finnischen Kraftfahrzeughändler möglich, ein Auto finanziert und gesichert mit einem nantissement de véhicules automobiles[80] oder einer AutoKiinnitys[81] nach Deutschland zu veräußern, mit der Sicherheit, dass er sein Recht im Sicherungsfall auch problemlos durchsetzen kann. Gleiches gilt für den italienischen Besicherer, der sich an einer Maschine ein privilegio del venditore di macchine, d.h. ebenfalls eine spezielle Form der Mobiliarhypothek, einräumen lässt.

Diese Problematik besteht unabhängig davon, ob nach der Regelung des Art. 43 Abs. 2 EGBGB in ein funktionsäquivalentes, deutsches Sicherungsrecht zu transponieren ist oder fremde dingliche Sicherungsrechte nur nicht im Widerspruch zur deutschen Rechtsordnung ausgeübt werden dürfen.[82] Denn selbst wenn man Art. 43 Abs. 2 EGBGB nur als Widerspruchslösung auffasst, muss verwundern, dass es nicht dem europäischen Integrationsgedanken[83] widersprechen soll, wenn das europäische Ausland nicht kalkulieren kann, ob dingliche Sicherungsrechte auch Wirksamkeit in Deutschland entfalten. Um Sicherheit über Fortdauer und Wirksamkeit des Rechts im Inland zu erlangen, müsste der Besicherer im Einzelnen mit der deutschen Rechtsordnung vertraut sein.[84] Erscheint dies noch möglich hinsichtlich eines Landes z.B. bei intendiertem Export oder gezielter Besicherung nach Deutschland, so ist sicher nicht zu erwarten, dass sich der Besicherer mit mehreren europäischen Rechtsordnungen vertieft auseinandersetzt. Unabhängig davon dürfte es ohnehin der Regelfall sein, dass das Sicherungsgut die Grenze zu einem anderen Mitgliedstaat überschreitet, ohne dass der Besicherer hiervon zunächst erfährt – hieran wird er bis zum Sicherungs- oder Insolvenzfall regelmäßig auch kein gesteigertes Interesse haben. Insofern wäre es für ihn im Vorfeld nicht abzusehen, mit welcher europäischen Rechtsordnung er sich befassen muss, um den Bestand seiner Sicherheit abschätzen zu können. Letztlich zwingt ihn dies dazu, sich mit sämtlichen europäi-

---

[79] Hierzu ausführlich unten Teil II § 1 VIII.2.b(v)(01) „Ausschluss der Belastungswirkung des Art. 43 EGBGB durch das Transpositionskorrektiv?“ S. 121ff.

[80] Oben Fn. 11.

[81] Oben Fn. 10.

[82] Vgl. oben Teil I § 2 . „Art. 43 EGBGB – Lex rei sitae“ S. 48.

[83] Ausführlich unten Teil II § 1 . „EG-Vertrag und Grundfreiheiten“ S. 71ff.

[84] HADDING/WELTER–WELTER, Rechtsfragen bei Bankleistungen im Europäischen Binnenmarkt – Kreditsicherung über die Grenze, S. 25ff., 43: „...bleibt im Hinblick auf die Kreditsicherung im gemeinsamen Binnenmarkt offenbar nur noch der dornige Weg, sich mit der Rechtslage im jeweiligen Ausland auseinanderzusetzen...“.

schen Sachenrechtsordnungen vertraut zu machen. Dass dies vor dem Hintergrund eines gemeinsamen Europäischen Marktes nicht hinnehmbar ist, ist evident.

Es stellt sich die Frage nach der Bedeutung dieses gemeinsamen Marktes und eines freien Wettbewerbs innerhalb Europas, wenn zwar Produkte uneingeschränkt in Umlauf gebracht werden können, aber im Rahmen dessen üblicherweise erbrachte Finanzierungstechniken nicht im europäischen Ausland vorbehaltlos akzeptiert werden und de facto der Güterumlauf erschwert resp. gänzlich verhindert wird.

III. Unternehmenshypotheken

Diese Frage stellt sich auch nordischen Financiers ebenso wie französischen, spanischen, belgischen oder englischen Besicherern von Untenehmen, wenn die finnische Yrityskiinnitys[85], die spanische hipoteca de establecimiento mercantil,[86] die schwedische företagshypothek,[87] der französische[88] oder belgische[89] nantissement du fonds de commerce oder die englische charge in Deutschland nicht anerkannt und auch nicht angeboten werden können. Der Grundzug der Unternehmenshypotheken ist – mit Ausnahme etwa der englischen charge, die auch Grundstücke erfasst – ähnlich, was sich an dem folgenden Überblick über zwei Unternehmenshypotheken, die aus unterschiedlichen Rechtskreisen stammen, verdeutlichen lässt.

1. Der nantissement du fonds de commerce

Die französische Unternehmenshypothek nantissement du fonds de commerce[90] ist beispielsweise eine Mobiliarhypothek, die sich auf einen Inbegriff von Sachen, den Handelsbetrieb insgesamt, also den fonds de commerce, bezieht. Wesentliche Bestandteile des fonds de commerce sind die materiellen Elemente (éléments corporales) einerseits und die immateriellen Elemente (éléments incorporales) andererseits, Artt. 141-5 Abs. 3, 142-2 NCC. Die éléments corporeles umfassen die Betriebseinrichtung.[91] Waren, d.h. Gegenstände, die zum Verkauf bestimmt sind,

[85] Oben Fn. 18.

[86] Oben Fn. 19.

[87] Oben Fn. 14.

[88] Oben Fn. 15.

[89] Oben Fn. 16.

[90] Gem. Artt. L. 141-1 ff. NCC, indem die bisherigen Regelungen über den fonds de commerce aufgrund des mehrfach geänderten Loi du mars 1909 relative à la vente, et au nantissement des fonds de commerce, D.P. 1909.4.41 integriert wurden.

[91] Le matériel et l´outillage.

gehören nicht zum fonds de commerce.[92] Unter den éléments incorporales sind verschiedene immaterielle Güter wie der Handelsname[93], Marken[94], das Firmenzeichen[95], gewerbliche Schutzrechte[96], Gebrauchsmuster[97] und insbesondere der Kundenstamm[98] erfasst.[99]

Die Belastung des fonds de commerce mit dem Unternehmenspfandrecht nantissement als einheitlicher Mobiliarhypothek erfolgt aufgrund dessen, dass der fonds de commerce als selbständiger, einheitlicher Belastungsgegenstand anzusehen ist.[100] Um überhaupt eine Belastungseinheit bilden zu können, muss tatbestandlich zunächst ein fonds de commerce bestehen. Hierfür ist es nicht erforderlich, dass das Unternehmen über sämtliche der vorgenannten éléments corporeles und éléments incorporales verfügt. Wesentliche Voraussetzung ist hingegen, dass es sich zum einen um ein kaufmännisches privates Gewerbe handelt, d.h. gewerbsmäßig Handelsgeschäfte[101] betrieben werden, und zum anderen, dass das Unternehmen über Kundschaft verfügt,[102] in der einer der Hauptwerte des Unternehmens gesehen wird. Ähnlich wie im deutschen Recht sind die Tätigkeiten der freien Berufe, wie etwa Rechtsanwalt oder Architekt, nicht als Handelsgewerbe anzusehen.[103]

Der nantissement am fonds de commerce entsteht aufgrund Vertrag in öffentlich beglaubigter oder privatschriftlicher Form mittels Eintragung in das öffentliche Register, vgl. Art. L. 142-3 Abs. 1 NCC, das bei dem Handelsgericht geführt wird, in dessen Bezirk das Handelsgewerbe betrieben wird. Die Eintragung ist konstitutiv. Zur Eintragung in das Register ist erforderlich, dass eine Abschrift des Verpfändungsvertrages sowie ein Verpfändungsverzeichnis hinterlegt wird, in dem die gesicherte

[92] Vgl. Art. 142-2 NCC.

[93] Le nom commercial.

[94] Les marques de fabrique, de commerce ou de service.

[95] L'enseigne.

[96] Propriété industrielle.

[97] Les dessins et modèles.

[98] La clientèle oder achalandage.

[99] Hierzu im Einzelnen KATERLÖH, Handelsunternehmen als Kreditsicherheit S. 30ff.

[100] Für die spanische hipoteca de establicimiento de mercantil ergibt sich die einheitliche Belastung aus der in der Lehre vertretenen teoría unitaria, die das Unternehmen als rechtlich selbständiges Sondervermögen (patrimonio autónomo) oder als Sachgesamtheit (universalidad de hecho) ansieht; hierzu KATERLÖH (vorangehende Fn.) S. 65, 74.

[101] Actes de commerce.

[102] Vgl. auch Artt. L. 141-3 Abs. 2 und 142-2 Abs. 1, 3 NCC.

[103] ART. L. 121-1 i.V.m. 110-1, 2 NCC, siehe auch KATERLÖH a.a.O. S. 43

Forderung, Namen und Anschrift des Verpfänders und des Pfandgläubigers, sowie die Gegenstände, die belastet sind, aufgeführt sind.[104] Durch die Eintragung erlangt der Pfandgläubiger ein zehnjähriges Vorzugsrecht an dem fonds de commerce, das erforderlichenfalls verlängert werden kann. Zulässig ist eine Mehrfachbelastung, wobei sich die Rangfolge unter den verschiedenen Pfandgläubigern nach dem Datum der Registereintragung richtet, vgl. Art. L 142-5 S. 1 NCC. Bei Verlegung des Handelsgewerbes muss diese dem Pfandgläubiger durch den Verpfänder angezeigt werden,[105] damit ersterer die Möglichkeit erhält, in dem neuen Gerichtsbezirk eine Eintragung zu seinen Gunsten vornehmen zu lassen. Bei Nichtanzeige kann der Pfandgläubiger bei Gericht sofortige Fälligstellung beantragen und auf diese Weise Pfandreife eintreten lassen.[106] Durch den nantissement erhält der Pfandgläubiger ein vorzugsweises Befriedigungsrecht (droit de préférence) aus dem Erlös, so dass er seine Forderung vor den übrigen Gläubigern befriedigen kann. Durch die Registereintragung erhält der Pfandgläubiger Drittschutz. Er kann seine Sicherheit also auch gegen Dritte durchsetzen (droit de suite[107]) und die Sicherheit verwerten, wenn das Handelsgewerbe weiterveräußert wurde.

2. Die Yrityskiinnitys

Ebenso wie der französische fonds du commerce erstreckt sich in Finnland die Yrityskiinnitys[108] auf das zum Geschäftsbetrieb gehörige Vermögen und fasst mehrere Sachen zu einer Gesamtheit zusammen. Unter das Belastungsvermögen fallen ebenfalls, wie bei der französischen Unternehmenshypothek, körperliche und nichtkörperliche Gegenstände, also Maschinen, Rohstoffe, Werkzeuge etc. einerseits und Marken-, Firmen-, Patent- und sonstige Immaterialgüterrechte andererseits, vgl. § 3 YritysKiinL. Das Pfandrecht erfasst zwar im Gegensatz zur nantissement du fonds de commerce grundsätzlich auch Waren, die im Geschäftsbetrieb umgeschlagen werden. Über sie kann jedoch im Rahmen des gewöhnlichen Geschäftsbetriebes frei verfügt werden, wodurch diese Gegenstände aus dem Haftungsverband der Unternehmenshypothek ausscheiden, § 9 YritysKiinL. Die Unternehmenshypothek entsteht ebenso wie der nantissement du fonds de commerce durch Registereintragung und Übergabe eines erforderlichen Pfandschuldscheins, vgl. §§ 1, 2, 7 YritysKiinL. Die

---

[104] Siehe zum Ganzen auch KOCH, Fonds de commerce.

[105] Art. L 143-1 Abs. 1 NCC.

[106] Art. L 143-1 Abs. 3, 5 NCC.

[107] Art. L 143-12 Abs. 1 NCC.

[108] Aufgrund YrityskiinnitysLaki, Suomen Laki I, Si 421. v. 24. 08. 1984.

Eintragung erfolgt auf Antrag bei der zentral geführten, landesweiten Patent- und Registerbehörde.[109] Dort werden insbesondere die Höhe der gesicherten Forderung, an wen der zugrunde liegende Schuldschein ausgegeben wurde, Datum der Verpfändung, sowie weitere Umstände aufgezeichnet. Gem. VMJL[110] § 3.1 sind allgemeine Pfandrechte an beweglichen Sachen, sowie Zurückbehaltungsrechte vorrangig zu bedienen. Gleiches gilt für hypothekarische Pfandrechte[111] und somit auch für die Unternehmenshypothek.[112] Im Konkurs gewährt die Unternehmenshypothek damit ein Vorbefriedigungsrecht des Gläubigers.

3. Zusammenfassung

Unternehmenshypotheken sind wegen der Zusammenfassung zu einer Art Sachgesamtheit aufgrund Art. 43 EGBGB und der dadurch zur Geltung gebrachten sachenrechtlichen Prinzipien bei Grenzüberschreitung nach Deutschland nicht vollständig transponierbar, wie an anderer Stelle noch im Einzelnen zu zeigen sein wird.[113] Hierdurch geht z.B. der französische Besicherer ein hohes Risiko ein, läuft er doch Gefahr, dass der fonds de commerce nach Deutschland verlegt wird und er dadurch seine Sicherheit verliert. Schon gar nicht kann er seine ihm vertraute Besicherungsleistung in Deutschland problemlos anbieten. Französische, belgische, englische, finnische, schwedische oder dänische Finanzinstitute, die die Finanzierungstechnik der Unternehmenshypothek anbieten, können damit nicht wie im Inland gewohnt an dem deutschen Kreditmarkt teilnehmen.

§ 4 Art. 46 EGBGB

Eine Lösung für diese Problematik scheint sich durch Art. 46 EGBGB zu eröffnen. Art. 46 EGBGB bestimmt: „Wesentlich engere Verbindung. Besteht mit dem Recht eines Staates eine wesentlich engere Verbindung als mit dem Recht, das nach den Artikeln 43 bis 45 maßgebend wäre, so ist jenes Recht anzuwenden."

---

[109] Gem. §§ 16 Abs. 1, 2, 17, 25 YritysKiinL.

[110] Laki velkojien maksunsaantijärjestyksetä – Suomen Laki I, Pr 508.

[111] COLLAN/KOIVULA–Finnland S. 323.

[112] Eine Einschränkung ergibt sich daraus, dass noch vor der vorrangigen Befriedigung des Gläubigers bestimmte Forderungen, wie etwa Unterhaltsansprüche gegen den Schuldner (VMJL § 4), von der Schuldnermasse abzuziehen sind.

[113] Teil II § 1 VIII.2.b(v)(02) „Ineffizienz der Transposition bei Unternehmenshypotheken" S. 123.

Aufgrund dieser Bestimmung ist es möglich, von der zwingenden lex rei sitae-Regelung des Art. 43 EGBGB abzuweichen, sofern eine wesentlich engere Verbindung zu dem Recht eines anderen Staates besteht. Als solche wesentlich engere Verbindung lässt sich prima facie das Altstatut ansehen, unter dem dingliche Rechte bestellt oder erworben wurden, mit der Folge, dass auch unter dem Neustatut das Recht des Rechtsbegründungsortes anwendbar ist. Wenn also in Finnland ein Autokiinnitys[114] wirksam bestellt wurde und das belastete Fahrzeug nach Deutschland verbracht wird, so wäre durch die Verbindung der Kfz-Hypothek zur Rechtsbegründungsrechtsordnung demnach aufgrund Art. 46 EGBGB finnisches Recht anwendbar. Es käme somit weder zu den oben angesprochenen Rechtsverschiebungen noch zu – insbesondere im Falle der Unternehmenshypotheken – Rechtsverlusten.

Gegen eine derartige Anwendung des Art. 46 EGBGB spricht jedoch, dass wenn bereits durch den Bestellungsakt eines dinglichen Rechts die tatbestandlich vorausgesetzte „wesentlich engere Verbindung“ zu dem Altstatut angenommen werden könnte, die lex rei sitae-Regelung des Art. 43 EGBGB praktisch nie zur Anwendung käme. Da die Artt. 43ff. EGBGB den Bereich dinglicher Rechte regeln, wäre Art. 46 EGBGB bei Sachverhalten mit Auslandsbezug die Grundregel, sofern bereits in dem Bestehen des dinglichen Rechts nach ausländischer Rechtsordnung das Erfordernis der wesentlich engeren Verbindung als erfüllt anzusehen wäre. Dieser Annahme steht das durch die systematische Stellung der Vorschrift verankerte Regel-Ausnahme-Prinzip entgegen. Dadurch, dass die Regelung des Art. 43 EGBGB vorangestellt ist und Art. 46 EGBGB erst am Ende des Abschnitts folgt, ist klargestellt, dass Art. 46 EGBGB nur subsidiär zur Anwendung kommen kann. Es soll also grundsätzlich das Belegenheitsrecht und nur ausnahmsweise das Recht der wesentlich engeren Verbindung gelten. Daraus folgt, dass der Gesetzgeber das Erfordernis der „wesentlich engeren Verbindung“ nicht schon bereits dadurch erfüllt ansieht, dass ein dingliches Recht besteht, das einen Bezug zu einer anderen Rechtsordnung als der des Belegenheitsortes hat. Im Übrigen begründet schon die Belegenheit der Sache in einem bestimmten Staat eine erhebliche Verbindung zu demselbigen, sodass die Umstände, die eine „wesentlich engere Verbindung“ im Sinne der Vorschrift herstellen können, bereits diese Verbindung überwiegen müssten.[115]

---

[114] Oben Fn. 10.

[115] STOLL (oben Fn. 52) S. 269.

In der Gesetzesbegründung zu Art. 46 EGBGB findet sich die Bestätigung der Annahme, dass Art. 46 EGBGB nur ausnahmsweise gelten soll und für Extremfälle vorbehalten ist.[116] Die Regelung des Art. 46 EGBGB ist vorgesehen „...für Fälle, in denen die gesetzlich festgeschriebene Anknüpfung [gemeint ist die Anknüpfung des Belegenheitsortes, Anm. des Verf.] *ausnahmsweise* zur Anwendung *extrem sachfremder* Rechtsordnungen führen würde...".[117]

Unabhängig von dem Ausnahmecharakter der Regelung lässt die Vorschrift nach dem Willen des Gesetzgebers keine Rechtswahlfreiheit zu,[118] aufgrund derer durch den Parteiwillen der an einem Verfügungsgeschäft Beteiligten, eine Rechtsordnung als maßgebend ausbedungen werden und hierdurch eine „wesentlich engere Verbindung" hergestellt werden könnte, diese absolute Wirkung hätte und mit deren Hilfe die oben genannten Probleme eventuell zu vermeiden wären.[119] Die Gerichte wenden die Regel des Art. 46 EGBGB entsprechend restriktiv an. Im Fall der Verbringung des bereits angesprochenen, nach § 9 UCC dinglich belasteten, Fahrzeugs nach Deutschland machte das OLG Karlsruhe folgerichtig von Art. 46 EGBGB keinen Gebrauch.[120]

Die Grundregel des Art. 43 EGBGB – Maßgeblichkeit der Belegenheitsrechtsordnung – bleibt demnach bestehen; Art. 46 EGBGB ist eine Ausnahmeregelung und im Zusammenhang mit Art. 43 EGBGB wie folgt zu verstehen: Maßgeblich ist stets der Lageort. Sofern dies aber zur Anwendung extrem sachfremder Rechtsordnungen führt, was nicht schon dadurch geschieht, dass ein dingliches Recht nicht mit der Lagerechtsordnung kompatibel ist oder weil die Parteien eine andere Rechtsordnung angewandt wissen möchten, kann ausnahmsweise die Rechtsordnung gelten, zu der ein wesentlich engerer Bezug besteht.

---

[116] PALANDT–HELDRICH, (IPR) EGBGB 46 Rz. 2: „... noch zurückhaltender Gebrauch zu machen als von der des Art. 41 ..."; ERMAN–HOHLOCH EGBGB Art. 46 Rz. 6: Die Anwendung der Ausweichklausel des Art. 46 EGBGB „... wird im IntSR ... eher die seltene Ausnahme sein ...".

[117] BTDrucks. 14/343, S. 18/19.

[118] BTDrucks. 14/343, S. 16.

[119] Vgl. auch BTDrucks. 14/343, S. 16, 18/19; JUNKER, Die IPR-Reform 1999, RiW 2000, 241ff., 252; PALANDT–HELDRICH, (IPR) EGBGB 46 Rz. 3; HOFFMANN, Internationales Privatrecht (2002) § 12 Rz.10f. (S. 475); zur eventuellen Möglichkeit einer *relativ* wirkenden Rechtswahlfreiheit siehe STOLL (oben Fn. 52) S. 264f., dagegen KREUZER Vollendung der Kodifikation des deutschen IPR RabelsZ 65 (2001) S.383ff., 446.

[120] Oben Fn. 73.

Folglich gilt auch für die oben[121] beschriebenen Fälle grundsätzlich Art. 43 EGBGB. Die dadurch entstehenden Probleme bei Grenzüberschreitung von Mobiliar- und Unternehmenshypotheken nach Deutschland können nicht über Art. 46 EGBGB gelöst werden.

§ 5 Art. 3 Abs. 2 S. 2 EGBGB

Ein weitere Lösungsmöglichkeit könnte sich durch Art. 3 Abs. 2 S. 2 EGBGB erschließen, wonach Regelungen in Rechtsakten der Europäischen Gemeinschaft von dem Kollisionsrecht unberührt bleiben. Hierdurch ist bereits kollisionsrechtlich, also noch vor der Ebene des Sachrechts ein Anwendungsvorrang ausformuliert, aufgrund dessen die lex rei sitae-Regelung nicht zur Anwendung kommt, sofern gemeinschaftsrechtliche Rechtsakte Kollisionsregelungen enthalten.[122] Die Bedeutung von Art. 3 Abs. 2 S. 2 EGBGB ist gering, da sie lediglich klarstellende Bedeutung hat und vom Rechtsausschuss in Anlehnung an Art. 20 des EG-Schuldvertragsübereinkommens nur eingefügt wurde,[123] um die Aufmerksamkeit auf spezialgesetzliches Gemeinschaftsrecht zu lenken.[124] Außerdem erfasst die Norm nur sekundäres, nicht also primäres Gemeinschaftsrecht.[125]

Dennoch könnte sie im Falle der Existenz sekundären Gemeinschaftsrechts, welches Kollisionsregelungen für den Bereich der hier thematisierten dinglichen Sicherheiten enthält, zur Problemlösung verhelfen Als solches Gemeinschaftsrecht kommen insbesondere die seit dem 1.3.2002 geltende EGVVO[126] und die immer noch geltende 2. Bankrechtskoordinierungsrichtlinie[127] („2. BankRKRL") in Betracht.

---

[121] Oben Teil I § 3 . „Pro" S. 53ff.

[122] LG Frankfurt/Main Urt. v. 29.4.1998 – 2/1 S 45/96, NJW-RR 98, 1589f.; MünchKomm–Sonnenberger Art. 4 Rz. 16.

[123] BT-Drucks. 10/5632, 39; Palandt–Heldrich, (IPR) EGBGB 46 Rz. 10.

[124] Staudinger-Hausmann Art. 3 Rz. 40; Erman-Hohloch Art. 3 Rz. 11.

[125] Palandt–Heldrich, (IPR) EGBGB 46 Rz. 11; Staudinger-Hausmann Art. 3 Rz. 40.

[126] Verordnung (EG) Nr. 44/2001 v. 22.12.2000 über die gerichtliche Zuständigkeit und die Anerkennung und Vollstreckung von Entscheidungen in Zivil- und Handelssachen, ABl. 2001, L12, 1 (sog. „Brüssel I Verordnung").

[127] Richtlinie 89/646/EWG ABl. Nr. L. 386 v. 15.12.1989, S. 1ff.

I. EGVVO (»Brüssel I-VO«)

Die EGVVO (»Brüssel I-VO«) ist Nachfolger des mehrfach geänderten und bis 2002 geltenden EWG-Übereinkommens über die gerichtliche Zuständigkeit und die Vollstreckung gerichtlicher Entscheidungen (EuGVÜ)[128] und hat diese zwischen den europäischen Mitgliedstaaten abgelöst.[129] Die Brüssel I-VO ist gem. Art 249 EGV unmittelbar geltendes Recht in den Mitgliedstaaten der Gemeinschaft, es bedarf folglich keiner Umsetzung in nationales Recht, sodass sie in Deutschland gilt. Nach ihrem sachlichen Anwendungsbereich gilt die Verordnung grundsätzlich für Zivil- und Handelssachen, ohne dass es auf die Art der Gerichtsbarkeit ankäme, vgl. Art. 1 Abs. 1 Nr. 1 EGVVO. Ausnahmen bestehen insbesondere für Teile des Familienrechts, das Erbrecht (Art. 1 Abs. 2 Nr. 1), sowie Konkurssachen (Art. 1 Abs. 2 Nr. 2) und weitere spezielle Rechtsgebiete.

Die Brüssel I-VO bestimmt in ihrem Anwendungsbereich die Zuständigkeit der Gerichte und die Vollstreckung gerichtlicher Entscheidungen, enthält jedoch keine Bestimmungen über die anzuwendende Rechtsordnung hinsichtlich der Behandlung dinglicher Rechte bei grenzüberschreitenden Transaktionen. Sie lässt damit die kollisionsrechtlichen Regelungen der Artt. 43ff. EGBGB unberührt und führt nicht über Art. 3 Abs. 2 S. 2 EGBGB zu einer Unanwendbarkeit des lex rei sitae-Grundsatzes in Art. 43 EGBGB.

II. 2. Bankrechtskoordinierungsrichtlinie (»2. BankRKRL«)

Als über Art. 3 Abs. 2 S. 2 EGBGB die Artt. 43ff. EGBGB außer Geltung setzende Vorschriften ist ferner die 2. Bankrechtskoordinierungsrichtlinie[130] (»2. BankRKRL«) in Betracht zu ziehen.

Manche Autoren sehen schon dies anders. Insbesondere *Drasch* wendet ein, dass Richtlinien prinzipiell erst nach Umsetzung durch die nationalen Gesetzgeber als Adressaten der Richtlinie Wirksamkeit im Inland erlangen[131] und in der Umsetzung im KWG keine für die vorliegende Problematik relevante Bestimmung enthalten ist. Jedoch kann, sofern eine Umsetzung einer europäischen Richtlinie in das nationale

---

[128] BGBl. 1972 II, 774; BGBl. 1973 II, 60; siehe auch HOFFMANN, Internationales Privatrecht § 3 Rz. 182 (S. 119).

[129] Für das Vereinigte Königreich, Irland und Dänemark bestehen Sonderregelungen, gem. Art. 69 EGV. Das Vereinigte Königreich und Irland sind der Brüssel I-VO beigetreten.

[130] Richtlinie 89/646/EWG ABl. Nr. L. 386 v. 15.12.1989, S. 1ff.

[131] DRASCH, Das Herkunftslandsprinzip im internationalen Privatrecht, S. 225.

Recht nicht oder nicht vollständig geschehen ist, diese durchaus unmittelbare Wirksamkeit entfalten, wenn die Richtlinie hinreichend konkret ausgestaltet[132] und die Umsetzungsfrist verstrichen ist.[133] Der EuGH begründet dies damit, dass es mit der den Richtlinien zuerkannten verbindlichen Wirkung unvereinbar wäre „... grundsätzlich auszuschließen, dass sich betroffene Personen auf die durch die Richtlinie auferlegte Verpflichtung berufen können. Insbesondere in den Fällen, in denen etwa die Gemeinschaftsbehörden die Mitgliedstaaten durch Richtlinie zu einem bestimmten Verhalten verpflichten, würde die praktische Wirksamkeit einer solchen Maßnahme abgeschwächt, wenn die Einzelnen sich vor Gericht hierauf nicht berufen und die staatlichen Gerichte sie nicht als Bestandteil des Gemeinschaftsrechts berücksichtigen könnten. Daher kann ein Mitgliedstaat, der die in der Richtlinie vorgeschriebene Durchführungsmaßnahme nicht fristgemäß erlassen hat, den Einzelnen nicht entgegenhalten, dass er – der Staat – die aus dieser Richtlinie erwachsende Verpflichtung nicht erfüllt hat...".[134]

Dem ist zuzustimmen. Auch wenn die Richtlinie selbst nur an die Mitgliedstaaten adressiert und durch diese in nationales Recht zu transformieren ist, so darf dies nicht dazu führen, daß die Mitgliedstaaten darüber entscheiden können, ob eine Richtlinie umgesetzt wird und dadurch der rechtliche Inhalt Wirkung erhält oder nicht.[135] Art. 249 EGV bestimmt, dass Richtlinien für jeden Mitgliedstaat, an den sie gerichtet sind, hinsichtlich des zu erreichenden Ziels verbindlich sind und den innerstaatlichen Stellen nur die Wahl der Form und der Mittel überlassen ist. Den Mitgliedstaaten steht demnach keine Entscheidungsbefugnis hinsichtlich der Frage zu, ob eine Richtlinie umgesetzt wird oder nicht.

Zwar stellt der EG-Vertrag zur Beseitigung der Verschleppung oder unvollständiger Richtlinienumsetzung der Kommission das Vertragsverletzungsverfahren gem. Art. 226 EGV sowie die Beantragung der Verhängung eines Zwangsgeldes oder

---

[132] EuGH, Urt. v. 17.12.1970 – Rs. 33/70 – SPA SACE ./. FINANZMINISTERIUM DER ITALIENISCHEN REPUBLIK, Slg. 1970, S. 1213ff., 1223f. Rz. 14/16.

[133] EuGH, Urt. v. 11.7.2002 – Rs. C-62/00 – MARKS & SPENCER PLC ./. COMMISSIONERS OF CUSTOMS & EXCISE, Slg. 2002, S. 6325ff., 6358 Rz. 25; EuGH, Urt. v. 10.4.2003 –Rs. C-276/01 – BUSSGELDVERFAHREN ./. JOACHIM STEFFENS, Slg. 2003, S. 3735ff., 3769 Rz. 38.

[134] EuGH, Urt. v. 5.4.1979 – Rs. 148/78 – MINISTERE PUBLIC ./. RATTI, Slg. 1979, S. 1629ff., LS. 1; siehe auch die Urteile oben Fn. 133.

[135] EuGH, Urt. v. 15.5.2003 – Rs. C-483/01 – KOMMISSION DER EUROPÄISCHEN GEMEINSCHAFTEN ./. FRANZÖSISCHE REPUBLIK, Slg. 2003, S. 4961ff., 4971f. Rz. 21; siehe auch SCHERZBERG, Die innerstaatlichen Wirkungen von EG-Richtlinien, Jura 1993, S. 225ff.

Pauschalbetrages gem. Art. 228 EGV gegen den jeweiligen Mitgliedstaat zur Seite.[136] Bedenkt man aber, dass die ordnungsgemäße Umsetzung von Richtlinien überhaupt nur in 90% der Fälle erfolgt, sich die Mitgliedstaaten hierfür zuweilen bis zu 5 oder 10 Jahren Zeit lassen[137] und der EuGH im Jahre 2000 erstmalig ein solches Zwangsgeld verhängt hat,[138] so ist die Effizienz der von der Kommission ausübbaren Druckmittel enorm relativiert. Es ist nicht aus dem EG-Vertrag abzulesen und ebensowenig hinnehmbar, dass ehe ein Zwangsgeldverfahren initiiert und entschieden wird auch nach Verstreichen der Umsetzungsfrist die Richtlinie keinerlei Wirkungen hat und dies zu Lasten der Rechtssubjekte im jeweiligen Mitgliedstaat geht. Daher ist nicht schon daraus, dass nur eine Richtlinie und keine Verordnung erlassen worden ist, zu folgern, dass eine Verbindlichkeit nicht besteht.[139] Die 2. BankRKRL ist folglich – insbesondere im Hinblick auf die bereits verstrichene Umsetzungsfrist des Art. 24 der Richtlinie –[140] daraufhin zu untersuchen, ob sie Sonderanknüpfungspunkte für grenzüberschreitende dingliche Sicherungsgeschäfte enthält, die nicht in das KWG umgesetzt wurden und eventuell unmittelbar aus der Richtlinie innerstaatliche Gültigkeit entfalten.

Die 2. BankRKRL wurde zur Koordinierung des Bankaufsichtsrechts innerhalb der EG erlassen. Sie verwirklicht die „wesentliche Harmonisierung, die notwendig und ausreichend ist, um zur gegenseitigen Anerkennung der Zulassung und der Bankenaufsichtssysteme zu gelangen, die die Gewährung einer einzigen Zulassung für die gesamte Gemeinschaft und die Anwendung des Grundsatzes der Kontrolle durch den Herkunftsmitgliedstaat erlauben“.[141] Die Richtlinie regelt demgemäß primär die gegenseitige Anerkennung zwischen den europäischen Mitgliedstaaten hinsichtlich der Zulassung, daneben die Herkunftskontrolle, sowie die minimale Koordinierung der Aufsichtsvorschriften. In Art. 18 Abs. 1 der 2. BankRKRL findet sich eine Regelung, die – in Verbindung mit dem Anhang der Richtlinie – nach ihrem ersten Anschein über diese aufsichtsrechtliche Anerkennung hinaus auch einen rechtsordnungsbestimmenden Gehalt hat:

---

[136] OPPERMANN, Europarecht, Rz. 553.

[137] Zu diesen Zahlen siehe OPPERMANN, Europarecht, Rz. 549.

[138] EuGH Rz C-387/97, KOMMISSION DER EUROPÄISCHEN GEMEINSCHAFTEN ./. GRIECHENLAND, auszugsweise in EuR 2000, S. 768ff., = ZUR 2001, S. 42ff.; siehe zur weiteren Problematik des Zwangsgeldes HÄRTEL, Durchsetzbarkeit von Zwangsgeld-Urteilen des EuGH gegen Mitgliedstaaten, EuR 2000, S. 617ff.

[139] A.A. DRASCH (oben Fn. 131) S. 225.

[140] Richtlinie 89/646/EWG ABl. Nr. L. 386 v. 15.12.1989, S. 1ff., Art. 24.

[141] Erwägungsgründe zur Richtlinie 89/646/EWG ABl. Nr. L. 386 v. 15.12.1989, S. 1ff.

Art. 18 Abs. 1:

„Die Mitgliedstaaten sehen vor, daß die in der Liste im Anhang aufgeführten Tätigkeiten in ihrem Hoheitsgebiet gemäß den Artikeln 19, 20 und 21 sowohl über eine Zweigstelle als auch im Wege des Dienstleistungsverkehrs von jedem Kreditinstitut ausgeuebt werden können, das durch die zuständigen Behörden eines anderen Mitgliedstaats gemäß dieser Richtlinie zugelassen ist und kontrolliert wird, soweit die betreffenden Tätigkeiten durch die Zulassung abgedeckt sind.“[142] Im Anhang der Richtlinie ist dann unter Punkt 2 aufgeführt: „Ausleihungen“. Diese wiederum werden konkretisiert mit:

„Insbesondere:
- Konsumentenkredite,
- Hypothekendarlehen,
- Factoring mit und ohne Rückgriff,
- Handelsfinanzierung (einschließlich Forfaitierung).“[143]

Zieht man noch den 16. Erwägungsgrund der 2. BankRKRL heran, wonach Kreditinstitute ihre Tätigkeiten „ohne Behinderung auf die gleiche Weise wie im Herkunftsland“ ausüben können sollen, so scheint sich aus dem Gesamtkontext eine Sonderanknüpfung im Sinne des Art. 3 Abs. 2 S. 2 EGBGB folgern zu lassen. Denn wenn typische Bankdienstleistungen und im speziellen die vorgenannten Kreditgeschäfte gegenseitig zwischen den Mitgliedstaaten anerkannt werden müssen, ohne einer Kontrolle des Aufnahmestaats zu unterstehen, ließe dies den Rückschluss zu, dass ebenso eine gegenseitige Anerkennung der Tätigkeitsinhalte, also auch der dinglichen Besicherung stattfinden muss.[144] Somit könnte es sich um eine Sonderanknüpfung im Sinne des Art. 3 Abs. 2 S. 2 EGBGB handeln, wodurch dann auch das deutsche nationale Kollisionsrecht des Art. 43 EGBGB der Geltung enthoben wäre.[145] Daraus wiederum würde folgen, dass bei Sicherungsgeschäften, die Mobiliar- oder Unternehmenshypotheken zum Inhalt haben, auch die dingliche Besicherung an sich und deren Rechtswirkungen direkt nach der Herkunftslandsrechtsordnung zu

---

[142] Richtlinie 89/646/EWG ABl. Nr. L. 386 v. 15.12.1989, S. 1ff., Art. 18 Abs. 1.

[143] Anhang der Richtlinie 89/646/EWG ABl. Nr. L. 386 v. 15.12.1989, S. 1ff.

[144] WOLF, Privates Bankvertragsrecht im EG-Binnenmarkt – Auswirkungen der II. EG-Bankrechts-Richtlinie auf privatrechtliche Bankgeschäfte, WM 1990, 1941ff.

[145] Zu Recht WOLF (vorangehende Fn.) S. 1942.

beurteilen und von der Rechtsordnung des Destinationslandes vorbehaltlos anerkannt werden müssten.[146]

1. Formale Bedenken

Indes ergibt sich eine erste Einschränkung bereits daraus – es sei an dieser Stelle vorerst angenommen, dass die Richtlinie tatsächlich eine Anerkennungspflicht dinglicher Sicherungsrechte beinhaltet –[147], dass die Richtlinie nur für Kreditinstitute gilt und damit bereits einen eingeengten Anwendungsbereich hat. [148] Denn Kreditinstitut im Sinne der Richtlinie ist, wie aus der 1. BankRKRL folgt, „ein Unternehmen, dessen Tätigkeit darin besteht, Einlagen oder andere rückzahlbare Gelder des Publikums entgegenzunehmen und Kredite für eigene Rechnung zu gewähren"[149]. Voraussetzung um in den Vorteil der gegenseitigen Anerkennung hinsichtlich dinglicher Sicherungsrechte zu kommen, wäre demnach, dass es sich bei dem Besicherer um ein Finzanzinstitut handelt, das – wie aus der vorstehenden Definition folgt – kumulativ Einlagegeschäfte betreibt *und* Kredite gewährt.[150]

Anderen Besicherern käme eine Anerkennungspflicht schon nicht zu Gute. Für diese bestünden weiterhin die oben genannten Probleme der Rechtseinbußen bei Grenzüberschreitung besicherter Sachen.[151] Dass ein solcher Befund nicht mit der Richtlinie intendiert sein kann, liegt auf der Hand: Es ist nicht ersichtlich, dass es bei der dinglichen Besicherung nachhaltig darauf ankäme, dass auch Einlagegeschäfte von dem besichernden Finanzinstitut betrieben werden müssten.

2. Materielle Bedenken

Unabhängig davon begründet die 2. BankRKRL bereits dem Grunde nach keine gegenseitige Anerkennungspflicht dinglicher Sicherungsrechte wie zuvor ohne

[146] Eine Einschränkung gibt es nach der Richtlinie insoweit, als dass Allgemeininteressen der Mitgliedstaaten eine Ausnahme rechtfertigen können. Diese seien an dieser Stelle vorerst ausgeblendet, da es hierauf in diesem Zusammenhang nicht entscheidend ankommt. Siehe zu den Allgemeininteressen auch unten Teil III § 1 . „Bedeutung der Allgemeininteressen" S. 129ff.

[147] Dazu sogleich unten Teil I § 5 II.2 „Materielle Bedenken" S. 67.

[148] Der enge Anwendungsbereich bestand bereits für die Richtlinie 77/780/EWG ABl. Nr. L 322 v. 30.12.1977, S. 30ff. („1. BankRKRL"); vgl. hierzu HORN, Bankrecht auf dem Weg nach Europa, ZBB 1989, 107, 111; GADDUM, Auf dem Weg zu einem Europäischen Bankaufsichtsrecht S. 11.

[149] Richtlinie 77/780/EWG ABl. Nr. L 322 v. 30.12.1977 („1. BankRKRL"), S. 31ff.

[150] Siehe auch HELLENTHAL, Das Bankaufsichtsrecht der Europäischen Gemeinschaft, S. 53.

[151] Oben Teil I § 3 . „Pro" S. 53ff.

Prüfung angenommen. Abgesehen davon, dass bereits Art. 18 der Richtlinie nicht eindeutig eine über die Aufsichtsregeln und Tätigkeiten hinausgehende Anerkennungspflicht beinhaltet, sind zwar nach dem 16. Erwägungsgrund der Richtlinie die Tätigkeiten grundsätzlich durch das Destinationsland ohne Prüfung zuzulassen. Da dies aber nicht so deutlich aus dem Haupttext der Richtlinie hervorgeht, ist nicht anzunehmen, dass mit Art. 18 eine Anerkennungspflicht auch für die den Tätigkeiten zugrunde liegende dingliche Sicherungsrecht verfolgt wird.[152]

Dieses Ergebnis wird dadurch gestützt, dass der endgültige Text der 2. BankRKRL im Gegensatz zu dem ursprünglichen Entwurf der Richtlinie nicht mehr von gegenseitig anzuerkennenden „Finanzierungstechniken" spricht. Der Begriff „Finanzierungstechniken" ist den Artt. 3 und 4 des Hypothekarrichtlinienvorschlags[153] („HRV") entnommen und beinhaltet über die aufsichtsrechtlichen Regeln im engeren Sinne hinaus auch die Regeln, die zur typischen Technik des Finanzprodukts gehören. Demgegenüber stellen Art. 18 und der 16. Erwägungsgrund der 2. BankRKRL nur auf „Tätigkeiten" ab, die enger zu verstehen sind.[154] Den Begriff „Finanzierungstechniken" verwendet die Richtlinie an anderer Stelle in anderem Zusammenhang hinsichtlich zusätzlicher Koordinierungsmaßnahmen.[155] Daran wird deutlich, dass es sich um eine bewusste Nicht-Nennung der „Finanzierungstechniken" im Übrigen handelt. Art. 18 ist daher eng zu verstehen und trifft demgemäß nicht über die dingliche Sicherheitenbestellung an sich eine Entscheidung.[156]

Unabhängig davon meint aber auch der in dem HRV verwendete Begriff „Finanzierungstechniken" nur die operationellen Techniken, vgl. Art. 2 HRV, und führt im Anhang listenmäßig die hierzu gehörenden Geschäftselemente auf. Hierbei werden die Bereiche ausgeklammert, die nicht als operationelle Technik im Sinne der Vorschrift anzusehen sind, insbesondere das Vollstreckungs-, Schuld- und Sachenrecht.[157] Hierfür gälte demnach ohnehin nicht das Erfordernis der gegenseitigen

---

[152] Vgl. auch STRUB, Bankdienstleistungen im Binnenmarkt, S. 46.

[153] Hypothekarrichtlinienvorschlag ABl. Nr. C 43 v. 14.2.1985, S. 4; Arbeitsdokument zum HRV, Ratsdokument 6673/88.

[154] STRUB, Bankdienstleistungen im Binnenmarkt, S. 46.

[155] Und zwar in Erwägungsgrund 11 : „…Die Kommission hat Maßnahmen zur Harmonisierung des Hypothekarkredits vorgeschlagen, damit es unter anderem zu einer gegenseitigen Anerkennung der spezifischen Finanzierungstechniken für diesen Bereich kommen kann…"

[156] STRUB, Bankdienstleistungen im Binnenmarkt, S. 46.

[157] Siehe auch REHM–MEINZ, S. 234.

Anerkennung.[158] Selbst wenn die 2. BankRKRL in Art. 18 nicht „Tätigkeiten" sondern „Finanzierungstechniken" nennen würde, wäre also der Bereich des Sachenrechts von der Verpflichtung der Mitgliedstaaten zur gegenseitigen Anerkennung ausgeklammert.

Die 2. BankRKRL ist damit keine Regelung, die Elemente enthält, aufgrund derer gem. Art. 3 Abs. 2 S. 2 EGBGB das Kollisionsrecht und insbesondere Art.43 EGBGB außer Geltung gesetzt wird.

§ 6 Weiterer Gang der Darstellung

Vor diesem Hintergrund bleibt die Frage offen, ob die oben geschilderten Vorgänge mit der EG-vertraglich bezweckten Liberalisierung des Binnenmarktes zu vereinbaren sind.[159] Darf es sein, dass ggf. eine im europäischen Ausland bestellte Mobiliar- oder Unternehmenshypothek bei Grenzüberschreitung untergeht oder transponiert wird? Selbst bei einer Transposition etwa einer Autohypothek in eine Sicherungsübereignung nach deutschem Recht muss dem Hypothekar das Verständnis dafür fehlen, dass sein Recht in der ursprünglichen Form nicht weiterhin Bestand hat und, wenn er an dem europäischen Binnenmarkt partizipieren und ihrem Inhalt nach auch bei Grenzüberschreitung unveränderliche Sicherheit will, im Ergebnis gezwungenermaßen entweder auf andere Kreditsicherheiten zurückgreifen oder zumindest eine umfassende Kompatibilitätsprüfung vornehmen muss. Wie kann es sein, dass der Nudelhersteller seine Produkte ohne weiteres im gesamten Binnenmarktraum anbieten kann[160] und sich durch die Europäisierung für ihn ein bis dahin nicht auf diese einfache Weise erreichbarer Markt erschließt, der ausländische Besicherer, der maßgeblich dazu beiträgt, daß eine Produktion überhaupt möglich ist, seine Besicherungsleistung an Unternehmen aber nicht ohne weiteres im europäischen Ausland anbieten kann?

---

[158] Im Einzelnen STRUB, Bankdienstleistungen im Binnenmarkt, S. 47ff.

STOLL (oben Fn. 52) S. 261 : „... Mindestens bei einem schlichten Statutenwechsel, durch den die mit einem Sicherungsrecht belastete Sache in einen anderen Mitgliedstaat der EU gelangt, ist die ungeschmälerte Erhaltung des Sicherungsrechts geboten ..."

[160] Siehe hierzu EuGH, Urt. v. 14.7.1988 – Rs. 407/85 – 3 GLOCKEN GMBH UND GERTRAUD KRITZINGER ./. UNITÀ SANITARIA LOCALE CENTRO-SUD UND PROVINCIA AUTONOMA DI BOLZANO, Slg. 1988, 4233ff., 4283.

Im Kern verdichtet sich das Problem auf eine Grenzziehung zwischen mitgliedstaatlicher Souveränität und europarechtlicher Intention und Kompetenz im Bereich der dinglichen Sicherungsrechte.

Im Mittelpunkt der folgenden Untersuchung steht die Frage, ob Art. 43 EGBGB einer Überprüfung anhand des EG-Vertrages standhält und im zwischenmitgliedstaatlichen Verkehr weiterhin zur Anwendung kommen kann oder nicht. Hierbei wird das Hauptaugenmerk insbesondere auf Mobiliar- und Unternehmenshypotheken gerichtet werden. Zur Beantwortung der aufgeworfenen Frage sind einige Vorfragen zu klären. Zunächst sind Anwendungsbereich und Reichweite des EG-Vertrages und im Speziellen der EG-vertraglichen Grundfreiheiten [161] festzulegen. Auf dieser Grundlage werden sodann Überlegungen anzustellen sein, ob Zivilrecht anhand des EG-Vertrages überhaupt überprüft werden kann. Sofern dies der Fall ist, wird es erforderlich sein zu untersuchen, ob auch im Speziellen dingliche Sicherungsrechte unter dem Schutz des EG-Vertrages stehen, oder ob nicht die Regelung von Eigentum und darauf bezogenen Rechten der mitgliedstaatlichen Regelungsbefugnis vorbehalten ist und dadurch die lex rei sitae-Regelung, die die nationale Sachenrechtsordnung schützt und damit gleichzeitig für Rechtsverschiebungen und -verluste im grenzüberschreitenden Sicherungsverkehr verantwortlich zeichnet, den Anforderungen des EG-Vertrages nicht entsprechen muss. Innerhalb dessen sind die europäischen Befugnisse einerseits von den Regelungs- und Kontrollbefugnissen der Mitgliedstaaten andererseits in dem Feld des Eigentums abzugrenzen. Sofern hiernach innereuropäisch grenzüberschreitende sachenrechtliche Vorgänge in den EG-vertraglichen Regelungsbereich fallen, ist schließlich zur konkreten Prüfung anhand der Grundfreiheiten überzugehen, um Art. 43 EGBGB an deren Anforderungen zu messen. Dabei wird es erforderlich sein, die Struktur der lex rei sitae-Regelung sowie die durch sie geschützten sachenrechtlichen Prinzipien einer genaueren Betrachtung zu unterziehen.

[161] Der EG-Vertrag selbst verwendet den Begriff „Grundfreiheit" nicht. Er wird zwar in Art. 6 Abs. 2 EU und in der EMRK verwendet, dort aber mit anderer Bedeutung.

Teil II

§ 1 EG-Vertrag und Grundfreiheiten

Art. 2 EGV benennt u.a. das Ziel[162] in der ganzen Gemeinschaft eine harmonische, ausgewogene und nachhaltige Entwicklung des Wirtschaftslebens, sowie einen hohen Grad von Wettbewerbsfähigkeit und Konvergenz der Wirtschaftsleistungen herzustellen. Diese Ziele sollen über die Errichtung eines Gemeinsamen Marktes und einer Wirtschafts- und Währungsunion sowie weiterer, näher bestimmter Politiken und Maßnahmen erreicht werden.[163] Dadurch, daß die Ziele über den Gemeinsamen Markt[164] sowie die Wirtschafts- und Währungsunion erreicht werden soll, sind dies ebenfalls Ziele der Gemeinschaft.[165] Der Gemeinsame Markt wird im EG-Vertrag selbst nicht definiert, der EuGH versteht ihn jedoch als „auf die Beseitigung aller Hemmnisse im innergemeinschaftlichen Handel mit dem Ziele der Verschmelzung der nationalen Märkte zu einem einheitlichen Markt, dessen Bedingungen denjenigen eines wirklichen Binnenmarktes möglichst nahe kommen“[166] gerichtet.

Die Zielbeschreibung der Verschmelzung der nationalen Märkte verdeutlicht die Tragweite des Gemeinsamen Marktes. Gleichwohl schränkt der EuGH den angestrebten Zielzustand ein, indem der so geschaffene Markt einem wirklichen Binnenmarkt nur möglichst nahe kommen soll. Diese Einschränkung ist indes nicht wirtschaftlich, sondern politisch und strukturell zu deuten, indem der EuGH unterstreicht, dass

---

[162] Vgl. dazu, dass die Formulierung in Art. 2 EGV „Aufgabe“ Zielbeschreibung ist, STREINZ, EUV/EGV Art. 2 Rz. 3ff.; SCHWARZE-HATJE Art. 2 Rz. 2 sowie EuGH Urt. v. 29.9.1987 – Rs. 126/86 – FERNANDO ROBERTO GIMÉNEZ ZAERA ./ INSTITUTO NACIONAL DE LA SEGURIDAD SOCIAL UND TESORERÍA GENERAL DE LA SEGURIDAD SOCIAL, Slg. 1987, 3697ff. Rz. 10.

[163] Siehe Artt. 3 und 4 EGV.

[164] Die Wichtigkeit kommt bereits durch die systematische Stellung innerhalb des Art. 2 EGV sowie die Benennung in einer Vielzahl von Vorschriften im EG-Vertrag zum Ausdruck: Artt. 81, 82, 87, 88, 93, 94, 95, 297, 298, 308 EGV.

[165] EuGH Urt. v. 29.9.1987 – Rs. 126/86 (oben Fn. 162) Slg. 1987, 3697ff. Rz. 10; siehe auch EUV/EGV/STREINZ– STREINZ, Art. 2 Rz. 6.

[166] EuGH Urt. v. 5.5.1982 – Rs. 15/81 – GASTON SCHUL DOUANE EXPEDITEUR BV ./. INSPECTEUR DER INVOERRECHTEN EN ACCIJNZEN, ROOSENDAAL, Slg. 1982, 1409ff. Rz. 33; EuGH, Urt. v. 17.5.1994 – Rs. C-41/93 – FRANZÖSISCHE REPUBLIK ./. KOMMISSION DER EUROPÄISCHEN GEMEINSCHAFTEN, Slg. 1994, I-1829 Rz. 19.

Ziel Europas nicht eine Verschmelzung zu einem Einheitsstaat ist. Der Gemeinsame Markt ist daher trotz der Einschränkung umfassend zu verstehen.

Zur Erreichung der Vertragsziele stellt der EG-Vertrag der Gemeinschaft verschiedene Kompetenzen zur Verfügung, insbesondere den Erlass von Verordnungen und Richtlinien, zu denen eine ausdrückliche Ermächtigung im EG-Vertrag erforderlich ist. Darüber hinaus enthält der EG-Vertrag die vier Grundfreiheiten des Warenverkehrs nach Artt. 28ff. EGV, des Personenverkehrs nach Art. 39ff. EGV, der Niederlassungs- und Dienstleistungsfreiheit nach Artt. 43, 49 EGV und des Kapitalverkehrs nach Artt. 56ff. EGV. Die Grundfreiheiten decken gemeinsam wesentliche Bereiche für das Funktionieren eines gemeinsamen Binnenmarktes ohne Binnengrenzen in Europa ab [167] und verpflichten zur Gewährleistung der freien Zirkulation von Waren, Dienstleistungen, Kapital und Personen.[168] Mit den Grundfreiheiten steckt der EG-Vertrag einen Rahmen ab, innerhalb dessen eine Liberalisierung zwingend gewährleistet sein soll. Hierbei bleiben die Grundfreiheiten hinter dem Niveau des EG-Vertrages in seiner Gesamtheit insofern zurück, als die EG-vertraglichen Ziele mehr sind als nur eine Addition der grundfreiheitlichen Gewährleistungen.[169] Die Ziele des EG-Vertrages gehen über die Gewährleistung der Grundfreiheiten hinaus.[170] Die Grundfreiheiten sind damit als Teil eines Weges zu dem (Zwischen-) Ziel eines gemeinsamen Marktes zu verstehen.

I. Allgemeiner Anwendungsbereich der Grundfreiheiten

Die Besonderheit der Grundfreiheiten gegenüber anderen Bestimmungen im EG-Vertrag liegt darin, dass sie unmittelbar geltendes Recht sind.[171] Es bedarf keines

---

[167] Dieses Ziel ist bestimmt in Artt. 2 und 14 EGV.

[168] Vgl. PAJUNK (oben Fn. 53) S. 34.

[169] OPPERMANN, Europarecht, Rz. 457ff., insbes. 477, 478; siehe auch REICH, Binnenmarkt als Rechtsbegriff, EuZW 1991, 203ff.

[170] EUV/EGV/STREINZ– STREINZ, Präambel Rz. 2ff., Art. Rz. 6-8, 14ff.

[171] Die unmittelbare Wirkung wurde angesprochen für die Warenverkehrsfreiheit in EuGH, Urt. v. 22.3.1977 – Rs. 74/76 – IANELLI & VOLPI S.P.A. ./. FIRMA PAOLO MERONI, Slg. 1977, 557 Rz. 13; EuGH, Urt. v. 5.3.1996 – verb. Rs. C-46/93 und C-48/93 – BRASSERIE DU PÊCHEUR ./. BUNDESREPUBLIK DEUTSCHLAND UND FACTORTAME LTD U. A. ./. VEREINIGTES KÖNIGREICH GROßBRITANNIEN UND NORDIRLAND, Slg. 1996, I-1029, Rz. 23; für die Dienstleistungsfreiheit in EuGH, Urt. v. 3.12.1974 – Rs. 33/74 – JOHANNES HENRICUS MARIA VAN BINSBERGEN ./. BESTUUR VAN DE BEDRIJFSVERENIGING VOOR DE METAALNIJVERHEID, Slg. 1974, 1299ff., Rz. 27; EuGH, Urt. v. 18.1.1979 – verb. Rs. 110/78 und 111/78 – MINISTERE PUBLIC UND CHAMBRE SYNDICALE ./. VAN WESEMAEL, Slg. 1979, S. 35ff. ; EuGH, Urt.

weiteren Rechtsetzungsaktes seitens der Gemeinschaft und auch keiner Umsetzung in nationales Recht, sondern jeder durch sie Begünstigte kann sich sowohl vor Gerichten, wie auch der Verwaltung auf die jeweilige Bestimmung berufen.[172] Der EuGH hebt hierbei hervor, daß der gemeinsame Markt den Bürgern zugute kommen soll.[173]

Die Warenverkehrsfreiheit gem. Artt. 28, 29 EGV verbietet mengenmäßige Ein- und Ausfuhrbeschränkungen der Mitgliedstaaten sowie alle Maßnahmen gleicher Wirkung und betrifft somit in ihrem sachlichen Anwendungsbereich die grenzüberschreitende Mobilität von Produkten, also jeglichen körperlichen oder sonst handelbaren Gegenständen.[174]

Die Dienstleistungsfreiheit gem. Art. 49ff. EGV verbietet grundsätzlich[175] die Beschränkung des freien Dienstleistungsverkehrs innerhalb der Gemeinschaft für Angehörige der Mitgliedstaaten, die in einem anderen Staat als demjenigen des Leistungsempfängers ansässig sind. Die Dienstleistungsfreiheit erfasst die drei denkbaren Arten von Dienstleistungen: Zum einen, wenn sich der Leistungserbringer zur Erbringung seiner Leistung in einen anderen Mitgliedstaat begibt,[176] zum anderen, wenn sich der Empfänger der Dienstleistung zu dem Leistenden begibt,[177] und schließlich, wenn nur die Dienstleistung die Grenze überschreitet, ohne dass Empfänger und Leistender ihren Heimatstaat verlassen.[178,179] Sie betrifft also die Gewährleistung von grenzüberschreitenden Dienstleistungen generell, die ohne eine ständige Präsenz des Dienstleistenden im Anbieterland erbracht werden.[180]

---

v. 17.12.1981 – Rs. 279/80 – STRAFVERFAHREN GEGEN ALFRED JOHN WEBB, Slg. 1981, S. 3305ff., Rz. 13; für die Kapitalverkehrsfreiheit nach der Vertragsänderung in Maastricht ausdrücklich im EGV.

[172] Sog. Wirksamkeit auf vertikaler Ebene.

[173] EuGH Urt. v. 5.5.1982 – Rs. 15/81 – GASTON SCHUL DOUANE EXPEDITEUR BV ./. INSPECTEUR DER INVOERRECHTEN EN ACCIJNZEN, ROOSENDAAL, Slg. 1982, 1409ff. Rz. 33.

[174] JARASS, Elemente einer Dogmatik der Grundfreiheiten, EuR 1995, 202ff., 205.

[175] Einschränkungen ergeben sich aus den Artt. 49ff. EGV.

[176] Sog. Aktive Dienstleistungsfreiheit.

[177] Sog. Passive Dienstleistungsfreiheit.

[178] Sog. Produktverkehrsfreiheit, auch Korrespondenzdienstleistung genannt.

[179] Vgl. zum Ganzen auch ARNDT, Europarecht[3] S. 117; SCHNICHELS, Reichweite der Niederlassungsfreiheit, S. 19ff.; CALLIES/RUFFERT–KLUTH Art. 50 EGV Rn. 24f.

[180] EuGH Urt. v. 4.12.1986 – Rs. 205/84 – KOMMISSION DER EUROPÄISCHEN GEMEINSCHAFTEN ./. UNDESREPUBLIK DEUTSCHLAND, Slg. 1986, 3755ff, 3801 Rz. 21; Dabei geht der EG-Vertrag von einem eigenen Verständnis der Dienstleistung aus, welches von dem volkswirtschaftlichen Begriff der Dienstleistung abweicht. Nach volkswirtschaftlichem Verständnis sind Dienstleistungen sämtliche

Deswegen sind alle Maßnahmen verboten, die damit zusammenhängen, dass der Dienstleistungsanbieter in einem anderen Mitgliedstaat niedergelassen ist.

Die Kapitalverkehrsfreiheit gem. Artt. 56 ff. EGV verbietet grundsätzlich alle Beschränkungen des Kapitalverkehrs zwischen den Mitgliedstaaten. Sie bezweckt damit einen europäischen Finanzraum, in dem sämtliche Finanzmarktteilnehmer gleiche Bedingungen vorfinden.[181] Obwohl der Begriff des Kapitalverkehrs weder in den Gemeinschaftsverträgen, noch im sekundären Gemeinschaftsrecht abschließend definiert ist, und auch der EuGH eine Definition vermeidet,[182] folgt aus dem Zweck der Vorschrift, dass sie in ihrem sachlichen Anwendungsbereich den freien Fluss von Geld- und Sachkapital betrifft.[183,184]

II. Entwicklung der Grundfreiheiten von Diskriminierungs- zu Beschränkungsverboten

Die außerordentliche Bedeutung und Tragweite der Grundfreiheiten in ihrer derzeitigen Ausgestaltung erschließt sich vor dem Hintergrund ihrer Entwicklung: Ursprünglich waren die Freiheiten als bloße Diskriminierungsverbote als spezifische Ausprägung des Inländerbehandlungsgrundsatzes gem. Art. 12 EGV zu verstehen.[185] Dadurch war es den Mitgliedstaaten zunächst nur untersagt, Ausländer direkt im Wege des Marktzugangs zu diskriminieren. Sie sollten wie Inländer behandelt werden müssen, da ein Binnenmarkt naturgemäß nicht verwirklicht werden kann, wenn EG-Ausländer im grenzüberschreitenden Wirtschaftsverkehr schlechter gestellt sind, als Inländer.[186] Die Diskriminierung war anhand eines Vergleichsmaßstabes

Ergebnisse unternehmerischer Tätigkeit, welche nicht den Waren zugeordnet werden können. (In der volkswirtschaftlichen Terminologie sog. tertiärer Sektor). Demgegenüber definiert sich der EG-vertragliche vor dem Hintergrund der Überlegung, auf welche Weise eine Leistung eine Grenze überschreitet und welche Handelshemmnisse dabei auftreten können.

[181] OPPERMANN, Europarecht Rz. 1480ff.

[182] Stattdessen Verweis auf Sekundärrecht; EuGH, Urt. v. 16.3.1999 – Rs. 222/97 – GRUNDBUCHSSACHE MANFRED TRUMMER UND PETER MAYER, Slg. 1999, I-1661, Rz. 21; siehe auch CALLIESS/RUFFERT–BRÖHMER Art. 56 Rz. 8.

[183] NAGEL, Wirtschaftsrecht der Europäischen Union, S. 81; BLECKMANN, Europarecht Rz. 1181 f.; LENZ–WEBER Art. 56 Rz. 5ff.; siehe auch HONRATH, Umfang und Grenzen der Freiheit des Kapitalverkehrs, S. 23 ff..

[184] Obwohl Sekundärrecht nicht den Rechtsgehalt von Primärrecht bestimmen kann, hat das bisher ergangene Sekundärrecht für die Konkretisierung der Grundfreiheit Bedeutung.

[185] BEHRENS, Konvergenz der wirtschaftlichen Freiheiten EuR 1992, 145ff., 148.

[186] BEHRENS (vorangehende Fn.)

festzustellen, indem das In- mit dem Ausland verglichen wurde. Ausländer durften bei diesem Vergleich gegenüber Inländern nicht ungerechtfertigt benachteiligt werden.[187] Durch dieses sog. Bestimmungslands- bzw. Aufnahmelandsprinzip war der über die Grundfreiheiten erreichbare Integrationsprozess von vornherein determiniert, wurde aber zunächst als ausreichend für die Herstellung des Vertragszieles gemeinsamer Binnenmarkt angesehen.[188]

Wesentliche Hindernisse für den gemeinsamen Binnenmarkt resultierten zwangsläufig aus dem Bestehen der unterschiedlichen, nationalen Rechtsordnungen. Diese konnten nicht durch das Aufnahmelandsprinzip beseitigt werden,[189] da dieses die nationalen Regelungen insoweit bestehen ließ, wie eine Inländerdiskriminierung nicht stattfand. Deswegen ist durch den Vertrag von Rom die Rechtsangleichung als Mittel zur Beseitigung solcher Hindernisse eingesetzt worden.[190] Mit dem Instrument der Harmonisierung wurde die grundsätzliche Möglichkeit geschaffen, die einzelnen mitgliedstaatlichen Rechtsordnungen anzugleichen und dadurch eine Homogenität zu erzielen. Die Harmonisierungskompetenz war damit ein entscheidender Schritt für den Integrationsprozess eines europäischen Marktes.

Die unübersehbare Schwäche der Harmonisierung als marktintegratives Instrument liegt in der Notwendigkeit der Mitwirkung der Mitgliedstaaten. Abgesehen davon, dass ein Konsens oft schwer erreichbar ist, ist es nicht zuletzt die Langwierigkeit der Durchführung einer Rechtsangleichung, die die Effizienz in Frage stellt.[191] Daher hat die Gemeinschaft die eingeräumte Rechtsangleichungskompetenz stets so aufgefasst und angewendet, dass die nationalen, mitgliedstaatlichen Normen nicht nur anhand des gemeinschaftsrechtlichen Maßstabes überprüft werden konnten, sondern auch eine Regelungskompetenz der Gemeinschaft bestand.[192]

---

[187] Siehe etwa EuGH, Urt. v. 7.5.1991 – Rs. C-340/89 – IRÈNE VLASSOPOULOU ./. MINISTERIUM FÜR JUSTIZ, BUNDES- UND EUROPAANGELEGENHEITEN BADEN-WÜRTTEMBERG, Slg. 1991, S. I-2357ff. Rz. 13, 15, 19.

[188] SCHNICHELS, Reichweite der Niederlassungsfreiheit, S. 65.

[189] Vgl. etwa EuGH, Urt. v. 12.3.1987 – Rs. 178/84 – KOMMISSION DER EUROPÄISCHEN GEMEINSCHAFTEN ./. BUNDESREPUBLIK DEUTSCHLAND (Reinheitsgebot für Bier), Slg. 1987, S. 1227ff.

[190] BEHRENS (oben Fn. 185) S. 148.

[191] MERTENS, Nichtlegislatorische Rechtsvereinheitlichung, RabelsZ 56, 219 ff., 220; HONDIUS, Finding the Law and Harmonisation of Private Law in Europe, S. 393ff., 393; TAUPITZ, Privatrechtsvereinheitlichung durch die EG, JZ 1993, S. 533 ff., 534; EVERLING, Probleme der Rechtsangleichung, S. 164.

[192] BEHRENS (oben Fn. 185) S. 149.

Die im Rahmen der Rechtsangleichung bestehenden Grenzen wurden durch die verbindliche Auslegung der Grundfreiheiten durch den EuGH[193] überschritten. Die Urteile Dassonville[194] und van Binsbergen[195] gaben einen völlig neuen Impuls:[196] In dem Urteil Dassonville stellte der EuGH im Rahmen der Warenverkehrsfreiheit nicht mehr auf die reine Inländerbehandlung ab, sondern ging weit darüber hinaus. Seitdem sind sämtliche Handelsregelungen der Mitgliedstaaten verboten, die geeignet sind, den innergemeinschaftlichen Handel „unmittelbar oder mittelbar, tatsächlich oder potentiell zu behindern."[197] Daher darf z.B. § 100 des deutschen Branntweinmonopolgesetzes in Verbindung mit der dazu ergangenen Verordnung[198] insoweit nicht mehr zur Anwendung kommen, wie hiernach für die Verkehrsfähigkeit von Fruchtsaftlikören in Deutschland ein Mindestweingeistgehalt von 32 ‰ gefordert ist, in Frankreich jedoch diese Anforderung nicht besteht und erfüllt wird und dem fraglichen Likör dadurch die Vermarktung in Deutschland untersagt wird.[199] Denn das Einfuhrverbot nach Deutschland aufgrund des für Deutschland vorgeschriebenen Standards ist dazu geeignet, den innergemeinschaftlichen Handel zu behindern, und ist folglich nach dem EG-Vertrag verboten. Ebenfalls gilt eine italienische Regelung,[200] nach der im Inland hergestellte Teigwaren eine bestimmte Zusammensetzung haben müssen, nicht bei Einfuhr für das europäische Ausland, sofern die eingeführten Teigwaren im Herkunftsland rechtmäßig hergestellt

---

[193] Vgl. Art. 220 EGV; siehe hierzu auch LENZ/BORCHARDT–BORCHARDT Art. 220 Rz. 22ff.

[194] EuGH, Urt. v. 11.7.1974 – Rs. 8/74 – STAATSANWALTSCHAFT ./. BENOÎT UND GUSTAVE DASSONVILLE, Slg. 1974, S.837ff.

[195] EuGH, Urt. v. 3.12.1974 – Rs. 33/74 – JOHANNES HENRICUS MARIA VAN BINSBERGEN ./. BESTUUR VAN DE BEDRIJFSVERENIGING VOOR DE METAALNIJVERHEID, Slg. 1974, 1299ff.

[196] Dies entspricht auch der sog. „Neuen Strategie" der Kommission. Diese setzt weniger auf Rechtsangleichung, sondern mehr auf gegenseitige Anerkennung und Gleichwertigkeit nationaler Normen; siehe auch TAUPITZ, Privatrechtsvereinheitlichung durch die EG, JZ 1993, S.533ff., 536/537; sowie Weißbuch der Kommission an den Europäischen Rat – Vollendung des Binnenmarktes – vom 14.6.1985, KOM (85) 310, Rn. 64.

[197] EuGH, Urt. v. 11.7.1974 – Rs. 87/74 – STAATSANWALTSCHAFT ./. BENOÎT UND GUSTAVE DASSONVILLE, Slg. 1974, S.837ff., 852, Rz. 5.

[198] Verordnung über den Mindestweingeistgehalt von Trinkbranntweinen v. 28.2.1958, Bundesanzeiger Nr. 48 v. 11.3.1958.

[199] EuGH, Urt. v. 20.2.1979 – Rs. 120/78 – REWE-ZENTRAL-AG ./. BUNDESMONOPOLVERWALTUNG FÜR BRANNTWEIN, Slg. 1979, S. 649.

[200] Artikel 29 des italienischen Gesetzes Nr. 580 vom 4. Juli 1967 (GURI Nr. 189 vom 29. 7. 1967) über die Herstellung von und den Handel mit Teigwaren.

werden.[201] Vor dem Hintergrund der Dassonville-Rechtsprechung ist eine solche Regelung, wenn sie auch für den Importeur gilt, dazu geeignet, den innergemeinschaftlichen Handel zu behindern.[202] Die Ausdehnung der italienischen Vorschrift auf eingeführte Erzeugnisse ist daher mit dem EG-Vertrag unvereinbar.[203] Auch eine französische Regelung, die die Vermarktung als so bezeichneten „Emmentaler" Käse nur dann zulässt, wenn der Käse über eine Rinde verfügt, deren Konsistenz „hart und trocken" und Farbe „goldgelb bis hellbraun" ist, ist verboten, da hierin eine Maßnahme liegt, die dazu geeignet ist, den zwischenmitgliedstaatliche Handel zu behindern.[204]

De facto reicht sogar bereits eine rein hypothetische Möglichkeit einer handelsbeschränkenden Wirkung einer Vorschrift oder Maßnahme aus, um diese in den Schutzbereich der Grundfreiheit zu ziehen und überprüfbar zu machen.[205]

In die gleiche Richtung wie die Dassonville-Rechtsprechung zur Warenverkehrsfreiheit geht das Urteil van Binsbergen für die Dienstleistungsfreiheit. Seitdem sind von der Dienstleistungsfreiheit weitgehend alle Beschränkungen erfasst, die „in anderer Weise [als durch Ausländerdiskriminierung; Anm. d. Verf.] geeignet sind, die Tätigkeiten des Leistenden zu unterbinden oder zu behindern".[206]

Durch die vorgenannten Urteile erweiterte der EuGH die Warenverkehrs- und die Dienstleistungsfreiheit von bloßen Diskriminierungsverboten zu Beschränkungsverboten und sind seitdem fester Bestandteil seiner Rechtsprechung.[207] Im Rahmen der Kapitalverkehrsfreiheit ist das Beschränkungsverbot ausdrücklich geregelt, indem alle

---

[201] EuGH, Urt. v. 14.7.1988 – Rs. 407/85 – 3 GLOCKEN GMBH UND GERTRAUD KRITZINGER ./. UNITÀ SANITARIA LOCALE CENTRO-SUD UND PROVINCIA AUTONOMA DI BOLZANO, Slg. 1988, 4233ff., 4283.

[202] EuGH, Urt. v. 11.7.1974 – Rs. 87/74 – STAATSANWALTSCHAFT ./. BENOÎT UND GUSTAVE DASSONVILLE, Slg. 1974, S.837ff., 852, Rz. 5

[203] Ex. Artt. 30 und 36 EWG-Vertrag.

[204] EuGH, Urt. v. 5.12.2000 – Rs. C-448/98 – STRAFVERFAHREN ./. JEAN-PIERRE GUIMONT, Slg. 10663ff. Rz. 33-35.

[205] Bestätigt durch EuGH, Urt. v. 20.2.1979 – Rs. 120/78 – REWE-ZENTRAL-AG ./. BUNDESMONOPOLVERWALTUNG FÜR BRANNTWEIN, Slg. 1979, S. 649; OPPERMANN, Europarecht, Rz. 1296; MOENCH, Schutz des freien Warenverkehrs NJW 1982, 2689ff.

[206] EuGH, Urt. v. 3.12.1974 – Rs. 33/74 – JOHANNES HENRICUS MARIA VAN BINSBERGEN ./. BESTUUR VAN DE BEDRIJFSVERENIGING VOOR DE METAALNIJVERHEID, Slg. 1974, 1299ff., 1309; diese Rechtsprechung wurde fortgesetzt in EuGH, Urt. v. 4.12.1986 – KOMMISSION DER EUROPÄISCHEN GEMEINSCHAFTEN ./. BUNDESREPUBLIK DEUTSCHLAND (Versicherung), Slg. 1986, S. 3755ff., 3802, Rz. 25; EuGH, Urt. v. 25.7.1991 – Rs. C-76/90 – MANFRED SÄGER ./. DENNEMEYER & CO. LTD, Slg. 1991, S. 4221ff.

[207] STEINBERG, Konvergenz der Grundfreiheiten, EuGRZ 2002, S. 13ff., 18.

bestehenden Beschränkungen der Kapitalverkehrs- und Zahlungsverkehrsfreiheit ausnahmslos untersagt sind.[208]

III. Folgen aus den Beschränkungsverboten

Die Folgen aus der Entwicklung der Grundfreiheiten zu Beschränkungsverboten[209] sind weitreichend und wegen ihrer grundlegenden Bedeutung für die vorliegende Arbeit betont herauszustellen: Während durch ein bloßes Diskriminierungsverbot lediglich der Marktzugang zugesichert ist, wenn Produkte, Dienstleistungen und Kapital(-leistungen) den Standards des Importlandes entsprechen,[210] folgt aus dem Beschränkungsverbot, dass der Marktzugang auch dann gewährleistet sein muss, wenn die exportierten Produkte, Dienst- oder Kapital(-leistungen) den Standards im Herkunftsland entsprechen.[211] Das Bestimmungsland ist in seiner Regulierungskompetenz dadurch auf reine Inlandssachverhalte beschränkt.[212] Die aus den den Grundfreiheiten zugesprochenen Beschränkungsverboten resultierende Bidirektionalität erhöht demnach gegenüber dem Diskriminierungsverbot erheblich die Zirkulationsfähigkeit von Waren, Dienst- und Kapital(-leistungen) gegenüber Diskriminierungsverboten.

Dem Grunde nach muss daher jedes Produkt, jede Dienstleistung und Kapitalleistung, die im Herkunftsland die geltenden Standards erfüllt, in das Bestimmungsland „exportiert" werden können,[213] sofern sie nicht Gegenstand einer Harmonisierungsmaßnahme auf Gemeinschaftsebene waren oder durch Maßnahmen der Mindestharmonisierung oder optionellen Harmonisierung abgedeckt sind. Eine Anpassung

[208] OPPERMANN, Europarecht, Rz. 1485/1486.

[209] Über den weiteren Umfang der Beschränkungsverbote, also ob sie „umfassend" sind und hierdurch etwa auch eine sog. Inländerdiskriminierung untersagt ist, kommt es in diesem Zusammenhang noch nicht an. Siehe dazu unten Teil IV . S. 217ff.

[210] Sog. Bestimmungslandsprinzip.

[211] Die im Schrifttum anzutreffenden Bezeichnungen sind unterschiedlich, meinen aber im Kern dasselbe: Herkunftslandsprinzip – GRABITZ, FS STEINDORFF S. 1229ff, 1231ff; Ursprungslandsprinzip – MÜLLER-GRAFF, Binnenmarktziel und Rechtsordnung, S. 32ff.; Beschränkungsverbot – BEHRENS (oben Fn. 185) S. 148ff.; Prinzip der gegenseitigen Anerkennung – STREINZ, Prinzip der gegenseitigen Anerkennung und seine Auswirkungen auf das gesamte Lebensmittelrecht, ZLR 1993, S. 37ff.

[212] Das Bestimmungsland kann aber andererseits dadurch auch auf grenzüberschreitende Sachverhalte Einfluss nehmen, indem die im Inland gesetzten Standards auch vom Ausland als gleichwertig aufgenommen werden müssen.

[213] EHLERS, Grundfreiheiten, Jura 2001, S. 266ff., 271.

an entsprechende Vorschriften im Destinationsland ist dann nicht erforderlich.[214] Die aus dem Beschränkungsverbot resultierende Folge ist, dass entgegenstehendes nationales Recht unanwendbar ist.[215]

Von dieser Grundregel bestehen Ausnahmen nur insofern, als bestimmte nationalstaatliche Maßnahmen entweder bereits von vornherein nicht in den Anwendungsbereich der Grundfreiheiten und damit der Überprüfbarkeit fallen,[216] oder, dass bestimmte Interessen des Bestimmungslandes Ausnahmen vom Beschränkungsverbot ausnahmsweise rechtfertigen können.[217] Korrekturen sind in Einzelfällen daher möglich.

Käme das Beschränkungsverbot für den Bereich der Mobiliarhypotheken vorbehaltlos zur Anwendung und bestehen keine ausnahmsweise zu berücksichtigenden nationalen Interessen, so müssten sämtliche der eingangs genannten dinglichen Sicherungsrechte, wie der französische nantissement de véhicules automobiles[218] oder die schwedische företagshypothek[219], einmal wirksam nach der Herkunftslandsrechtsordnung bestellt, auch nach Grenzüberschreitung nach Deutschland weiter Bestand haben – sie wären dadurch voll „exportfähig". Art. 43 EGBGB, der in Deutschland zwingend nur deutsche Rechtsinstitute zulässt,[220] dürfte insoweit nicht zur Anwendung kommen.

IV. Kritik der Geltung der Beschränkungsverbote für das Zivilrecht

Die Konsequenzen des Herkunftslandsprinzips für das Zivilrecht, woraus die dinglichen Sicherungsrechte nur einen Teilbereich darstellen, gerät teilweise unter starke Kritik. Manche Autoren räumen zwar ein, dass Rechtsverschiebungen- und Rechtsverluste aufgrund des Territorialprinzips nicht hinnehmbar sind und

---

[214] STAUDINGER–FEZER, Int. WirtschR, Rz. 7.

[215] EuGH, Urt. v. 15.7.1964 – Rs. 6/64 – FLAMINIO COSTA ./. E.N.E.L., Slg. 1964, 1251 ff.; EuGH, Urt. v. 9.3.1978 – Rs. 106/77 – STAATLICHE FINANZVERWALTUNG ./. S.P.A. SIMMENTHAL, Slg. 1978, 629 ff.

[216] Unten Teil II § 1 VI.2. „Die Bedeutung der Urteile »Dassonville«, »Cassis« und »Keck" S. 98.

[217] EuGH, Urt. v. 8.5.2003 – Rs. C-14/02 – ATRAL SA ./. BELGISCHER STAAT, Slg. 2003, 4431ff., 4480 Rz. 64; sowie im Einzelnen unten Teil II § 1 VI.2. „Die Bedeutung der Urteile »Dassonville«, »Cassis« und »Keck" S. 98.

[218] Oben Fn. 11.

[219] Oben Fn. 14.

[220] Siehe dazu im Einzelnen auch oben Teil I § 2 . „Art. 43 EGBGB – Lex rei sitae" S. 48ff. sowie unten Teil II § 1 VIII.2.b(v). „Ausschluss der Belastungswirkung des Art. 43 EGBGB durch das Transpositionskorrektiv?" S. 121ff.

versuchen andere Lösungsmodelle zu entwickeln.[221] Diese müssen aber im Vergleich zum Beschränkungsverbotsprinzip stets unvollkommen sein, da sie nicht die gleiche Integrationsdichte erzielen können. Die Auswirkungen des Beschränkungsverbots auf die nationalen Zivilrechtsordnungen zieht nach anderer Ansicht so große Rechtsunsicherheit nach sich, dass Harmonisierungsmaßnahmen abgewartet werden müssten.[222] Das Herkunftslandsprinzip führe sogar zu einer Inflationierung der Privatrechtsordnungen.[223] Diese befürchteten Konsequenzen legen die Frage nahe, ob Zivilrecht überhaupt an den Grundfreiheiten zu messen ist.[224]

Dagegen lässt sich anführen, dass erst durch den Bestand von zivilrechtlichen Normen wirtschaftliche Freiheit ermöglicht und gewährleistet wird. Da die Grundfreiheiten auf eine Beseitigung von Beschränkungen abzielen und Beschränkungen die Kehrseite von Ermöglichungen und Gewährleistungen sind, kann Zivilrecht in diesem Sinne nicht beschränkend sein. Das objektive Recht regelt das menschliche Zusammenleben durch Gebote und Gewährungen.[225] Recht ermöglicht über bloße soziale Umgangsformen von Personen hinaus, ihren Verhaltensweisen eine besondere Verbindlichkeit zu verleihen und gewährt damit konstitutiv Institutionen, persönliche und wirtschaftliche Entfaltungsmöglichkeiten. Daraus, dass die nationalen Zivilrechte somit eine konstitutive, freiheitsbegründende und -sichernde Funktion haben[226] wird gefolgert, dass Zivilrecht, das erst durch sich selbst Bestand hat, von vornherein nicht dazu geeignet ist, beschränkend zu sein.[227] Demnach wäre Zivilrecht bereits generell der Überprüfbarkeit anhand der EG-Freiheiten entzogen.[228]

---

[221] ROTH, Die Freiheiten des EG-Vertrages und das nationale Privatrecht, S. 24ff.

[222] BANGEMANN, Privatrechtsangleichung in der Europäischen Union, S. 379; HOMMELHOFF, Zivilrecht unter dem Einfluss europäischer Rechtsangleichung, S. 100ff.

[223] REMIEN, Möglichkeiten und Grenzen eines europäischen Privatrechts, S. 11, 37; siehe hierzu PAJUNK (oben Fn. 53) S. 76.

[224] REMIEN (vorangehende Fn.) S. 36; DERS. Illusion und Realität eines europäischen Privatrechts, JZ 1992, 277, 280.

[225] ENNECCERUS/NIPPERDEY, Allgemeiner Teil des Bürgerlichen Rechts Halbband I § 30 I.1.I. (S. 196).

[226] WACHTER, Die Eurohypothek S. 54 spricht von einer „positiven Funktion"; siehe auch RITTNER, Wirtschaftsrechtliche Ordnung der EG, JZ 1990, 838, 840/841.

[227] Vgl. STEINDORFF, EG-Vertrag und Privatrecht, S. 84: „Privatrecht ist in der Regel nicht hinderlich, sondern umgekehrt konstitutiv für Freiheiten."; SCHMIDT-LEITHOFF FS RITTNER 1991 S. 597, 604, 607; RITTNER, Wirtschaftsrechtliche Ordnung der EG, JZ 1990, 838, 840, 842/843.

[228] Vgl. etwa WACHTER, Die Eurohypothek S. 54, der deshalb meint, dass daher auch in der nationalrechtlichen Ausgestaltung von Sicherungsmitteln und der Nichtzulassung von anderen

Die Grundfreiheiten differenzieren indes nicht nach der Rechtsnatur einer Norm, sondern fordern ihrerseits eine Gewährleistung in Form einer Liberalisierung ein. Der EG-Vertrag gibt mit den Grundfreiheiten Verbote vor, die zu befolgen sind, ohne dass es darauf ankäme, ob dies Normen sind, die ihrerseits gewähren oder beschränken. Wenn die Kapitalverkehrsfreiheit alle Beschränkungen des Kapitalverkehrs zwischen den Mitgliedstaaten, die Warenverkehrsfreiheit mengenmäßige Ein- und Ausfuhrbeschränkungen, sowie alle Maßnahmen gleicher Wirkungen zwischen den Mitgliedstaaten und die Dienstleistungsfreiheit Beschränkungen derselbigen verbietet, so sind diese Freiheiten in ihrem Anwendungsbereich nicht auf ihrem äußeren Charakter nach beschränkende Maßnahmen reduziert. Vielmehr verbieten sie auch die beschränkenden Wirkungen der Maßnahme.

Zudem muss ohnehin aus rechtstheoretischer Sicht in jeder Gewährung auch gleichzeitig eine Beschränkung gesehen werden. Eine Einteilung in gewährende oder beschränkende Normen ist daher bereits nicht möglich. Dies ergibt sich unmittelbar aus dem realistischen Eingeständnis, dass eine vollkommene Freiheit im Recht nicht erreichbar ist. Es besteht insofern kein Exklusivitätsverhältnis zwischen Gewährungen und Beschränkungen von zivilrechtlichen Normen, sondern sie sind beide Bestandteil derselben Sache und zeigen ihre jeweilige Qualität als Gewährung oder Beschränkung nur bei unterschiedlicher Betrachtungsweise. Von dem europäischen, liberalisierungsfordernden Standpunkt aus tritt die beschränkende, von einem mitgliedstaatliche Souveränität fordernden Standpunkt die gewährende Qualität einer Norm in den Vordergrund. Da der EG-Vertrag zunächst nur das Ergebnis und die Auswirkungen einer Norm beurteilt, nicht deren Grund,[229] kann mitgliedstaatliches Zivilrecht auch grundsätzlich anhand der EG-vertraglichen Freiheiten überprüft werden.

Die weitere Kritik an den Auswirkungen der Beschränkungsverbote, dass diese, auf das Zivilrecht angewandt, zu große Rechtsunsicherheit nach sich ziehen würden,[230] gilt nur dann, wenn die Beschränkungsverbote umfassend und einschränkungslos zur Anwendung kommen würden. Der Wirtschaftsverkehr innerhalb der Gemeinschaft ist nach dem EG-Vertrag und der extensiven Auslegung der Grundfreiheiten als Beschränkungsverbote nicht grenzenlos. Nicht sämtliche einzelstaatlichen Regelungen und Maßnahmen sind verboten. Einschränkungen resultieren aus der Grenze

---

Sicherungsmitteln „keine Beschränkung des freien Verkehrs von Sachkapital gesehen werden" kann.

[229] Auf diesen kann es nur im Einzelfall ankommen, ausführlich Teil III § 1 ff., S. 129ff.

[230] Oben Fn. 221, 222, 223.

zwischen mitgliedstaatlicher Souveränität einerseits und Kompetenz der Gemeinschaft andererseits und werden im Rahmen des EG-Vertrages auf zwei Ebenen relevant, die als hinreichendes Korrektiv vor unsachgemäßen Rechtsunsicherheiten einzuschätzen sind:[231]

Zum einen beschränkt bereits der materielle Regelungsbereich des EG-Vertrages dessen Reichweite, da nicht jede Rechtsmaterie dem EG-Vertrag und im Speziellen den Beschränkungsverboten unterworfen ist. Zum anderen können in den Fällen, in denen eine Zivilrechtsmaterie dem EG-Vertrag unterliegt und der Anwendungsbereich einer Grundfreiheit eröffnet ist, auf dieser Ebene gewichtige Interessen des Bestimmungslandes, wozu ggf. auch die Rechtsklarheit zu zählen ist,[232] eine Nichtanwendung der grundfreiheitlichen Liberalisierungsforderung rechtfertigen.[233]

Sofern der Anwendungsbereich der Grundfreiheiten bereits nicht eröffnet ist und insofern nur eine allgemeine Harmonisierungskompetenz seitens der Gemeinschaft festgestellt werden kann, sind Befürchtungen vor Rechtsunsicherheiten ohnehin unangebracht, da etwa bei Erlass einer Richtlinie dem nationalen Gesetzgeber hinreichende Umsetzungs- und Anpassungsspielräume an die nationale Gesetzeslage eingeräumt sind, vgl. Art. 249 EGV.

Schließlich ist auch ein Stillhalten bis zu einer Harmonisierung, wie es etwa *Hommelhoff* und *Bangemann* anraten,[234] weder hinnehmbar, noch hinzunehmen. Wirtschaft kann sich keinen Stillstand leisten. Für eine europaweite Zivilrechtsangleichung, wenn sie eine längerfristige Lebenserwartung haben soll, kommt, entgegen der Einschätzung vieler Autoren,[235] nur eine Harmonisierung per Verordnung in Betracht. Der pointillistische Charakter von Richtlinien zieht Auslegungsunterschiede[236] in den einzelnen europäischen Staaten nach sich und würde zu Systembrüchen [237] führen, sodass eine Richtlinie nicht dauerhaft effizient sein könnte.[238] Die

[231] JAYME, Ein internationales Privatrecht für Europa, S. 5ff., 13.
[232] Hierzu ausführlich Teil III § 1 ff.
[233] Sog. rechtfertigende Allgemeininteressen, dazu eingehend unten Teil III § 1 . „Bedeutung der Allgemeininteressen" S. 129ff.
[234] Oben Fn. 222.
[235] Siehe aus jüngster Zeit KATERLÖH (oben Fn. 99) S. 25.
[236] TAUPITZ, Europäische Privatrechtsvereinheitlichung heute und morgen, S. 20; SONNENBERGER, JZ 1998, 987.
[237] TAUPITZ (vorangehende Fn.) S. 43.

Umsetzung einer europäischen Zivilrechtskodifikation, das einzige Mittel, das diese Probleme beseitigen könnte,[239] ist als unrealistisch für die nahe Zukunft einzustufen.[240] Teilweise wird unter Hinweis auf andere regionale Zusammenschlüsse, die auch ohne Vereinheitlichung auskommen, wie etwa die südostasiatische APEC oder die nordamerikanische NAFTA, allerdings sogar die ökonomische Notwendigkeit für ein solches Vorhaben geleugnet,[241] obwohl sich diese Ansicht für einen angestrebten Gemeinsamen Markt[242] nur schwer teilen lässt. Bei praktischer Betrachtung eines europäischen Einheitsrechts werden Probleme in Sprachdifferenzen gesehen,[243] mögliche Erstarrungen des Rechts befürchtet[244] und eine unbeherrschbare Flut von juristischen Publikationen, sowie eine unübersichtliche, gedehnte Rechtsprechung prognostiziert.[245] Von diesen Kritikpunkten abgesehen sind drei weitere Punkte hervorzuheben, die eine europäische Zivilrechtskodifikation in naher Zukunft aussichtslos erscheinen lassen:

Erstens ist bei derzeitigem Stand der Dinge nicht sicher, ob der EG-Vertrag überhaupt für eine umfassende Zivilrechtsvereinheitlichung die hierfür erforderliche Kompetenznorm im Kompetenzkatalog zur Verfügung stellt.[246] Zweitens fehlen der

---

238 HAUSCHKA, Grundprobleme der Privatrechtsfortbildung JZ 1990, 521ff., 523; EHRICKE, Richtlinienkonforme Auslegung RabelsZ 59 (1995), S. 598ff., 601; KÖTZ, Rechtsvereinheitlichung RabelsZ 50 (1986) 1ff., 5.

239 Grundsätzlich ablehnend BLAUROCK, Europäisches Privatrecht, JZ 1994, S. 270ff.

240 ULMER, Vom deutschen zum europäischen Privatrecht JZ 1992, 1ff., 5; GÖTZ, Rechtseinheit in Europa JZ 1994, 265ff., 266.

241 SCHOLZ/HOFMANN, ZRP 1998, 298 ; SANDROCK, Deutschland – Europa – und die Welt JZ 1996, 1ff., 7.

242 Oben Teil II § 1 . „EG-Vertrag und Grundfreiheiten" S. 71f.

243 REMIEN, Denationalisierung des Privatrechts ZfRV 1995, S. 116ff., 124; FLESSNER, Juristische Methode und europäisches Privatrecht, JZ 2002, S. 14ff., 22.

244 MERTENS, Nichtlegislatorische Rechtsvereinheitlichung RabelsZ 56 (1992), 220ff.; TAUPITZ (oben Fn. 236) S. 41; BEHRENS, Voraussetzungen und Grenzen der Rechtsfortbildung durch Rechtsvereinheitlichung RabelsZ 50 (1986) S. 19 ff., 26 ff.

245 REMIEN (oben Fn. 243) S. 125, siehe auch TAUPITZ (oben Fn. 236) S. 14.

246 KRONKE, Brauchen wir ein europäisches Zivilgesetzbuch?, RPF 2002, S. 6; BANGEMANN, Privatrechtsangleichung in der Europäischen Union, ZEuP 1994, 378; RITTNER, Gemeinschaftsprivatrecht und europäische Integration JZ 1990, 842ff., 851; ARMBRÜSTER, Schuldvertragsrecht für Europa RabelsZ 60 (1996) S. 72ff., 78; kritisch auch SCHWARTZ, Perspektiven der Angleichung, ZEuP 559ff., 567ff.; A.A. BASEDOW, CMLR 1996, 1174f.. für die Kompetenz aus Art. 95 EGV. Selbst wenn diese Problematik der fehlenden Ermächtigungsgrundlage nicht bestünde, so muss bezweifelt werden, dass eine Ratifizierung eines Europäischen Zivilgesetzbuchs angesichts divergierender mitgliedstaatlicher Interessenlagen ohne weiteres erfolgen würde.

Kommission derzeit für ein solches Vorhaben die Mittel[247] und drittens dürfte es bei nüchterner Betrachtung noch Jahrzehnte dauern, bis eine solche Kodifikation ausgereift vorliegt, in den Mitgliedstaaten verfügbar ist und zur Anwendung kommt.[248] Die jahrelangen Bemühungen von privaten Organisationen wie UNIDROIT und der Lando-Kommission, die versuchen das gesamte Vermögensrecht zu erfassen, sind ihrer Zeit weit voraus: Der Schwerpunkt der bisherigen übrigen wissenschaftlichen und praktischen Bemühungen liegt in erster Linie auf Möglichkeiten und Grenzen eines europäischen Vertragsrechts.[249] Die Kommission fragte erst im Jahr 2002 die Wissenschaft und Praxis, ob und in welcher Form sie überhaupt ein einheitliches Vertragsrecht für erforderlich hält. [250] Diese Zurückhaltung und Begrenzung auf das Vertragsrecht lässt die Einschätzung zu, dass europäische sachenrechtliche Regelungen noch in ferner Zukunft liegen.[251]

Angesichts dieser Aussichten fragt sich, ob es europäischen Besicherern, die die Finanzierungstechniken der Mobiliar- und Unternehmenshypotheken anbieten, zugemutet werden muss, dass sie sich bis zu einer eventuellen einheitlichen

---

[247] KRONKE (oben Fn. 246) S. 15.

[248] HORN, Ein Jahrhundert Bürgerliches Gesetzbuch, NJW 2000, S. 40ff.: „Die Schaffung einer europäischen Privatrechtskodifikation … ist eine langfristige Aufgabe."; KRONKE (oben Fn. 246) S. 15 „…Denken Sie nur an die 13 Jahre Verhandlung und das anschließende Scheitern der Übernahmerichtlinie; ein winziges, ein Spurenelementproblem, verglichen mit einem Zivilrechtskodex; denken Sie an das Scheitern des Eigentumsvorbehalts in der Zahlungsverzugsrichtlinie; denken Sie daran, dass das UN-Kaufrecht 1926 – mit der Gründung von UNIDROIT – angefangen, bis 1980 gebraucht hat, um fertig zu werden. Und denken Sie daran, dass das Veto dreier Mitgliedstaaten, davon eines großen kontinentaleuropäischen, schon heute feststeht und ein viertes wahrscheinlich ist…"; siehe auch die Nachweise oben Fn. 191.

[249] Siehe im Schrifttum etwa ZIMMERMANN, Konturen eines Europäischen Vertragsrechts, JZ 1995, 477ff.; GRUNDMANN, Europäisches Schuldvertragsrecht; BASEDOW, Europäische Vertragsrechtsvereinheitlichung und deutsches Recht; SCHULTE-NÖLKE, Die Schuldrechtsreform vor dem Hintergrund des Gemeinschaftsrechts.

[250] ABl. EG 2001 C 255/1. Dazu SCHULTE-NÖLKE, Ein Vertragsgesetzbuch für Europa?, JZ 2001, 917; LEIBLE, Die Mitteilung der Europäischen Kommission zum Europäischen Vertragsrecht – Startschuss für ein Europäisches Vertragsgesetzbuch?, EWS 2001, 474; GRUNDMANN, Harmonisierung, Europäischer Kodex, Europäisches System der Vertragsrechte, NJW 2002, 393ff.

[251] Siehe auch SCHWINTOWSKI, Auf dem Wege zu einem Europäischen Zivilgesetzbuch, JZ 2002, S. 205ff., 210; Die weiteren Bemühungen betreffen das Familien- und Erbrecht, siehe hierzu PINTENS, Die Europäisierung des Erbrechts, ZEuP 2001, 628ff.; DE GROOT; Auf dem Weg zu einem europäischen (internationalen) Familienrecht, ZEuP 2001, S. 617ff.

Regelung des Zivilrecht gedulden müssen und allenfalls auf eine in Teilbereichen Klarheit bringende Richtlinie in der Zwischenzeit hoffen dürfen.

Es ist der Frage nachzugehen, ob und inwieweit ohne europäische Zivilrechtskodifikation auszukommen ist, ob und inwieweit der EG-Vertrag also auf den Bereich dinglicher Rechte Einfluss nimmt, obwohl dieser – wie eingangs angesprochen –[252] nach dem Willen des deutschen Gesetzgebers mit Art. 43 EGBGB geschützt werden soll.[253]

V. Überprüfbarkeit zivilrechtlicher Normen - im Speziellen: Eigentum und darauf bezogene dingliche Rechte

Weitere Zweifel an einer Einwirkung des EG-Vertrages bestehen dadurch, dass die dinglichen Sicherungsrechte naturgemäß eigentumsbezogene Rechte sind, [254] wodurch Art. 43 EGBGB auch eine eigentumsschützende Funktion im weitesten Sinne zukommt, die nicht typischerweise in den Anwendungsbereich des EG-Vertrages fällt. Dem lässt sich zwar entgegenhalten, daß auch bei dem Verkehr von Waren auf Eigentum in gewisser Weise eingewirkt wird, wenn diese im europäischen Wirtschaftsraum frei zirkulieren können sollen, wogegen erkennbar niemand Bedenken äußert. Doch verhält es sich im Bereich der dinglichen Sicherungsrechte grundlegend anders: Bei Waren geht es in erster Linie um die Passierfähigkeit der Grenze, die Ware selbst wird nicht angetastet. Bei Grenzüberschreitung von Sicherungsrechten wird hingegen der Inhalt der dinglichen Rechte aufgrund des situs-Grundsatzes gegebenenfalls mittels Transposition verändert, also im Kern angerührt, oder sogar gänzlich abgeschnitten. Da dingliche Rechte als Teilausschnitte aus Eigentum zu begreifen sind, wird dieses durch diesen Vorgang tangiert.

1. Gegenargument: Art. 295 EGV

Gegen eine Überprüfbarkeit von nationalen Regelungen, die fremde dingliche Rechte verändern oder untergehen lassen, lässt sich daher Art. 295 EGV anführen, wonach die Eigentumsordnungen in den verschiedenen Mitgliedstaaten von dem EG-Vertrag unberührt bleiben. Wenn die Eigentumsordnungen aus dem Wirkungsbereich des EG-Vertrages ausgenommen ist, könnte daraus zu folgern sein, dass nicht nur der

---

[252] Teil I § 2 . „Art. 43 EGBGB – Lex rei sitae“ S. 48ff.

[253] BTDrucks. 14/343, S. 16.; zu diesem Schutz ausführlich Teil III § 4 I.2. „Funktionen des numerus clausus“ S. 151ff.

[254] WOLF, Sachenrecht Rz. 10; BAUR/STÜRNER, Sachenrecht § 2 A I Rz. 2 (S. 6), Rz. 35 ff. (S. 22 ff.); SCHWAB/PRÜTTING, Sachenrecht § 3 Rz. 18 (S. 10).

Inhalt, die Begründung und Übertragung von Eigentum als solchem, sondern darüber hinaus auch die Verwertung und Belastung von Eigentum der europäischen Kompetenz per se entzogen ist. Dingliche Sicherungsrechte wären demnach nicht von dem Regelungsbereich des EG-Vertrages erfasst, sodass auch der sie schützende Art. 43 EGBGB sich nicht an dem EG-Vertrag messen lassen müsste. Nationale Abschottungen vor fremden dinglichen Sicherungsrechten müssten dann hingenommen werden.

Vor dem Hintergrund des Zieles eines freien gemeinsamen Marktes sowie der EG-vertraglichen Grundfreiheiten erschließt sich,[255] dass Art. 295 EGV nicht so weit zu verstehen ist, dass jegliche eigentumsrelevante Maßnahme seitens der Gemeinschaft unzulässig ist. Die Gestaltung der mitgliedstaatlichen Eigentumsordnung steht in einem untrennbaren Zusammenhang mit der mit dem EG-Vertrag bezweckten wirtschaftlichen Integration.[256] Zur Vermeidung von Wettbewerbsverzerrungen innerhalb des Gemeinsamen Marktes ist eine Einwirkung seitens der Gemeinschaft und ein Interventionsverzicht seitens der Mitgliedstaaten unverzichtbar. Der EuGH fasst demgemäß Art. 295 EGV nicht als umfassende, mitgliedstaatliche Eigentumsordnung schützende Regelung auf,[257] sondern stellt klar, dass weder aus der grundsätzlichen Zuständigkeit der Mitgliedstaaten noch aus Art. 295 EGV eine Freistellung von der Verpflichtung resultiert, die Binnenmarktregeln und insbesondere die Grundfreiheiten zu achten.[258] Art. 295 EGV ist restriktiv zu verstehen[259] und betrifft in erster Linie die Frage der Sozialisierung, also der Privatisierung und Verstaatlichung,[260] so dass Art. 295 EGV nicht dazu führt, dass Eigentum und

[255] Oben Teil II § 1. „EG-Vertrag und Grundfreiheiten" S. 71.

[256] CALLIESS/RUFFERT–KINGREEN, Art. 295 Rz. 2.

[257] EuGH, Urt. v. 15.5.2003 – Rs. C-300/01 – DORIS SALZMANN – Slg. 2003, S. 4899ff., 4936 Rz. 39.

[258] EuGH, Urt. v. 18.2.1992 – Rs. C-235/89 – KOMMISSION DER EUROPÄISCHEN GEMEINSCHAFTEN ./. ITALIENISCHE REPUBLIK (Zwangslizenz), Slg. 1992, 777ff., 824 Rz. 14; EuGH, Urt. v. 18.2.1992 – Rs. C-30/90 – KOMMISSION DER EUROPÄISCHEN GEMEINSCHAFTEN ./. VEREINIGTES KÖNIGREICH GROẞBRITANNIEN UND NORDIRLAND (Zwangslizenz), Slg. 1992, 829ff., 865 Rz. 17f.; EuGH, Urt. v. 20.10.1993 – verb. Rs. C-92/92 und C-326/92 – PHIL COLLINS ./. IMTRAT HANDELSGESELLSCHAFT MBH UND PATRICIA IM- UND EXPORT VERWALTUNGSGESELLSCHAFT MBH UND LEIF EMANUEL KRAUL ./. EMI ELECTROLA GMBH, Slg. 1993, I-5145ff., 5179 Rz. 22; EuGH, Urt. v. 15.5.2003 – Rs. C-300/01 – DORIS SALZMANN – Slg. 2003, S. 4899ff., 4936 Rz. 39.

[259] DREIER-WIELAND Art. 14 Rz. 22.

[260] MÜLLER-GRAFF, Gemeinsames Privatrecht in der europäischen Gemeinschaft S. 317; GEIGER, EGV-Kommentar zu Art. 222 (Art. 295 neu) Rz. 2; EVERLING, Eigentumsordnung und Wirtschaftsordnung in der Europäischen Gemeinschaft S. 379.

beschränkte dingliche Rechte hiervon dem Wirkungsbereich des EG-Vertrages entzogen sind.

Daraus ist allerdings nicht zwingend der Umkehrschluss zu ziehen, dass Eigentum, beschränkte dingliche Rechte hieraus, sowie der sie „schützende" Art. 43 EGBGB unbedingt von dem grundsätzlichen EG-vertraglichen Liberalisierungserfordernis erfasst werden. Letztentscheidend kommt es, was in diesem Zusammenhang häufig nicht hinreichend Beachtung findet, auf die genaue Abgrenzung der Regelungsbefugnisse auf Mitgliedstaatsebene einerseits und europäischer Ebene andererseits an. Nur durch die Festlegung dieser Grenze können verbindliche Rückschlüsse für die Frage, ob mitgliedstaatliche Regelungen bzgl. dinglicher Sicherungsrechte der Liberalisierungsforderung des EG-Vertrages genügen müssen, gezogen werden.[261]

2. Gegenargument: Grundstruktur der Gemeinschaft

Auch wenn die Rechtsnatur der Gemeinschaften umstritten ist,[262] kann als gesicherte Erkenntnis gelten, dass die Europäische Gemeinschaft trotz ihrer von den Mitgliedstaaten abgehobenen, hoheitlichen Gewalt kein Staat ist und insofern die Mitgliedstaaten selbständig sind.[263] Durch den EG-Vertrag ist eine supranationale Organisation geschaffen worden, deren Recht zwar für die Mitgliedstaaten unmittelbar verbindlich und anwendbar ist, jedoch ist die Gemeinschaft kein Hoheitsträger mit Allzuständigkeit. Die Gemeinschaft und ihre Organe haben keine übergeordneten Befugnisse zu Maßnahmen, selbst wenn sie zur Verwirklichung der Vertragsziele erforderlich sind.[264] Der Bewahrung mitgliedstaatlicher Souveränität dienen in dieser Hinsicht verschiedene Vorschriften und Prinzipien.[265] Nach derzeitiger Rechtslage

---

[261] Dieser Aspekt wird häufig übersehen vgl. etwa v. WILMOWSKY, Europäisches Kreditsicherungsrecht und KIENINGER, Mobiliarsicherheiten im europäischen Binnenmarkt. Für v. Wilmowsky stellt sich diese Frage ohnehin nicht, da er die Grundfreiheiten als umfassende Beschränkungsverbote mit extensivem Schutzbereich auffasst.

[262] Vgl. zur Einordnung etwa IPSEN, Europäisches Gemeinschaftsrecht S. 182ff.; OPPERMANN, Europarecht Rz. 334ff.; DAUSES/MÜLLER-GRAFF, Handbuch des EU-Wirtschaftsrechts A.I. Rz. 59; siehe auch die Übersicht bei CALLIESS/RUFFERT-WICHARD Art. 1 Rz. 5ff.

[263] Ausführlich OPPERMANN, Europarecht Rz. 886ff, 912ff.

[264] KOENIG/HARATSCH, Europarecht Rz. 47.

[265] Insbesondere das Prinzip der begrenzten Einzelermächtigung, das für die Gemeinschaft in Art. 5 Abs. 1 EGV und die Organe in Art. 7 Abs. 1 S. 2 EGV ausgestaltet ist und das Subsidiaritätsprinzip gem. Art. 5 Abs. 2 EGV. Auch die „Generalklausel" des Art. 308 EGV, wodurch es dem Rat ermöglicht wird, auch dann Rechtsakte zur Erreichung der Vertragsziele zu erlassen, wenn keine konkrete Ermächtigungsnorm im Vertrag vorgesehen ist, ist keine Universalberechtigung,

kann und darf sich die Gemeinschaft nicht zu einem Zentralstaat entwickeln,[266] weshalb die Staatlichkeit und Verfassungsautonomie der Mitgliedstaaten ebenfalls weiter Bestand haben müssen.[267] Dieses integrative Modell mit dem Respekt der Souveränität der Mitgliedstaaten determiniert die Grenzen der Gemeinschaft.[268]

Es ist daher zu untersuchen, ob die einzelnen Mitgliedstaaten durch Beitritt zur Gemeinschaft die Regelungskompetenz für Eigentum und daraus stammende dingliche Sicherungsrechte an die Gemeinschaft übertragen haben.

Die wirtschaftliche Prosperität ist ausweislich der Präambel eine tragende Säule der Europäischen Gemeinschaft. Der Beitritt der Mitgliedstaaten erfolgte insbesondere zur Angleichung und Förderung der Wirtschaft.[269] Sofern es sich um übergeordnete wirtschaftliche Belange handelt, steht damit außer Frage, dass durch den Beitritt der Mitgliedstaaten Regelungskompetenzen für diesen Bereich an die Gemeinschaft übertragen wurden. Sofern Eigentum und damit auch dessen Teilrechten nur – oder zumindest hauptsächlich – eine wirtschaftliche Funktion zukommt, fallen diese Materien demnach in den Regelungsbereich des EG-Vertrages.

a. Wirtschaftliche Bedeutung von Eigentum

Die weitreichende wirtschaftliche Bedeutung von Eigentum muss nicht betont herausgestellt werden, sie ist unübersehbar. Gemeinsam mit dem Markt als Steuerungsmittel der Wirtschaft und dem Prinzip der Gewinnmaximierung als Zweck der Wirtschaft, stellt das Eigentum die Grundlage des modernen Kapitalismus dar.[270] Beleihungsfähigen Sicherheiten entscheiden über die Möglichkeiten und Modalitäten der Kreditvergabe.[271] Die Kreditvergabe bestimmt ihrerseits maßgeblich das wirtschaftliche Wachstum: Kredite werden in der Wirtschaft in erster Linie zu Investitionszwecken aufgenommen. Da der Kreditnehmer häufig nicht den gesamten Betrag für sein Vorhaben liquide hat, kann er mit Hilfe des Kredits vorzeitig

---

ebensowenig wie die implied-powers-Auslegungsregel; hierzu vgl. BVerfG E 89, 155, sowie KOENIG/HARATSCH, Europarecht Rz. 47.

[266] DREIER-STREINZ Art. 23 32-37; OPPERMANN, Europarecht Rz. 49ff.

[267] JARASS/PIEROTH-JARASS Art. 23 Rz.11.

[268] Vgl. auch DAUSES/MÜLLER-GRAFF, Handbuch des EG-Wirtschaftsrechts A.I. Rz. 178.

[269] Oben Teil II § 1 I. „Allgemeiner Anwendungsbereich der Grundfreiheiten" S. 72.

[270] Oben Teil II § 1 V.2.a. „Wirtschaftliche Bedeutung von Eigentum" S. 88f.; ähnlich SCHWAB/PRÜTTING, Sachenrecht § 2 Rz. 13, 14 (S. 7f), § 26 Rz. 301 (S. 135).

[271] WOLF (oben Fn. 144) S. 1950; SCHWAB/PRÜTTING, Sachenrecht § 2 Rz. 13 (S. 7).

erfüllen.[272] Daneben werden Kredite auch zur Finanzierung der laufenden Produktion aufgenommen, um etwa hierfür erforderliche Waren zu erwerben oder aber die Löhne und Gehälter der Arbeitnehmer finanzieren zu können, bis der anschließende Warenumsatz diese Kosten wieder auffängt.[273] Schließlich werden Kredite auch im privaten Bereich zu Konsumzwecken zur vorzeitigen Erfüllung aufgenommen. Durch die Möglichkeit der vorzeitigen Durchführung dieser Investitions-, Produktions- und Konsumpläne wird die Wirtschaft beschleunigt, da der normalerweise notwendige Ansparungsprozess mit dem Kredit überbrückt wird. Dadurch wird das Wachstum der Wirtschaft nachhaltig beeinflusst.[274]

Es liegt nahe, aufgrund dieses wirtschaftlichen Zusammenhangs die Befugnis der Gemeinschaft abzuleiten, regulierend in den Bereich der dinglichen Kreditsicherung, die dem Wirtschaftswachstum dient, eingreifen zu können. Zu unterscheiden ist allerdings die Kreditierung einerseits und die dingliche Besicherung andererseits. Von einem mitgliedstaatliche Souveränität verteidigendem Standpunkt[275] aus lässt sich die Einschätzung der wirtschaftlichen Bedeutung als Hauptfunktion des Eigentums bezweifeln und damit auch, dass Eigentum und Teilrechte hieraus überhaupt dem EG-Vertrag unterstellt sind.

b. Nichtwirtschaftliche Gründe für Eigentum

Die Errichtung des Staates und der Rechtsordnung haben in erster Linie den Sinn, seinen Bürgern die freie Entfaltung der Persönlichkeit zu ermöglichen.[276] Die Institution Eigentum ermöglicht dem Einzelnen in dieser Hinsicht, sich aufgrund von Kumulierung von Gütern und deren vorteilhaften Nutzen durch Ge- und Verbrauch definieren und den Sinn seines Daseins ausschöpfen zu können. Erst durch die staatliche Anerkennung und Gewährleistung von Eigentum wird dem Individuum diese Freiheit verschafft. Insofern wird dem Einzelnen durch die Gewährleistung privatrechtlichen Eigentums die Möglichkeit der persönlichen Individualisierung

[272] Daneben können für den Kreditnehmer auch steuerrechtliche Begünstigungen von Interesse sein.
[273] Wolf, Sachenrecht Rz. 649.
[274] Vgl. zum Ganzen auch Schwab/Prütting, Sachenrecht § 26 Rz. 300ff. (S. 135f.); Wolf, Sachenrecht Rz. 646ff.
[275] Dies müssen konsequenterweise all die Autoren annehmen, die den Grundfreiheiten ihre Beschränkungsverboteigenschaft streitig machen und das Zivilrecht von dem EG-Vertrag unangetastet lassen wollen.
[276] Wieling, Sachenrecht I § 8 I 1 a (S. 250f.).

vermittelt und in diesem Sinne bezweckt Eigentum ein Sozialinteresse – es dient der freien Entfaltung der Persönlichkeit.[277]

Die Sicherung von Eigentum und Entscheidung zu einer bestimmten Eigentumsform definiert zugleich das soziale Gefüge.[278] Dieser Einfluss wird deutlich im Hinblick auf die weitreichenden Konsequenzen bereits durch die Entscheidung für Kollektiv- oder Individualeigentum. In einem Staat, der liberales Individualeigentum zulässt, kann und soll der Einzelne eigenverantwortlich und mit privatnütziger Zielsetzung aktiv an der Rechts- und Gesellschaftsordnung mitwirken,[279] wodurch auch ein Schutz des Einzelnen ausgebaut wird, zum bloßen Objekt im Staat zu werden.[280] Je enger die Befugnisse des Eigentümers und je weiter die des Staates bezogen auf dieses Eigentum sind, desto weniger Handlungs- und Einflussmöglichkeiten verbleiben dem Einzelnen. Der Eigentümer wird dadurch in Staaten, die Individualeigentum vorsehen, zu einem mehr als nur in Feinnuancen das Sozial- und Gesellschaftsgefüge mitbestimmenden Faktor, da ihm ein Bereich geschaffen wird, indem er eigenen, vom öffentlichen Interesse losgelösten, Einfluss ausüben kann. Durch diese Grenzziehung zwischen eigenen Entscheidungsmöglichkeiten und staatlichen Vorgaben findet eine Individualisierung des Staates statt. Durch diese Staatsindividualisierung über Eigentum ist dieses neben anderen Kriterien wie Sprache, Kunst etc. ein Abgrenzungsfaktor zu anderen Staaten. Daneben hat Eigentum durch seine Akzeptanz in seiner jeweiligen Form eine friedenssichernde Eigenschaft: Dem wechselseitigen Respekt der eigentumsdefinitorischen Regelungen liegt ein Konsens auf materieller Ebene zu Grunde, der ein friedliches Miteinander verfolgt. Dabei hat Eigentum wiederum auch eine sozialpsychologische Facette, indem durch die Einrichtung und Bestandsgarantie von Eigentum dem Einzelnen eine Sicherheit in seinem Umfeld vermittelt und die Zuordnung für ihn verlässlich ist. Eigentum hat folglich neben seiner ökonomischen, eine entscheidende politische und kulturelle Bedeutung.[281]

---

[277] v. MÜNCH/KUNIG–BRYDE, Grundgesetzkommentar Art. 14 Rz. 2.; WIELING, Sachenrecht I S. 250. Dementsprechend geht auch das Bundesverfassungsgericht davon aus, dass Eigentum ein Grundrecht ist, das in einem inneren Zusammenhang mit der Garantie der persönlichen Freiheit steht. BVERFG E 24, 367, 389; 3, 229, 239; 50, 290, 339.

[278] SCHWAB/PRÜTTING, Sachenrecht § 26 Rz. 302 (S. 136).

[279] MAUNZ/DÜRIG–PAPIER Grundgesetz Art. 14 Rz. 4.

[280] v. MÜNCH/KUNIG–BRYDE Grundgesetzkommentar Art. 14 Rz. 2.

[281] Vgl. auch COING, Grundzüge der Rechtsphilosophie, S. 249-253.

Insbesondere lassen sich zusammenfassend als Hauptaspekte herausstellen: Eigentum als persönliche Entfaltungsfreiheit als Ausdruck der Menschenwürde,[282] Eigentum als staats(mit)prägender und -individualisierender Faktor, Friedenssicherung und Eigentum als Wirtschaftsfaktor.

Man wird Eigentum bei einer Reduzierung auf seine wirtschaftliche Funktion demnach nicht gerecht. Vor diesem Hintergrund können auch dingliche Rechte nicht ohne weiteres als der wirtschaftlichen Prosperität dienende Rechte als von dem EG-Vertrag erfasst angesehen werden. Da der EG-Vertrag nicht nur ein rein wirtschaftliches Regelwerk ist,[283] sondern nach den Vertragszielen auch die Bereiche soziale Prosperität im weitesten Sinne sowie Friedens- und Freiheitssicherung erfasst, deutet dies dennoch auf ein Einwirkenkönnen des EG-Vertrages auf Eigentum und Teilrechte hieraus hin.

Da aber die Benennung der Vertragsgegenstände in der Präambel Wirtschaft, soziales Gefüge, Freiheit und Frieden sehr weit gefasst sind, sodass sie in nahezu jeden rechtlich bewertbaren Sachverhalt hineinreichen können, kann den Vertragszielen, insbesondere der Benennung sozialer Prosperität keine hinreichend konkretisierende Wertung entnommen werden, um auf eine Gemeinschaftskompetenz schließen zu können.[284] Es ist folglich eine Grenzziehung zwischen mitgliedstaatlicher Souveränität und gemeinschaftlichen Befugnissen hinsichtlich Eigentum und dinglicher Sicherungsrechte vorzunehmen. Da die Gemeinschaft keine übergeordnete Staatskonstruktion ist und dementsprechend über keine höherrangige Verfassung verfügt,[285] kann nur die jeweilige nationale Verfassung verlässlich darüber Auskunft geben, wie weit diese sich überhaupt öffnen kann. Von zentraler Bedeutung für das Verhältnis Mitgliedstaat zu Gemeinschaft ist in Deutschland die Integrationsnorm des Art. 23 GG.

[282] WIELING, Sachenrecht I S. 250.

[283] Dies stellte der EuGH bereits für die EWG klar, EuGH, Urt. v. 8.4.1976 – Rs. 43/75 – GABRIELLE DEFRENNE ./. SOCIÉTÉ ANONYME BELGE DE NAVIGATION AÉRIENNE SABENA, Slg. 1976, S. 55ff., 473 Rz. 8/11.

[284] Siehe dazu, dass aus den Vertragszielen keine Kompetenzen abgeleitet werden können BORCHARDT/LENZ-LENZ Art. 2 Rz. 8

[285] Dazu bereits oben Teil II § 1 V.2. „Gegenargument: Grundstruktur der Gemeinschaft" S. 87.

c. Verfassungsrechtliche Erwägungen

(i) Art. 23 GG

Art. 23 GG statuiert als Staatsziel den rechtsverbindlichen Auftrag zur Entwicklung eines vereinten Europas und soll damit die Schaffung der Europäischen Union und ihre Fortentwicklung auf ein gesichertes Fundament stellen.[286] Zu diesem Zweck regelt Abs. 1 die Übertragung von Hoheitsrechten an die Europäische Union. Die Verpflichtung zur Mitwirkung an dem Fortschreiten der Entwicklung der Union ist grundsätzlich umfassend.[287] Obwohl der Union keine Kompetenz-Kompetenz, also das Recht sich selbst Kompetenzen zu schaffen, zusteht, sind die an die Gemeinschaft übertragenen Kompetenzen sehr weit gefasst und dehnungsfähig.[288] Es ist offensichtlich, dass derartig weitgehende Übertragungen von Hoheitsrechten nicht nur dazu führen, dass eine Art Verfassung übergreifend auf dem Gebiert der Gemeinschaft begründet und ausgebaut wird, sondern damit auch die nationale Verfassungslage nachhaltig verändert wird.[289] Daher beschränkt Art. 23 GG die Hoheitsrechtsübertragungen an die Gemeinschaft durch einzuhaltende Strukturvorgaben.[290] Sofern diese nicht beachtet werden, ist die Übertragung folglich unwirksam.[291] Neben dem föderativen Prinzip[292] muss auch ein Grundrechtsschutz in der Europäischen Union gewährleistet sein. Das BVerfG stellt diesbezüglich klar, dass grundrechtserhebliche Eingriffe auch von europäischen Organen ausgehen können und ein Grundrechtsschutz demzufolge für das gesamte Geltungsgebiet dieser Maßnahmen gewährleistet sein muss. Änderungen der Grundrechtsstandards seien mit der Übertragung von Hoheitsrechten an die Gemeinschaft nicht verbunden.[293]

Art. 23 GG bestimmt insoweit nur indirekt und strukturell, welche Befugnisse und Kompetenzen an die Gemeinschaft übertragen werden können. Es bedarf der Klärung, welche Einwirkungen auf Eigentum und dingliche Teilrechte hieraus auf

---

[286] BT-Drs. 12/6000, 20.

[287] MODEL / MÜLLER; Grundgesetz Art. 23; v. MÜCH/KUNIG–ROJAHN Art. 23 Rz. 17.

[288] JARASS, Kompetenzverteilung zwischen der Europäischen Gemeinschaft und den Mitgliedstaaten AöR 1996, S. 173ff., 176.

[289] DREIER-PERNICE Art. 23 Rz. 16f, 20.

[290] SACHS-STREINZ Art. 23 Rz. 15f.,68; v. MÜCH/KUNIG–ROJAHN Art. 23 Rz. 17.

[291] SACHS-STREINZ Art. 23 Rz. 86.

[292] DREIER-PERNICE Art. 23 Rz. 23ff.; siehe auch oben Teil II § 1 V.2. „Gegenargument: Grundstruktur der Gemeinschaft" S. 87f.

[293] BVERFG E 73, 378.

Gemeinschaftsebene vorgenommen werden können, ohne dass gegen Grundrechtsstandards verstoßen wird. Dazu ist der Kerngehalt des Art. 14 GG festzulegen.

(ii) Art. 14 GG

Art. 14 GG statuiert eine Institutsgarantie, wodurch ein „Kernbestand von Normen die die Existenz und Funktionsfähigkeit privaten Eigentums ermöglichen und regeln"[294] gesichert sein muss.[295] Dadurch ist dem Gesetzgeber die Möglichkeit genommen, Bereiche der Privatrechtsordnung zu entziehen, die zum elementaren Bestand grundrechtlich geschützter Betätigung im vermögensrechtlichen Bereich gehören.[296]

Insoweit müssen der Eigentumsbestand, der Eigentumsgebrauch und die Eigentumsnutzung gewährleistet sein. Daher ist Aufgabe des Gesetzgebers, einen Normenkomplex zur Verfügung zu stellen, der das Privateigentum vor Obsoleszenz und Disfunktionalität bewahrt.[297] Die die Verfügungsbefugnisse ermöglichenden privatrechtlichen Normen gehören damit zum Kernbestand des durch Art. 14 GG geschützten Bereichs.[298] Eigentum darf demnach durch Wesensänderungen nicht soweit beschnitten werden, dass „ein solches Eigentum die Bezeichnung Eigentum nicht verdient". Die präzise Eingrenzung des Kernbereichs und die Abgrenzung zwischen zulässiger Inhaltsbestimmung und Antastung des Wesensgehalts ist nicht einfach. Es ist hinzunehmen, dass eine ***absolute*** Bestimmbarkeit fehlt.[299] Dennoch lässt sich der Wesensgehalt ***relativ*** im Einzelfall bestimmen. Das Modell des deutschen Gesetzes ist das eines umfassenden Eigentumsrechts.[300] Es ist hiernach zwar möglich vom Eigentum umfassend Befugnisse in Form der gesetzlich vorgesehenen beschränkten dinglichen Rechten herauszutrennen und vom Eigentümer zu lösen. Der Kernbestand des Eigentums bleibt dem Eigentümer aber jederzeit erhalten und aufgrund der Elastizität des Eigentums werden die herausgetrennten Befugnisse nach Erlöschen des beschränkten dinglichen Rechts vom Eigentum automatisch wieder absorbiert und stehen damit wieder dem

---

[294] MAUNZ/DÜRIG–PAPIER, Art. 14 Rz. 11; V. MÜNCH/KUNIG–BRYDE Art. 14 Rz. 2.
[295] SCHWAB/PRÜTTING, Sachenrecht § 2 Rz. 13 (S. 7).
[296] BVERFG E 24, 367, 389; 58, 300, 339; gestärkt wird dies dadurch, dass diese Regelung der Ewigkeitsgarantie unterliegt.
[297] MAUNZ/DÜRIG–PAPIER, Art. 14 Rz. 16.
[298] BVERFG E 26, 215, 222; 50, 290, 340; 83, 201, 209; SACHS–WENDT, Grundgesetz Art. 14 Rz. 60ff.; MAUNZ/DÜRIG–PAPIER, Art. 14 Rz. 13f.
[299] WIELING, Sachenrecht I S. 251.
[300] Ausführlich Teil III § 4 I.1.

automatisch wieder absorbiert und stehen damit wieder dem Eigentümer zur Verfügung.[301] Zu jedem Zeitpunkt bleibt der Eigentümer damit Eigentümer.

Diese Verlässlichkeit des Eigentums als vollkommenes Recht ist in erster Linie als dem Eigentümer seine individuelle Freiheit erhaltender Mechanismus zu begreifen. Sofern und soweit dieser zuvor genannte Kernbestand des umfassenden, freiheitsvermittelnden Eigentums und der Mechanismus der Elastizität gesichert sind, kann das privatrechtliche Eigentum grundsätzlich inhaltlich verändert werden, ohne dass dies als verfassungsrechtlich bedenklich anzusehen wäre. Die verfassungsrechtliche Grenze wird erst dann überschritten, wenn eine Abwendung von einem umfassenden Eigentumsbegriff etwa in Richtung eines geteilten, also mehrstufigen, Eigentums vollzogen wird.[302] Erst hierdurch würde die wesentliche Funktion des Eigentums – Freiheit zu vermitteln – gefährdet; Eigentum könnte zu einem politischen Instrument werden.[303]

Vor diesem Hintergrund ist es verfassungsrechtlich unbedenklich, wenn in Deutschland der Katalog der vorhandenen beschränkten dinglichen Rechte beispielsweise um eine, von dem Gesetz nicht vorgesehene, Kombination eines Nutzung- und Verwertungsrechts einer Grundschuld erweitert würde.[304] Auch wäre es demnach nicht schädlich, im deutschen Mobiliarsachenrecht die Möglichkeit zur Verfügung zu stellen, Mobilien hypothekarisch belasten zu können. Denn in allen diesen Fällen bliebe der Eigentümer nach wie vor Eigentümer mit umfassender Eigentümerbefugnis. Sofern dem Katalog der deutschen dinglichen Rechte unbekannte dingliche Sicherungsrechte in Deutschland ausgeübt werden, die nicht die Grundlagen Elastizität und Unteilbarkeit des Eigentums betreffen, bestehen daher ebenfalls keine verfassungsrechtlichen Bedenken gegen die Aufnahme und Zulassung solcher dinglichen Rechte.

Aus verfassungsrechtlicher Sicht ist es somit ebenfalls unwesentlich, welche Gegenstände, ob nur Immobilien oder aber auch Mobilien hypothekarisch belastet werden können. Auch ist es aus verfassungsrechtlicher Sicht nicht entscheidend, ob nur einzelne Gegenstände oder aber Sachgesamtheiten wie bei einem nantissement du fonds de commerce oder einer hipoteca de establecimiento mercantil belastet

---

[301] WOLF, Sachenrecht Rz. 10.

[302] Vgl. MAUNZ/DÜRIG–PAPIER, Grundgesetzkommentar, Art. 14 Rz. 24-26.

[303] MAUNZ/DÜRIG–PAPIER (vorangehende Fn.).

[304] Sog. Antichrese; siehe zur Zulässigkeit der Erweiterung des Kreises beschränkter dinglicher Rechte WOLF, Sachenrecht Rz. 22.

werden können. Vielmehr muss demgegenüber die Erweiterung der Verfügungsbefugnisse des Eigentümers als Ausbau seiner Eigentümerfreiheiten angesehen werden. Der Eigentümer, der derzeitig aufgrund des durch Art. 43 EGBGB zwingend geltenden sachenrechtlichen Typenzwangs auf wenige beschränkte dingliche Rechte verwiesen ist, erlangt durch eine Erweiterung des Katalogs beschränkter dinglicher Rechte eine größere Freiheit. Nur dies korrespondiert mit dem Gedanken eines freiheitsvermittelnden Eigentums und im Übrigen mit der allgemein freiheitlichen Konzeption des Grundgesetzes.

Es stellt sich angesichts dessen, über den in diesem Zusammenhang relevanten Rahmen hinaus, die Frage, welcher Grund dafür besteht, daß der deutsche Gesetzgeber bei der Befugnis, die Eigentum regelnden Normen zu erlassen, nur verhältnismäßig wenige dingliche Rechte ausgestaltet hat und es wird an anderer Stelle zu zeigen sein, dass die Gründe, die für eine Limitierung dinglicher Rechte üblicherweise ins Feld geführt werden, bei genauer Betrachtung nicht überzeugend sind.[305]

Es ist festzuhalten, dass aus verfassungsrechtlicher Sicht kein Bedürfnis danach besteht, dass der Eigentümer in Deutschland durch strikte und zwingende Festlegung seiner Verfügungsbefugnisse nur begrenzt über sein Eigentum verfügen kann und dass das Verfassungsrecht nicht einer Aufnahme fremder beschränkt dinglicher Rechte entgegensteht.

d. Zwischenbetrachtung

Ein Einwirken des EG-Vertrages auf die deutsche privatrechtliche Eigentumsordnung und damit insbesondere auf den Bereich dinglicher Sicherungsrechte ist weder durch die Integrationsnorm des Art. 23 GG, noch die verfassungsrechtliche Eigentumsgarantie gem. Art. 14 GG ausgeschlossen. Damit ist auch Art. 43 EGBGB nicht dem Regelungsbereich des EG-Vertrages entzogen. Dies bedeutet im Hinblick auf das EG-Vertragsziel des Gemeinsamen Marktes und der verfolgten wirtschaftlichen und sozialen Prosperität, dass aufgrund des EG-Vertrages ein Handlungsbedarf im Bereich der dinglichen Sicherungsrechte zu konstatieren ist, sofern und soweit divergierende Rechtsordnungen zu Handelshemmnissen führen, wie im Bereich der Mobiliar- und Unternehmenshypotheken.

[305] Hierzu Teil III § 4 I.2. „Funktionen des numerus clausus" S. 151ff. und Teil III § 4 II.1. „Publizität" S. 163ff.

Dieser Handlungsbedarf kann sich auf zweierlei Weise niederschlagen, da nur die Grundfreiheiten unmittelbare Wirkung entfalten. Auf der ersten Stufe, dass hinsichtlich der EG-Vertragziele ein Handlungsbedarf zu einer weiteren Marktintegration besteht, der betreffende Sachverhalt jedoch nicht direkt in das Einzugsgebiet der Grundfreiheiten rückt, mit der Folge, dass entgegenstehendes nationales Recht bis zu einer Harmonisierung weiterhin zur Anwendung kommen kann, oder, auf der zweiten Stufe, dass ein Sachverhalt darüber hinaus in den Einzugsbereich der Grundfreiheiten gerät und aufgrund der unmittelbaren Wirkung sich direkt daran messen und bewerten lassen muss, mit der möglichen Folge, dass aufgrund des Beschränkungsverbots [306] entgegenstehendes mitgliedstaatliches Recht nicht zur Anwendung kommen darf.

Nachdem die Grundfreiheiten als Beschränkungsverbote ausgestaltet sind, sind grundsätzlich jegliche Hindernisse für die Zirkulation von Dienstleistungen, Waren und Kapital durch mitgliedstaatliche Regelungen verboten.[307] Da Art. 43 EGBGB zu einer Bestandsgefährdung ausländischer Mobiliar- und Unternehmenshypotheken führt,[308] ist die situs-Regel als tendenziell vertragswidrig zu beurteilen und eine Anwendung des Art. 43 EGBGB bei grenzüberschreitenden Sachverhalten, die diese Sicherungsrechte betreffen, unzulässig. Folgt man dieser Einschätzung so bedeutet dies konsequent zu Ende gedacht, dass bei einer Grenzüberschreitung nach Deutschland etwa eines Fahrzeuges, das mit einer ipoteka automobilistica oder Autokiinitys belastet ist, weder die situs-Regel eingreifen dürfte, noch dadurch eine Transposition vorgenommen werden dürfte. Es wäre damit italienisches resp. finnisches Sachrecht in Deutschland anwendbar. Gleiches müsste ebenfalls bei Grenzüberschreitung von Unternehmenshypotheken gelten, deren Bestand zum einen nach Grenzüberschreitung erhalten bleiben müsste, deren Inhalt zum anderen nach ausländischem Recht zu beurteilen wäre.

Indes hat sich – wie bereits erwähnt – eine Systematik in der Rechtsprechung des EuGH herausgebildet aufgrund derer bestimmte Sachverhalte von vornherein, obwohl sie dem Grunde nach einer umfassenden europäischen Liberalisierung widersprechen können, aus dem grundfreiheitlichen Schutzbereich ausgenommen sind (Keck-Rechtsprechung[309]) oder aber im Übrigen, trotz Einschlägigkeit einer Grundfreiheit, auch ohne geschriebenen Rechtfertigungsgrund gerechtfertigt werden

---

[306] Siehe oben Teil II § 1 III. „Folgen aus den Beschränkungsverboten“ S. 78.

[307] Siehe oben Teil II § 1 III. „Folgen aus den Beschränkungsverboten“ S. 78.

[308] Siehe oben Teil I § 3 . „Pro“ S. 53ff.

[309] Hierzu Teil II § 1 VI.2. „Die Bedeutung der Urteile »Dassonville«, »Cassis« und »Keck“ S. 98f.

können, sofern sog. rechtfertigende Allgemeininteressen [310] (Cassis de Dijon-Rechtsprechung) eines Mitgliedstaats bestehen.

Durch diese Rechtsprechung hat der EuGH mitgliedstaatsfreundliche Korrektive geschaffen, aufgrund derer es möglich ist, dass, obwohl das Bedürfnis nach einer Liberalisierung bestimmter Bereiche festgestellt werden kann, diese Liberalisierungsforderung als bloße Zielvorgabe bestehen bleibt und nur aufgrund einer Harmonisierungsmaßnahme befriedigt werden kann.

Sofern Art. 43 EGBGB aufgrund der vorgenannten Systematik nicht in den Schutzbereich einer Grundfreiheit fällt und sich nicht an dessen Anforderungen messen lassen muss oder aber im Übrigen gerechtfertigt ist, könnte sich der einzelne, an einem grenzüberschreitenden Sicherungsgeschäft Beteiligte, nicht gegen die Anwendung der Norm durch deutsche Gerichte zur Wehr setzen. Die bei Grenzüberschreitung fremder dinglicher Sicherungsrechte auftretenden Rechtsverschiebungen- und Rechtsverluste müssten somit wortlos hingenommen werden. Ausländische Besicherer müssten dadurch tatsächlich zur Geduld aufgefordert werden, wie von *Bangemann* und *Hommelhoff*[311] vorschlagen und was im Übrigen der Tendenz des juristischen Äthers für die Problematik grenzüberschreitender sachenrechtlicher Sachverhalte entspricht.[312]

Dass ein solches Abwarten nicht erforderlich ist, wird im Folgenden zu zeigen sein. Hierzu sind die vorgenannten Umstände, die es ausschließen können, dass ein Sachverhalt, obwohl er dem Integrationsgedanken des EG-Vertrages widerspricht, gänzlich den Beschränkungsverboten unterliegt oder im Einzelfall zumindest gerechtfertigt werden kann, eingehender zu betrachten. Sodann wird nachzuweisen sein, dass diese Gründe es nicht ausschließen, dass sich Art. 43 EGBGB der Liberalisierungsforderung der Beschränkungsverbote beugen muss.

---

[310] Hierzu Teil II § 1 VI.2. „Die Bedeutung der Urteile »Dassonville«, »Cassis« und »Keck“ S. 98f.

[311] Oben Fn. 222.

[312] Siehe aus jüngster Zeit KATERLÖH (oben Fn. 99) S. 254: „ … Die im grenzüberschreitenden Kreditsicherungsverkehr auftretenden Probleme beruhen auf der sachlichen Inkompatibilität der nationalen Sicherungsrechte und lassen sich nicht mit den Mitteln des Kollisionsrechts lösen. Die Problematik der Anerkennung ausländischer rechtsgeschäftlicher Mobiliarsicherheiten könnte durch die EU-weite Einführung eines „Internationalen Sicherungsrechts“ an Mobilien, das neben die nationalen Sicherungsrechte tritt, gelöst werden. …“. Im Übrigen zeigt die Diskussion um ein einheitliches Europäische Zivilgesetzbuch (European Civil Code), dass darin der Ausweg gesucht wird, siehe hierzu etwa FLESSNER (oben Fn. 243) S. 14ff.; GRUNDMANN, (oben Fn. 250) S. 393ff.; SCHWINTOWSKI (oben Fn. 251) S. 205ff.

VI. Entwicklung der Rechtsprechung des EuGH

1. Einführung

Für die Grundfreiheiten folgt der EuGH seit jeher einer liberalen Linie und geht stets von einem weiten Schutzbereich aus. Hierzu sieht er sich gezwungen, um die europäische Marktintegration zu dynamisieren und voranzutreiben. Besonders deutlich wird dies anhand der zu der Warenverkehrsfreiheit ergangenen Rechtsprechung. Die Warenverkehrsfreiheit verbietet nach ihrem Wortlaut „mengenmäßige Beschränkungen" sowie „Maßnahmen gleicher Wirkung". Während „mengenmäßige Beschränkungen" bei grenzüberschreitenden Sachverhalten aufgrund der Klarheit des Regelungszieles verhältnismäßig einfach zu identifizieren und zu kontrollieren sind, indem der Ist-Zustand an dem fixen Soll-Zustand keiner mengenmäßigen Beschränkung beurteilt werden kann, [313] sind die „Maßnahmen gleicher Wirkung" angesichts ihres Auslegungsbedarfs wesentlich schwerer zu kontrollieren.[314]

2. Die Bedeutung der Urteile »Dassonville«, »Cassis« und »Keck«

Der EuGH hat mit dem bereits angesprochenen[315] Urteil Dassonville[316] einen entscheidenden Schritt zu einer Konkretisierung vorgenommen, wobei diese aufgrund des dynamischen Integrationsprozesses zukünftig noch verfeinert werden wird.[317] Das Urteil Dassonville traf den Zeitgeist. Das Integrationsklima war nicht so, wie man es sich vorgestellt hatte – der Integrationsprozess war aufgrund langwieriger Rechtsangleichungsprozesse nur schleppend.[318] Der EuGH erkannte frühzeitig das, was die Kommission später selbst kritisierte, nämlich dass die Detailharmonisierung „...zu viel reglementieren würde, zu zeitraubend und unflexibel wäre und Innovationen ersticken könnte..."[319]. Die rechtsverbindliche[320] Ausdehnung des Schutzbereichs der Warenverkehrsfreiheit durch den EuGH auf „jede Handelsregelung der Mitgliedstaaten, die geeignet ist, den innergemeinschaftlichen Handel

---

[313] SCHÜTZ, Cassis de Dijon, Jura 1998, 631ff., 632.

[314] OPPERMANN, Europarecht, Rz. 1291.

[315] Oben Teil II § 1 Iff.

[316] EuGH, Urt. v. 11.7.1974 – Rs. 87/74 – STAATSANWALTSCHAFT ./. BENOÎT UND GUSTAVE DASSONVILLE, Slg. 1974, S.837ff.

[317] OPPERMANN, Europarecht, Rz. 1315.

[318] Die Kommission hatte selbst bereits einen Definitionsversuch vorgenommen, vgl. RL der Kommission, ABl. 1970 L 13/29.

[319] Weißbuch der Kommission, Nachweis oben Fn. 196.

[320] Vgl. Art. 220 (164) EGV.

unmittelbar oder mittelbar, tatsächlich oder potentiell zu behindern"[321] gab einen neuen Integrationsimpuls.

Das Urteil Dassonville hat weitreichende Konsequenzen und führt dazu, dass nicht nur der Schutzbereich der Warenverkehrsfreiheit ausgedehnt wurde, sondern darüber hinaus auch einzelne nationale Interessen kaum mehr Berücksichtigung finden konnten, was im Rahmen von den vor Dassonville vorzunehmenden Harmonisierungsmaßnahmen stets möglich war. Dassonville war insofern zu pauschal und weitgreifend. Dies insbesondere im Zusammenhang mit den wenigen geschriebenen Rechtfertigungsmöglichkeiten, die einerseits noch den Zeitgeist von 1956/57 widerspiegelten,[322] und für die sich der EuGH andererseits entschied, diese eng auszulegen.[323] Daher hat er mit dem Urteil Cassis de Dijon knapp 5 Jahre später die Dynamik der Warenverkehrsfreiheit gebremst und ein Korrektiv geschaffen, die Integrationsgeschwindigkeit abzufangen und nationale Interessen berücksichtigen zu können,[324] indem er bestimmte Sachverhalte wieder aus dem Wirkungsbereich der Grundfreiheiten ausnahm.[325] Diese ausgenommenen Maßnahmen fallen zwar auch weiterhin in den Schutzbereich der Grundfreiheiten nach dem weiten Verständnis der Dassonville-Rechtsprechung, können aber unter bestimmten Voraussetzungen gerechtfertigt werden.[326] Hierdurch stellte der EuGH neben die geschriebenen

---

[321] EuGH, Urt. v. 11.7.1974 – Rs. 87/74 (oben Fn. 316) Slg. 1974, S.837ff., 852 Rz. 5.

[322] Hierzu MAYER, Die Warenverkehrsfreiheit – eine Rekonstruktion, EuR 5/2003S. 793ff., 798.

[323] EuGH, Urt. v. 17.6.1981 – Rs. 113/80 – KOMMISSION DER EUROPÄISCHEN GEMEINSCHAFTEN ./. IRLAND, Slg. 1981, 1625ff., 1638 Rz. 7; siehe auch KINGREEN, Struktur der Grundfreiheiten S. 114; MOJZESOWICZ, Möglichkeiten und Grenzen einer einheitlichen Dogmatik S. 185.

[324] Hierbei handelt es sich letztlich um eine integrationspolitische Entscheidung, da der EG-Vertrag über die geschriebenen Rechtfertigungsgründe hinausgehende Korrektive nicht vorsieht.

[325] EuGH, Urt. v. 20.2.1979 – Rs. 120/78 – REWE-ZENTRAL-AG ./. BUNDESMONOPOLVERWALTUNG FÜR BRANNTWEIN, Slg. 1979, S. 649; EuGH, Urt. v. 17.6.1981 – Rs. 113/80 – KOMMISSION DER EUROPÄISCHEN GEMEINSCHAFTEN ./. IRLAND, Slg. 1981, 1625, 1639 Rz. 9; EuGH, Urt. v. 6.11.1984 – Rs. 177/83 – TH. KOHL KG ./. RINGELHAN & RENNET SA UND RINGELHAN EINRICHTUNGS GMBH, Slg. 1984, 3651, 3663; EuGH, Urt. v. 13.3.1984 – Rs. 16/83 – STRAFVERFAHREN GEGEN KARL PRANTL, Slg. 1984, 1299, Rz. 25; EuGH, Urt. v. 7.3.1990 – Rs. C-362/88 – GB-INNO-BM ./. CONFEDERATION DU COMMERCE LUXEMBOURGEOIS, Slg. 1990, 683, 687 Rz. 13; EuGH, Urt. v. 25.7.1991 – verb. RS C-1/90 und C-176/90) – ARAGONESA DE PUBLICIDAD EXTERIOR SA ./. DEPARTMENTO DE SANIDAD Y SEGURIDAD SOCIAL DE LA GENERALITAT DE CATALUÑA, Slg. 1991, 4151, 4184 Rz. 13; EuGH, Urt. v. 18.5.1993 – Rs. C-126/91 – SCHUTZVERBAND GEGEN UNWESEN IN DER WIRTSCHAFT ./. YVES ROCHER GMBH, EuZW 1993, S. 421, Rz. 12; EuGH, Urt. v. 8.5.2003 – Rs. C-14/02 – ATRAL SA ./. BELGISCHER STAAT, Slg. 2003, S. 4431ff., 4480 Rz. 64.

[326] MATTHIES, FS Everling 1995, S. 803ff.

Rechtfertigungsgründe ein neue Klasse zu berücksichtigender Interessen, die sog. „rechtfertigenden Allgemeininteressen oder zwingende Erfordernisse".[327] In dem Urteil statuierte der EuGH, dass Hemmnisse für den Binnenhandel der Gemeinschaft, die sich aus den Unterschieden der nationalen Regelungen ergeben, in Ermangelung einer gemeinschaftlichen Regelung hingenommen werden müssen, „soweit diese Bestimmungen notwendig sind, um zwingenden Erfordernissen gerecht zu werden, insbesondere den Erfordernissen einer wirksamen steuerlichen Kontrolle, des Schutzes der öffentlichen Gesundheit, der Lauterkeit des Handelsverkehrs und des Verbraucherschutzes."[328]

Entscheidend ist, dass der EuGH den Begriff „insbesondere" wählte und dadurch zu erkennen gab, dass die von ihm genannten Erfordernisse als Beispiele und nicht als abgeschlossen Aufzählung zu verstehen sind.[329] Mitgliedstaatliche Regelungen und Maßnahmen fallen demnach im Sinne der Dassonville-Rechtsprechung weiterhin in den Schutzbereich der Grundfreiheit, können jedoch unter Umständen gerechtfertigt sein und daher bis zu einer Harmonisierung folgenlos weiterhin zur Anwendung gebracht werden.[330] Demgemäß ist es einem Mitgliedstaat etwa zwar verboten, entsprechend seinen nationalen Rechtsvorschriften Maßnahmen gegen einen Werbetreibenden wegen einer Fernsehwerbung zu treffen, „es sei denn ... sie sind aus zwingenden Gründen des Allgemeininteresses oder zur Erreichung eines der in Artikel 36 des Vertrages genannten Ziele nicht erforderlich, sie stehen hierzu nicht in einem angemessenen Verhältnis, oder diese Ziele oder zwingenden Gründe können durch Maßnahmen erreicht werden, die den innergemeinschaftlichen Handel weniger beeinträchtigen."[331]

---

[327] Zur Qualität, ob negatives Tatbestandsmerkmal oder echte Rechtfertigungsgründe siehe Teil III § 2 . „Qualifizierung des Allgemeininteresses" S. 131ff.

[328] EuGH, Urt. v. 20.2.1979 – Rs. 120/78 – REWE-ZENTRAL AG ./. BUNDESMONOPOLVERWALTUNG FÜR BRANNTWEIN, Slg. 1979, S. 649.

[329] Ausdrücklich EuGH, Urt. v. 8.5.2003 – Rs. C-14/02 – ATRAL SA ./. BELGISCHER STAAT, Slg. 2003, S. 4431ff., 4480 Rz. 65: „... Um gerechtfertigt zu sein, muss eine nationale Regelung ... unter eine der in Artikel 30 EG vorgesehenen Ausnahmen fallen oder einem in der Rechtsprechung des Gerichtshofes anerkannten zwingenden Erfordernis entsprechen..."

[330] Siehe hierzu auch Teil II § 1 VI. „Entwicklung der Rechtsprechung des EuGH" S. 98.

[331] EuGH, Urt. v. 9.7.1997 – C-34/95, C-35/95, C-36/95 – KONSUMENTOMBUDSMAN ./. DE AGOSTINI (SVENSKA) FÖRLAG AB UND TV-SHOP I SVERIGE AB, Slg. I-1997, 3843ff., 3891 Rz. 47.

Mit dem Urteil Keck[332] beschritt der EuGH einen gänzlich anderen Weg und leitete einen Paradigmenwechsel ein, indem er die Möglichkeit schuf, bestimmte Sachverhalte bereits auf der Tatbestandsebene der Grundfreiheit auszuscheiden. Bestimmte mitgliedstaatliche Bestimmungen fallen dadurch von vornherein nicht mehr in den Schutzbereich der Grundfreiheit, bedürfen also im Gegensatz zu den Fällen, die unter die Dassonville-Rechtsprechung fallen, auch keiner Rechtfertigung mehr.[333] Um solche aus dem Schutzbereich der Grundfreiheit ausgenommenen Fälle handelt es sich bei nationalen „Bestimmungen, die bestimmte Verkaufsmodalitäten beschränken oder verbieten"[334], und „für alle Wirtschaftsteilnehmer gelten, die ihre Tätigkeit im Inland ausüben, und sofern sie den Absatz der inländischen Erzeugnisse und der Erzeugnisse aus anderen Mitgliedstaaten rechtlich wie tatsächlich in der gleichen Weise berühren"[335]. Demgemäß müssen etwa niederländische Ladenschlussregelungen, die die Ladenöffnungszeiten von Tankstellen, sowie die erlaubte angebotene Produktpalette regeln, sich nicht an Art. 28 EGV messen lassen, da die Regelung nur die zeitlichen und räumlichen Voraussetzungen, unter denen die fraglichen Waren an den Verbraucher verkauft werden können, also die Vermarktung, und nicht die

[332] EuGH, Urt. v. 24.11.1993 – Rs. C-267 und 268/91 – STRAFVERFAHREN ./. BERNARD KECK UND DANIEL MITHOUARD – Slg. 1993, S. 6097ff., 6131 Rz. 14

[333] EuGH, STRAFVERFAHREN ./. BERNARD KECK UND DANIEL MITHOUARD (vorangehende Fn.). Die Keck-Entscheidung ist seither wiederholt bestätigt worden; vgl. z.B. EuGH Urt. v. 15.12.1993 – Rs.C-292/92 – RUTH HÜNERMUND U.A. ./. LANDESAPOTHEKERKAMMER BADEN-WÜRTTEMBERG, Slg. 1993, I-6787ff., 6823 Rz. 21; EuGH, Urt. v. 2.6.1994 – verb. Rs. C-69/93 und 258/93 – PUNTO CASA SPA ./. SINDACO DEL COMUNE DI CAPENA UND COMUNE DI CAPENA UND PROMOZIONI POLIVALENTI VENETE SOC. COOP. ARL (PPV) ./. SINDACO DEL COMUNE DI TORRI DI QUARTESOLO UND COMUNE DI TORRI QUARTESOLO, Slg. 1994, I-2362ff., 2368 Rz. 12; EuGH, Urt. v. 2.6.1994 – verb. Rs. C-401/92 und 402/92 – STRAFVERFAHREN GEGEN TANKSTATION 'T HEUKSKE VOF UND J.B.E. BOERMANS, Slg. 1994, I-2199ff., 2233 Rz. 12; EuGH, Urt. v. 10.11.1994 – Rs. C-320/93 – LUCIEN ORTSCHEIT GMBH ./. EURIM-PHARM ARZNEIMITTEL GMBH, Slg. 1994, I-5243ff., 5251 Rz. 9; EuGH, Urt. v. 11.8.1995 – Rs. C-63/94 – GROUPEMENT NATIONAL DES NEGOCIANTS EN POMMES DE TERRE DE BELGIQUE (BELGAPOM) ./. ITM BELGIUM SA UND VOCAREX SA, Slg. 1995, I-2467ff., 2490f. Rz. 12; EuGH, Urt. v. 18.9.2003 – Rs. 416/00 – MORELLATO, Slg. 2003, S.

[334] EuGH, STRAFVERFAHREN ./. BERNARD KECK UND DANIEL MITHOUARD (oben Fn. 332) S. 6131 Rz. 14.

[335] Wie vorige Fn. Rz. 16; Nach dem Gerichtshof sind Verkaufsmodalitäten etwa die Art der Werbung (EuGH Urt. v. 15.12.1993 – Rs.C-292/92 – RUTH HÜNERMUND U.A. ./. LANDESAPOTHEKERKAMMER BADEN-WÜRTTEMBERG, Slg. 1993, S. I-6787ff.) oder Ladenöffnungszeiten (EuGH, Urt. v. 2.6.1994 – verb. Rs. C-69/93 und 258/93 – PUNTO CASA SPA ./. SINDACO DEL COMUNE DI CAPENA UND COMUNE DIE CAPENA UND PROMOZIONI POLIVALENTI VENETE SOC. COOP. ARL (PPV) ./. SINDACO DEL COMUNE DI TORI DI QUARTESOLO UND COMUNE DI TORRI DI QUARTESOLO, Slg. 1994, 2355ff., 2368 Rz. 12-14).

angebotenen Produkte selbst betrifft.[336] Genauso soll die Warenverkehrsfreiheit nicht für mitgliedstaatliche Regelungen gelten, die die Ausstrahlung von Fernsehwerbemitteilungen zugunsten des Wirtschaftssektors des Vertriebs verbietet, da diese insofern als Verkaufsmodalität zu qualifizieren ist, als sie eine bestimmte Form der Förderung einer bestimmten Methode des Absatzes von Erzeugnissen verbietet.[337]

Durch die vom EuGH im Keck-Urteil vorgenommene Differenzierung nach Produkt einerseits und Vermarktung andererseits und der damit einhergehenden Beschränkung der Liberalisierungsforderung der Warenverkehrsfreiheit nur auf handelsbehindernde Bestimmungen hinsichtlich des Produkts, ist nach seiner Ansicht der Anwendungsbereich der Warenverkehrsfreiheit ausgeschöpft.[338] Dem legt er die Überlegung zugrunde, dass besagte Bestimmungen über Verkaufs- und Absatzmodalitäten nicht dazu geeignet seien, den Marktzugang für die davon betroffenen Erzeugnisse zu versperren oder stärker zu behindern, als sie dies bei inländischen Erzeugnissen tun.[339] Auch lässt er sich von einer gewissen Eigennützigkeit leiten und erhofft sich eine Arbeitserleichterung. Hierzu führt er in der Urteilsbegründung an: „Da sich die Wirtschaftsteilnehmer immer häufiger auf Artikel 30 EWG-Vertrag [= Art. 28 EGV; Anm. d. Verf.] berufen, um jedwede Regelung zu beanstanden, die sich als Beschränkung ihrer geschäftlichen Freiheit auswirkt, auch wenn sie nicht auf Erzeugnisse aus anderen Mitgliedstaaten gerichtet ist, hält es der Gerichtshof für notwendig, seine Rechtsprechung auf diesem Gebiet zu überprüfen und klarzustellen."[340]

Es ist allerdings zu bezweifeln, dass die Bereichsausnahme für Verkaufsmodalitäten haltbar ist. Hierbei geht es nicht nur darum, dass der EuGH „die Früchte" seiner intendierte Arbeitsentlastung kaum geerntet haben dürfte,[341] da nunmehr nicht die Frage nach „Maßnahme gleicher Wirkung", sondern dafür die Frage, ob eine Verkaufsmodalität vorliegt oder nicht durch den EuGH wiederkehrend zu beantworten ist. Sondern entscheidend ist vielmehr, dass der EG-Vertrag ein solches Verständnis des grundfreiheitlichen Schutzbereichs mit einem Ausnahmebereich für Verkaufsmo-

---

[336] EuGH, Urt. v. 2.6.1994 – verb. Rs. C-401/92 und 402/92 – STRAFVERFAHREN GEGEN TANKSTATION 'T HEUKSKE VOF UND J.B.E. BOERMANS, Slg. 1994, S. I-2199ff., 2233f. Rz. 13/14.

[337] EuGH, Urt. v. 9.2.1995 – Rs. C-412/93 – SOCIETE D'IMPORTATION ÉDOUARD LECLERC-SIPLEC ./. TF1 PUBLICITE SA UND M& PUBLICITE SA, Slg. I 1995, S. 179ff., 217 Rz. 22-24.

[338] EuGH, KECK UND MITHOUARD (oben Fn. 332) Rz. 17/18.

[339] EuGH, KECK UND MITHOUARD (oben Fn. 332) Rz. 17.

[340] EuGH, KECK UND MITHOUARD (oben Fn. 332) Rz. 14.

[341] V. WILMOWSKY, Europäisches Kreditsicherungsrecht S. 26.

dalitäten bereits nicht trägt. Rekurriert man auf die Grundfreiheiten, so sind, mit Ausnahme der in den geschriebenen Rechtfertigungsgründen geregelten Fälle, sämtliche Beeinträchtigungen der jeweiligen Freiheit „...verboten". Dieses Verbot steht nicht für sich allein, sondern ist im Zusammenhang mit dem EG-Vertrag in seiner Gesamtheit mit den Vertragszielen zu sehen, die grundsätzlich eine umfassende Liberalisierung erfordern. Dem steht entgegen, wenn Absatzmodalitäten als nichtliberalisierungsbedürftig eingestuft werden. Denn das vom EuGH aufgestellte Dogma der liberalisierungsfreien Absatzmodalitäten, besagt nicht schon aus sich heraus durch die Formulierung, dass Absatzmodalitäten den EG-vertraglichen Zielen nicht tatsächlich entgegenstehen können.[342] Vielmehr belegen eine Reihe von EuGH-Entscheidungen, dass bereits die Abgrenzung von produkt- zu vertriebsbezogenen Bestimmungen, nicht immer gelingt.[343] Es fehlt demgemäß auch nicht an berechtigter Kritik.[344] Allerdings ist die Keck-Rechtsprechung so etabliert, dass eine Abkehr hiervon in absehbarer Zeit nicht zu erwarten und eine tiefergehende Auseinandersetzung damit an dieser Stelle entbehrlich ist.[345]

Festzuhalten ist, dass seit dem Keck-Urteil nationale Vorschriften, die lediglich bestimmte Modalitäten des Verkaufs- oder Vertriebs reglementieren oder verbieten, nach der Rechtsprechung des EuGH nicht am Maßstab der Warenverkehrsfreiheit zu prüfen sind. Dies sogar auch dann, wenn sie faktisch dazu beitragen können, den Gesamtumsatz mit grenzüberschreitend gehandelten Waren zu reduzieren.

VII. Konvergenz der Grundfreiheiten

Der EuGH entwickelt Grundsätze zu den verschiedenen Freiheiten jeweils selbständig und unabhängig voneinander. Insofern ist grundsätzlich nicht von einer einheitlichen Dogmatik auszugehen. Die vorgenannte Cassis- und Keck-Rechtsprechung ist zur Warenverkehrsfreiheit ergangen. Diese entscheidet, wie

---

[342] Unkritisch SCHÖN, Der freie Warenverkehr – Teil I, EuR 2001, 216ff., 218.

[343] Hervorzuheben und die in der Literatur am heftigsten kritisierten Urteile sind: EuGH, Urt. v. 2.2.1995 – Rs. C-315/92 – VERBAND SOZIALER WETTBEWERB E.V. ./. CLINIQUE LABORATORIES S.N.C. U.A., Slg. 1994-I, S. 317 und EuGH, Urt. v. 6.7.1995 – Rs. C-470/93 – VEREIN GEGEN UNWESEN IN HANDEL UND GEWERBE KÖLN E.V. ./. MARS GMBH, Slg. 1995, 1923ff.

[344] Siehe etwa REICH Anmerkungen zu EuGH 24.11.1993 („Keck") ZIP 1993, 1815; SCHWARTZ, Perspektiven der Angleichung, ZEuP 1994, 559ff., 580ff.; MÖSCHEL, Kehrtwende in der Rechtsprechung des EuGH NJW 1994, 429, 430; V. WILMOWSKY (oben Fn. 341) S. 26: „...Über die juristische Lebenserwartung der Keck-Ausnahme kann derzeit nur spekuliert werden. Angeborene Schwächen sind nicht zu übersehen...."; KIENINGER (oben Fn. 261) S. 142.

[345] Siehe hierzu die Literatur vorige Fn.

dargelegt, über Anwendungsbereich der Grundfreiheiten und Rechtfertigungsmöglichkeiten. Für die Beurteilung, ob sich Art. 43 EGBGB anhand der Grundfreiheiten messen lassen muss, kommt es entscheidend darauf an, ob zu erwarten ist, dass der EuGH die zu der Warenverkehrsfreiheit entwickelte Systematik dem Grunde nach auch auf die übrigen Freiheiten anwendet, die für Art. 43 EGBGB und die dadurch geschützte nationale Struktur der dinglichen Rechte von Bedeutung sein können.

1. Konvergenz hinsichtlich der »Cassis«-Grundsätze

Über die Rechtfertigungsmöglichkeiten durch Allgemeininteressen im Sinne der Cassis de Dijon-Rechtsprechung auch im Rahmen der übrigen Grundfreiheiten bestehen seit den Urteilen »Veronica«[346] und »Gebhard«[347] die später mehrfach vom EuGH bestätigt wurden,[348] keine Zweifel. Ohne Differenzierung nach den Grundfreiheiten heißt es im Gebhard-Urteil: „Aus der Rechtsprechung des Gerichtshofes ergibt sich jedoch, daß nationale Maßnahmen, die die Ausübung der durch den Vertrag garantierten grundlegenden Freiheiten behindern oder weniger attraktiv machen können, vier Voraussetzungen erfüllen müssen: Sie müssen in nichtdiskriminierender Weise angewandt werden, sie müssen aus zwingenden Gründen des Allgemeininteresses gerechtfertigt sein …" etc. [349]. Der EuGH lässt demnach Rechtfertigungen durch Allgemeininteressen[350] von handelshindernden Regelungen sowohl im Bereich der Warenverkehrsfreiheit, als auch der übrigen Grundfreiheiten zu.[351]

2. Konvergenz hinsichtlich der »Keck«-Grundsätze

Nicht ausdrücklich klargestellt hat der EuGH bislang, ob auch die Keck-Bereichsausnahme dem Grunde nach für die übrigen Freiheiten gilt und auch insbesondere im Rahmen der Kapitalverkehrsfreiheit Anwendung findet, mit der

346 EuGH, Urt. v. 3.2.1993 – Rs. C-148/91 – VERENIGING VERONICA OMROEP ORAGNISATIE ./. COMMISSARIAAT VOOR DE MEDIA, Slg. 1993, 487ff., 518/519 Rz. 9, 13, 15.

347 EuGH, Urt. v. 30.11.1995 – Rs. 55/94 – CONSIGLIO DELL´ ORDINE DEGLI AVVOCATI ET PROCURATORI DI MILANO ./. GEBHARD, Slg. 1995, I-4165ff. Rz. 16

348 EuGH, Urt. v. 15.12.1995 – Rs. C-415/93 – UNION ROYALE BELGE DES SOCIETES DE FOOTBALL ASSOCIATION ASBL U.A. ./. JEAN-MARC BOSMAN U.A.,Slg. 1995, S. I-4921 ff. , 5071 Rz. 104; EuGH, Urt. v. 15.5.1997 – Rs. C-250/95 – FUTURA PARTICIPATIONS SA UND SINGER ./. ADMINISTRATION DES CONTRIBUTIONS, Slg. 1997, S. I-2471 ff., 2500 Rz. 26.

349 EuGH, Urt. v. 30.11.1995 – Rs. 55/94 – CONSIGLIO DELL´ ORDINE DEGLI AVVOCATI ET PROCURATORI DI MILANO ./. GEBHARD, Slg. 1995, S. I-4165ff. Rz. 16.

350 Teil III § 3 . „Konturierung des Allgemeininteresses S. 136.

351 Siehe auch OPPERMANN, Europarecht, Rz. 1491.

Folge, dass „vertriebsbezogene" Regelungen nicht dem Beschränkungsverbot der Grundfreiheiten unterliegen. Eine Konvergenz muss aber insbesondere aus drei Gründen bestehen.

Erstens kann es bereits vor dem Hintergrund des der Keck-Rechtsprechung zugrunde liegenden Gedanken keinen Unterschied machen, ob man sich im Rahmen des Warenverkehrs oder sonstiger Grundfreiheiten bewegt: Wenn Verkaufsmodalitäten deshalb nicht in den Schutzbereich der Warenverkehrsfreiheit fallen sollen, weil sie der EuGH als nicht handelsbehindernd im Rahmen der Warenverkehrsfreiheit identifiziert, so muss gleiches auch für Sachverhalte im Rahmen der übrigen Freiheiten gelten.

Zweitens lässt sich die Möglichkeit einer grundsätzlichen Übertragbarkeit der Keck-Grundsätze aus dem Urteil Alpine Investments BV[352] herleiten. Im Rahmen der in dem zugrunde liegenden Fall betroffenen Dienstleistungsfreiheit ist von Generalanwalt van Gerven gefordert worden, dass die Keck-Grundsätze zur Anwendung gebracht werden müssten.[353] Die Einschlägigkeit wurde vom EuGH zwar nicht bejaht, woraus in der Literatur vereinzelt der Schluss gezogen wird, dass er die Frage der Übertragbarkeit offen gelassen habe.[354] Jedoch folgt in dem Urteil eine Ausführung, aus der zu schließen ist, dass der EuGH die Keck-Formel bereits im Rahmen des Verfahrens geprüft und zur Anwendung gebracht hat. Dort heißt es: „...Ein solches Verbot [bestimmter telefonischen Kundenwerbung für Finanzdienstleistungen, sog. „cold calling"; Anm. d. Verf.] entspricht nicht den Regelungen der Verkaufsmodalitäten, die nach der Rechtsprechung Keck und Mithouard dem Anwendungsbereich des Artikels 30 EWG-Vertrag entzogen sind."[355] Zu dem Ergebnis, dass das fragliche Verbot nicht den Regelungen der Verkaufsmodalitäten entspricht, konnte der EuGH nur kommen, nachdem er die Prüfung anhand des Keck-Maßstabes überhaupt schon vorgenommen hat. Der EuGH hat also die Keck-Grundsätze im Rahmen der Dienstleistungsfreiheit angewendet und verschließt sich folglich nicht gegen eine Übertragbarkeit.

Drittens spricht für eine solche Übertragbarkeit im Speziellen auf die Kapitalverkehrsfreiheit auch eine grundsätzliche Erwägung: Wenn der EuGH eine Konvergenz

---

[352] EuGH, Urt. v. 10.05.1996 – Rs. C-384/93 – ALPINE INVESTMENTS BV ./. MINISTER VAN FINANCIËN, Slg. 1995, S. 1141ff.

[353] EuGH, ALPINE INVESTMENTS BV ./. MINISTER VAN FINANCIËN (vorangehende Fn.) 1176 Rz. 33.

[354] MAYER, Die Warenverkehrsfreiheit, EuR 5/2003, S. 793ff., 823.

[355] EuGH, ALPINE INVESTMENTS BV ./. MINISTER VAN FINANCIËN (oben Fn. 352) S. 1177 Rz. 36.

der Keck-Grundsätze nicht herstellt, könnte daraus eine Ungleichbehandlung zweier wirtschaftlich nahezu identischer Vorgänge resultieren, die sachlich nicht zu begründen wäre: Wenn bei dinglicher Besicherung von Darlehen der Sicherungsgegenstand die Grenze zu einem Mitgliedstaat passiert, gerät das Sicherungsrecht als Sachkapital in das Blickfeld der Kapitalverkehrsfreiheit.[356] Wenn hingegen Gegenstände bereits dinglich gesichert erworben werden, etwa gesichert mit einer nantissement de véhicules automobiles mittels derer in Frankreich der Anschaffungskaufpreis eines Kraftfahrzeugs gesichert werden kann,[357] gerät der Sicherungsvorgang als Annex der Ware in das Blickfeld der Warenverkehrsfreiheit.[358] Nimmt man einmal an, dass Art. 43 EGBGB als Verkaufsmodalität im Sinne der Keck-Rechtsprechung zu qualifizieren ist,[359] und dass keine Konvergenz der Keck-Grundsätze besteht, so hätte dies zur Folge, daß bei einem mittels Kfz-Hypothek gesichertem Kauf die dingliche Sicherung nicht in den Schutzbereich der Grundfreiheit fallen würde. Eingreifende, nationale Maßnahmen müssten hingenommen werden. Bei Erwerb des gleichen Gegenstandes in der abgewandelten Variante, dass der Gegenstand nicht hypothekarisch gesichert erworben, sondern über einen parallel und von dem Erwerbsgeschäft losgelösten Darlehensvertrag mit Sicherungsübereignung des Gegenstandes besichert wird, käme es im Rahmen der Kapitalverkehrsfreiheit auf die Qualifikation als Verkaufsmodalität hingegen nicht an. Der Sicherungsvorgang fiele dann ohne weiteres aufgrund der Nichtdifferenzierung nach produkt- oder vertriebsbezogener Regelung unter die Kapitalverkehrsfreiheit. Eingreifende, nationale Maßnahmen wären unzulässig, könnten allenfalls gerechtfertigt werden. Bereits um solche widersprüchlichen Ergebnisse zu vermeiden, muss die Keck-Rechtsprechung auch im Rahmen der Kapitalverkehrsfreiheit Anwendung finden.[360]

---

[356] Zur Einordnung unten Teil II § 1 VIII.4. „Zuordnung von dinglichen Sicherungsgeschäften zu den Grundfreiheiten" S. 126, daher wird hier auch nur von „Blickfeld" gesprochen.

[357] HÜBNER/CONSTANTINESCO, Einführung in das französische Recht, S. 207.

[358] Siehe Fn. 356.

[359] Diese Prüfung wird unten ausführlich vorgenommen Teil II § 1 VIII. „Die lex rei sitae-Regelung im Lichte der Keck-Rechtsprechung" S. 107ff.

[360] Mit anderer Begründung, im Ergebnis genauso: MOJZESOWICZ, Möglichkeiten und Grenzen einer einheitlichen Dogmatik der Grundfreiheiten, S. 182; zum Übertragbarkeit der KECK-Rechtsprechung siehe auch HONRATH, Umfang und Grenzen der Freiheit des Kapitalverkehrs, S. 75ff; ebenfalls keine Beschränkung des Kapitalverkehrs bei Absatzmodalität DAUSES–FOLLACK, Handbuch des EU-Wirtschaftsrechts, F.II Rz. 6; FETSCH, Eingriffsnormen und EG-Vertrag, S. 109.

Vor diesem Hintergrund bedarf es in dieser Hinsicht keiner Differenzierung nach den Grundfreiheiten, da insoweit eine grundsätzliche Konvergenz besteht.[361] Entscheidend kommt es demnach darauf an, ob Art. 43 EGBGB als „Verkaufsmodalität", also nicht produktbezogene, sondern nur vertriebsbezogene Regelung, die sich dadurch nicht an den Grundfreiheiten messen lassen muss, zu qualifizieren ist.

VIII. Die lex rei sitae-Regelung im Lichte der Keck-Rechtsprechung

Angesichts dessen, dass Art. 43 EGBGB in der Konsequenz den Zugang fremder dinglicher Sicherungsrechte zum deutschen Markt erschwert, wenn nicht sogar unmöglich macht, ebenso wie seinerzeit § 100 der deutschen Branntweinmonopolverordnung den Marktzugang des französischen Likörs nicht zuließ,[362] scheint die Beurteilung, wie sie von *Roth* und *v. Wilmowsky* vornehmen, leicht zu fallen, dass die situs-Regel selbst beschränkend und damit eine produktbezogene Regelung ist.[363]

1. Art. 43 EGBGB - keine „produktbezogene" Regelung

Allerdings begegnet die Einschätzung des Art. 43 EGBGB als produktbezogene und aufgrunddessen den Grundfreiheiten unterworfene Regelung erheblichen Bedenken: Das jeweilige mitgliedstaatliche Kollisionsrecht bestimmt das jeweils anzuwendende Sachrecht. Die lex rei sitae-Regelung ist damit nur Verweisungsrecht, also eine „Werkzeugregelung". Hinterfragt man die Regelung, so liegt ihr Sinn nicht in ihr selbst, sondern ist extern zu finden. Der Grund für die Verweisung des Kollisionsrechts auf ein jeweiliges Sachrecht liegt in dem Sachrecht, auf das verwiesen wird. Die lex rei sitae-Regelung bezweckt mit der Verweisung die Funktionsfähigkeit der jeweiligen mitgliedstaatlichen sachenrechtlichen Ordnungen. Hierüber herrscht allgemeine Einigkeit des Gesetzgebers, der Gerichte und der Literatur:[364] Da dingliche Rechte gegenüber jedermann wirken und die Festlegung

[361] KÜHLING, NJW 1999, S. 403ff., 404; DECKERT / SCHROEDER, Anm. zu EuGH, Urt. v. 27.1.2000 – Rs. C-190/98 – VOLKER GRAF ./. FILZMOSER MASCHINENBAU GMBH, JZ 2001, S. 88, 89; WERNICKE, Die Privatrechtswirkung der Grundfreiheiten im europäischen Gemeinschaftsrecht, 2002, S. 263f.; kritisch aus jüngster Zeit STEINBERG, Konvergenz der Grundfreiheiten auf der Tatbestands- und Rechtfertigungsebene, EuGRZ 2002, S. 13ff.

[362] Oben Teil II § 1 II. S. 74ff.

[363] ROTH, Gedenkschrift Lüderitz, S. 635ff., 641.

[364] BT-Drs. Bd. 624 14/343 (1999) S. 15, 16; BGH, Urt. v. 25.9.1996 – VIII ZR 76/95, NJW 1997, 461f., 462; v. BAR, Internationales Privatrecht, Bd. 2 § 7 Rz. 753.

auf bestimmte Typen den Rechtsverkehr schütze, [365] müsse diese Sicherheit gewährleistet bleiben und gegen Einflüsse von außen abgesichert werden.[366] Ohne die feste Anknüpfung an den Lageort bestünde die Gefahr einer Umgehung des Typenzwangs, wodurch Verkehrsinteressen beeinträchtigt würden.[367]

Diese vorstehende Begründung impliziert die Verschränkung des Kollisions- und Sachrechts, die verantwortlich dafür ist, dass Art. 43 EGBGB unzutreffend als produktbezogene Regelung verstanden wird. Bei Trennung zwischen Kollisions- und Sachrecht lässt sich die nicht-produktbezogene Natur aufdecken. Die situs-Regelung selbst ist für sich genommen nur eine Hülse, da sie durch externe sachenrechtliche Regelungen aufgefüllt wird. Sie stellt keinen eigenen materiellen Inhalt zur Verfügung. Sie selbst bestimmt weder ein Rechtsinstitut inhaltlich, noch stellt sie aus sich selbst heraus bestimmte Anforderungen an ein dingliches Sicherungsrecht. Die Entscheidung über Fortbestehen, Transposition oder Untergang eines Sicherungsrechts, also der Kompatibilität, wird erst vor dem Hintergrund der ausfüllenden Normen, also des verwiesenen Sachrechts getroffen. Der Beurteilung der situs-Regel als „produktbezogene" Regelung ist daher entgegenzutreten.

2. Art. 43 EGBGB - eine „vertriebsbezogene" Regelung

Damit steht nicht fest, dass Art. 43 EGBGB als vertriebsbezogene Regelung der Überprüfbarkeit anhand der Grundfreiheiten entzogen ist. Bestimmungen über Verkaufs- und Absatzmodalitäten sind von der Überprüfbarkeit nur dann ausgenommen, wenn sie erstens für alle betroffenen Wirtschaftsteilnehmer gelten, die ihre Tätigkeit im Inland ausüben und zweitens den Absatz der inländischen Erzeugnisse und der Erzeugnisse aus anderen Mitgliedstaaten rechtlich wie tatsächlich in der gleichen Weise berühren,[368] also den Marktzugang auch tatsächlich nicht erschweren:

a. Unterschiedslos geltende Bestimmung

Die Einordnung der situs-Regelung als unterschiedslos geltende Regelung ist ohne umfangreiche Erörterung möglich. Sie gilt für alle Wirtschaftsteilnehmer, die ihre

---

[365] KROPHOLLER Internationales Privatrecht, § 54 I (S. 478).

[366] v. BAR, Internationales Privatrecht, Bd. 2 § 7 Rz. 753.

[367] BGH, URT. V. 25.9.1996 – VIII ZR 76/95, NJW 1997, 461f., 462; WILHELM, Sachenrecht, Rz. 298 und 303; STAUDINGER–STOLL, Internationales Sachenrecht Rz. 122ff.

[368] EuGH, STRAFVERFAHREN ./. BERNARD KECK UND DANIEL MITHOUARD (oben Fn. 332) Rz. 17.

Tätigkeit im Inland ausüben. Sie selbst differenziert von sich aus im Inland nicht nach Inländer oder Ausländer.

b. Tatsächliche Marktzugangsbeschränkung

(i) Die These der tatsächlichen Marktzugangsbeschränkung durch die lex rei sitae-Regelung selbst

Zudem darf nach den zuvor genannten Grundsätzen der Keck-Rechtsprechung des EuGH der Marktzugang fremder dinglicher Rechte auch tatsächlich nicht erschwert sein. Dass diese Anforderung durch die situs-Regel erfüllt ist, wird in der Literatur angesichts der Rechtsverluste, die sich aufgrund der situs-Regel bei grenzüberschreitenden Sachverhalten im Ergebnis einstellen,[369] überwiegend für selbstverständlich gehalten.[370]

Vor dem Hintergrund des bereits oben angesprochenen fehlenden materiellen Aussagegehaltes der situs-Regel muss diese Beurteilung allerdings bezweifelt werden. Dies erhellt folgender Zusammenhang: Die situs-Regel gilt in nahezu allen Ländern europaweit. [371] Wenn eine solche situs-Regel auf ein geschlossenes nationales Rechtssystem verweist, und dadurch dingliche Sicherungsrechte bei Grenzüberschreitung untergehen, dann fiele dieser Vorgang im Ergebnis dadurch, dass der grenzüberschreitende Handel stärker belastet wird, als der innermitgliedstaatliche unter den Anwendungsbereich der Grundfreiheiten. Der Schutzbereich wäre eröffnet. Wenn die situs-Regel hingegen auf ein in sich offenes nationales Rechtssystem verweist oder aber das „importierte" Sicherungsrecht unangetastet lässt, weil es auch in dieser Rechtsordnung bekannt ist, dann liegt nach der Keck-Maßgabe keine stärkere, tatsächliche grenzüberschreitende Handelsbelastung gegenüber dem innermitgliedstaatlichen Handel vor. Die situs-Regelung wäre als bloße Absatzmodalität ohne tatsächlichen Marktzugangsbeschränkungsgehalt im Sinne der Keck-Rechtsprechung zu qualifizieren, mit der Folge, dass der Schutzbereich der Grundfreiheit nicht eröffnet ist. Dies hätte zur Folge, dass Art. 43 EGBGB demgemäß bis zu einer Harmonisierung nicht den Anforderungen der Grundfreiheiten entsprechen muss. Einmal würde die situs-Regel den grenzüberschreitenden Vorgang im Sinne der Keck-Rechtsprechung mehr belasten, als den marktinternen, ein

---

[369] Siehe hierzu oben Teil I § 3 . „Pro" S. 53ff.

[370] PAJUNK (oben Fn. 53) S. 63/64; ROTH (oben Fn. 363) S. 641; V. WILMOWSKY (oben Fn. 341) S. 110ff.

[371] STAUDINGER–STOLL, Internationales Sachenrecht Rz. 22ff.

andermal nicht. Dies obwohl der Imperativ der situs-Regel gleich ist. Denn dieser enthält nur die Kernaussage, dass lediglich die im eigenen Staat bekannten dinglichen Rechten wirksam sind. Die situs-Regel kann daher nicht für sich genommen pauschal als den Marktzugang belastend eingeordnet werden.

Roth meint, dass die situs-Regel dennoch, auch für sich allein besehen, eine belastende Wirkung hat.[372] Jedoch ist zu differenzieren: Das Kollisionsrecht kann in anderem Zusammenhang, außerhalb des Sachenrechts, also etwa in dem von *Roth* angeführten Produkthaftungsrecht, tatsächlich selbst belastend sein,[373] dann nämlich, wenn ein Mitgliedstaat neben dem inländischen Sachrecht als Recht des Vertriebsortes auch das Recht eines anderen Mitgliedstaates, also den Sitz des Herstellers, für anwendbar erklärt, wenn dies für den Geschädigten günstiger ist.[374] Jedoch sind solche parallelanwendbaren Regelungen, anders als im Falle des Produkthaftungsrechts im Bereich des Sachenrechts aufgrund der Ausschließlichkeit des Belegenheitsrechts nicht möglich und bestehen demgemäß nicht.[375] Dort verbleiben keine Spielräume, sodass dieses Argument nicht auf dem Gebiet des Sachenrechts Platz greift

Die getrennte Betrachtung zwischen Kollisions- und Sachrecht und die daraus resultierenden Erkenntnisse sind auch den Autoren entgegenzuhalten, die auf der Grundlage einer abstrakten Betrachtung der situs-Regel die Verkehrsbeschränkung darin sehen, dass die situs-Regel bereits durch ihre Existenz dem grenzüberschreitenden Verkehr „höhere Hindernisse" in den Weg stellen würde, als dem innerstaatlichen.[376] Denn die situs-Regel wirkt, wie aus den obigen Erwägungen folgt, zweistufig. Die „höheren Hindernisse" resultieren erst aus dem aufgrund der situs-Regel anwendbaren, mitgliedstaatlichen Sachrecht. Die angeführten Hindernisse sind damit lediglich mittelbare Folgen des durch die situs-Regel zur Anwendung gebrachten Sachrechts.

Unabhängig davon wird geltend gemacht, dass eine konkrete Behinderung darin besteht, dass ein an sich einheitlicher Sicherungsvorgang aufgrund der situs-Regel ggf. künstlich aufgespalten wird, wenn nämlich das Recht des Sicherungsgeschäfts nicht mit dem Recht des zu besichernden oder gesicherten Gegenstandes korres-

---

[372] ROTH (oben Fn. 363) S.641.

[373] A.A. FRANZEN, Privatrechtsangleichung durch die Europäische Gemeinschaft, S. 511 ff.; KOHLER, La Cour de Justice des Communautés Européenes et le droit international privé, S. 71, 76.

[374] ROTH (oben Fn. 363) S. 635ff.

[375] Oben Teil I § 2 . „Art. 43 EGBGB – Lex rei sitae" S. 48ff.

[376] Etwa V. WILMOWSKY (oben Fn. 341) S. 100.

pondiert.[377] Die vermeintliche Belastung ist hierbei in erster Linie in dem erhöhten Informationsaufwand und einer erschwerten Koordinierung des vertraglichen und dinglichen Sicherungsgeschäftes insgesamt zu sehen.

Diese nüchterne, wirtschaftliche Betrachtung überzeugt zunächst. Der Informations- und Koordinierungsaufwand, ist, dazu bedarf es keiner tieferen Betrachtung, schon im Vergleich zu einer in diesem Zusammenhang als Referenz angeführten sachenrechtlichen Rechtswahlfreiheit, höher. Dies begründet aber keine Belastungswirkung der situs-Regel selbst. Das angeführte Argument ist vom Ergebnis her gedacht. Der Koordinierungsaufwand ist abhängig vom berufenen mitgliedstaatlichen Sachrecht und entsteht erst ggf. als Resultat daraus. Gleiches ist dem zu entgegnen, wenn die Belastungswirkung der situs-Regel daran festgemacht wird, dass bei realistischer Betrachtung wegen der situs-Regel ggf. auf andere, teurere Sicherungsmechanismen zurückgegriffen werden muss.[378] Denn auch hierbei handelt es sich nur mittelbar um eine Beschränkung durch die situs-Regel, da in diesen Fällen auf andere Sicherungsrechte ausgewichen wird, weil das berufene Sachrecht ggf. die inländischen Sicherungsrechte nicht aufnimmt, wenn es sie nicht kennt. Es handelt sich hierbei also ebenfalls um ein Problem des Sach- und nicht des Kollisionsrechts.

Das gleiche gilt auch für einen evtl. durch Art. 43 EGBGB erhöhten Informationsaufwand, wenn sich also beispielsweise der italienische Besicherer gezwungenermaßen mit der deutschen Rechtsordnung auseinandersetzen muss. Probleme resultieren hierbei zum einen aus Sprachunterschieden, zum anderen aus dem Fremdrechtsberatungsaufwand und schließlich dadurch anfallenden Fremdrechtsberatungskosten.

Zum ersten: Sprachdivergenzen sind in einem europäischen Gemeinsamen Markt, der von unterschiedlichen Kulturkreisen gebildet wird, ohnehin hinzunehmen, sodass Sprachunterschiede von untergeordneter Bedeutung sind. Andernfalls müssten Probleme, die aus unterschiedlicher Linguistik folgen, stets als Markthindernis angesehen werden, wenn also etwa Produktbezeichnungen in fremder Sprache erfolgen und der Konsument sie in seine Sprache übersetzen muss. Tatsächlich kann den Sprachdifferenzen überhaupt nur in sensiblen Bereichen Gewicht beigemessen werden, etwa bei Gebrauchsanweisungen für technische Geräte. [379] Die Frage nach Relevanz und Irrelevanz von Sprachunterschieden

---

[377] v. WILMOWSKY (oben Fn. 341) S. 106.

[378] v. WILMOWSKY (oben Fn. 341) a.a.O.

[379] Hierzu JOHANNSEN/RADEMACHER, Produkthaftungsrisiken im Handel und Lösungsansätze, BB 1996, S. 2636ff., 2640; sowie den Bestimmungen des seit 2004 geltenden Geräte- und Produktsi-

beschäftigte den EuGH schon früh, in der Sache „Elefanten Schuh GmbH ./. Pierre Jacqmain“[380]. Er entschied sich mit Recht gegen eine Beachtlichkeit von Sprachunterschieden. Das Ziel eines Gemeinsamen Marktes wäre solange Utopie, wie Unterschiede in Sprachen als beachtliche Integrationshemmung angesehen werden: Dem Urteil lag zu Grunde, dass zwischen einer deutschen Firma und ihrem Alleinvertreter für die belgischen Provinzen Antwerpen, Brabant und Limburg eine Gerichtsstandsklausel vereinbart war. Der Arbeidshof Antwerpen hatte entschieden, dass der in deutscher Sprache abgefasste Arbeitsvertrag und die in ihm enthaltene Gerichtsstandsklausel zugunsten des „Gerichtsstands Kleve“ ungültig seien, weil sie nicht mit dem belgischen Sprachenrecht vereinbar seien, welches die Abfassung des Vertrages in flämischer Sprache verlangte. Der EuGH urteilte, daß ein Staat etwa die Unwirksamkeit einer internationalen Gerichtsstandsvereinbarung nicht damit begründen kann, dass eine andere, als die nach dem Mitgliedsstaatsrecht vorgeschriebene Sprache verwendet wird.[381]

Zum zweiten: Der Informationsaufwand als Hindernis ist bereits vor dem Hintergrund insofern ein schwaches Argument, als die Grundfreiheiten in einem permanenten Spannungsverhältnis zu nationalen Eigenständigkeiten stehen,[382] um deren Grenzziehung es hier gerade geht. Die Grundfreiheiten drängen aus sich heraus nicht immer zu einer Homogenisierung und einer gänzlichen Einebnung in allen Bereichen,[383] mit der Folge, dass ein erhöhter Informationsaufwand schon für sich genommen stets zu einer grundfreiheitlich beachtlichen Mehrbelastung führt. Dieser Schluss ist schon aus dem vorgenannten Urteil zu ziehen. Abgesehen davon lässt sich im Übrigen keine Entscheidung des EuGH finden, die einen mit der Anwendung des Rechts eines anderen Mitgliedsstaats verbundenen Informationsaufwand als Belastung im grenzüberschreitenden Warenverkehr thematisiert hat. Dies obwohl ein solcher Mehraufwand häufig vorkommen dürfte. Aus der Nichterwähnung in der Judikatur des EuGH lässt sich eher der gegenteilige Schluss ziehen, dass

---

cherheitsgesetz (GPSG) HOEREN / ERNSTSCHNEIDER, Das neue Geräte- und Produktsicherheitsgesetz und seine Anwendung auf die IT-Branche, MMR 2004, S. 507ff., 510.; POTINECKE, Das Geräte- und Produktsicherheitsgesetz, DB 2004 S. 55ff., 56.

[380] EuGH, Urt. v. 24.6.1981 – Rs. 150/80 – ELEFANTEN SCHUH GMBH ./. PIERRE JACQMAIN, Slg. 1671ff.

[381] EuGH, Urt. v. 24.6.1981 – Rs. 150/80 – ELEFANTEN SCHUH GMBH ./. PIERRE JACQMAIN, Slg. 1671ff., S. 1688, Rz. 27-29.

[382] Oben Teil II § 1 V.2. „Gegenargument: Grundstruktur der Gemeinschaft" S. 87f.; siehe auch MÖSCHEL, International Free Trading in Banking Services, S. 212.

[383] Oben Teil II § 1 . „EG-Vertrag und Grundfreiheiten“ S. 71ff. und Teil II § 1 III. „Folgen aus den Beschränkungsverboten“ S. 78ff.

Lasten, die mit der Kompetenzausübung eines Mitgliedsstaates zwangsläufig einhergehen, als „freiheitenirrelevant" anzusehen sind.[384]

Zum dritten: Zwar führt *Kronke* hinsichtlich der Fremdrechtsberatungskosten an, dass es bereits an gesicherten Erkenntnissen fehle, dass die Transaktionskosten bei Fremdrechtsberatung die bei Eigenrechtsberatung übersteigen, womit eine Mehrbelastung konkret nachgewiesen werden könnte.[385] Diese Einschätzung wird sich allerdings nur schwer teilen lassen. Es bedarf keiner großen Erfahrung, um zu wissen, dass es für den belgischen, spanischen oder schwedischen Juristen größere Mühe macht und daher kostenintensiver ist, sich in ausländische Rechtsordnungen einzuarbeiten, als das ihm vertraute Recht zur Anwendung zu bringen. Hierauf kommt es aber aufgrund der vorstehenden Erwägungen und aufgrunddessen, dass dieser Informations- und Koordinierungsaufwand nur Folgen der situs-Regel sind, nicht an. Der Aufwand besteht in erster Linie in der Auseinandersetzung mit dem durch Art. 43 EGBGB berufenen Sachrecht, die situs-Regel selbst dürfte die geringsten Verständnisprobleme bereiten.

Bemerkenswert ist im Übrigen, dass sämtliche europäischen Mitgliedstaaten an „ihrer" situs-Regelung festhalten,[386] die, wie oben festgestellt, an sich wertfrei ist. So gesehen und nur auf die situs-Regel fokussiert, verfügen demnach alle Mitgliedstaaten über einen gleichen „Standard". Dies ist indes im Bereich der grundfreiheitlich relevanten Vorgänge ein eher seltener Fall. Regelmäßig sind durch den EuGH die Sachverhalte zu beurteilen, bei denen ein Niveaugefälle hinsichtlich bestimmter Standards besteht. Im Rahmen der Warenverkehrsfreiheit sind es üblicherweise die Fälle, in denen etwa das Land A bestimmte Anforderungen an eine bestimmte Produktart stellt und das Land B über einen anderen Produktstandard verfügt, der dem des Landes A nicht entspricht.[387] Wenn indes das Land A und das Land B die gleichen Produktstandards haben, so ist der Nachweis einer Zugangsbeschränkung des Landes B wesentlich erschwert.

---

[384] ROTH (oben Fn. 363) S. 640.

[385] KRONKE (oben Fn. 246) S.15: „... Die Bayerische Notarkammer teilt interessanterweise mit, dass die Transaktionskosten bei Fremdrechtsberatung die bei Eigenrechtsberatung nicht übersteigen ... ".

[386] Übersicht oben Teil I § 2 . „Art. 43 EGBGB – Lex rei sitae" S. 48ff.

[387] Siehe dazu beispielsweise die oben aufgeführten Entscheidungen Teil II § 1 II. „Entwicklung der Grundfreiheiten von Diskriminierungs- zu Beschränkungsverboten" S. 74ff.

(ii) Zwischenergebnis

Die Belastungswirkung der situs-Regel liegt in der Berufung des jeweiligen Sachrechts.[388] Hierdurch wird dieses in die situs-Regel inkorporiert. Erst hieraus resultieren tatsächliche Mehrbelastungen als Folge der situs-Regelung. Die situs-Regelung ist damit keine produktbezogene Vorschrift im Sinne der Keck-Rechtsprechung.

Daraus ist nicht der Schluss zu ziehen, dass die jeweiligen mitgliedstaatlichen situs-Regelungen, also auch der deutsche Art. 43 EGBGB, selbst nicht anhand der Grundfreiheiten überprüft werden können, sondern nur, dass eine Belastungswirkung im Sinne der Keck-Rechtsprechung nur vor dem Hintergrund eines spezifischen Sachrechts festgestellt werden kann.

Bei den Rechtsverlusten, die bei einer Grenzüberschreitung entstehen, sind es die die situs-Regel ausfüllenden Normen und Strukturen, die diese bewirken. Daher ist das deutsche, dem Art. 43 EGBGB inkorporierte, Sachenrecht einer genaueren Prüfung zu unterziehen. Es drängt sich auf, dass für die Mehrbelastung des grenzüberschreitenden Verkehrs der sachenrechtliche Typenzwang verantwortlich zu machen ist. Anscheinend treten erst durch diesen im Ergebnis handelshemmende Wirkungen auf, indem ausländische Sicherungsrechte aufgrund der Geschlossenheit des Kreises der dinglichen Rechte nicht vorbehaltlos akzeptiert werden.

Der Bestand und die Reichweite des sachenrechtlichen Typenzwangs werden von Sachenrechtlern allerdings zunehmend kritisch beobachtet.[389] Bereits das Stichwort „Sicherungsübereignung" weckt erste Zweifel, „Anwartschaft" tut ein Übriges. Die Bandbreite der Beurteilung des Bestandes des deutschen Typenzwangs reicht von geprägt von „Auflösungserscheinungen"[390] über „Verwässerung"[391] bis hin zu einem Bestreiten seiner Existenz als „beseitigt".[392] Es verdient daher genauerer Betrachtung, wie weit der Typenzwang reicht.

---

[388] A. a. v. WILMOWSKY und ROTH jeweils a.a.O.

[389] BAUR, Entwicklungstendenzen im Sachenrecht JA 1987, 161ff.; WIELING Sachenrecht I § 1 II 4 f. (S. 22/23); STAUDINGER–SEILER, Einleitung zum Sachenrecht Rz. 39; MünchKomm–QUACK, Sachenrecht, Einleitung Rz. 20; WOLF, Beständigkeit und Wandel im Sachenrecht NJW 1987, 2647ff.

[390] BAUR (vorangehende Fn.) S. 161ff.

[391] WIELING Sachenrecht I § 1 II 4 f. (S. 22/23); ähnlich MünchKomm–QUACK, Sachenrecht, Einleitung Rz. 20; WOLF, Beständigkeit und Wandel im Sachenrecht NJW 1987, 2647ff.

[392] WIELING Sachenrecht I § 1 II 4 f. (S. 22/23).

(iii) Sachenrechtlicher Typenzwang als „Normkonkretisierung" der lex rei sitae-Regelung

(01) Bestandsaufnahme zur Geltung des numerus clausus im deutschen Sachenrecht

§ 311 BGB regelt für das deutsche Schuldrecht eine umfassende Vertragsfreiheit.[393] Die Vertragsfreiheit hat dabei zwei Dimensionen: Zum einen beinhaltet sie die Abschlussfreiheit, nach der es den Parteien freisteht, einen Vertrag zu schließen, zum anderen die Inhaltsfreiheit, nach der es den Parteien freisteht, den Inhalt des Vertrages autonom zu bestimmen. Eine ähnliche oder entsprechende Regelung besteht für das deutsche Sachenrecht nicht. Die Anzahl und der Inhalt der möglichen Belastung ist dadurch zunächst durch die im BGB, den einschlägigen Nebengesetzen wie etwa WEG und ErbbauVO, sowie den durch Rechtsprechung und Rechtslehre entwickelten Instituten determiniert.[394] Eine umfassende Gestaltungsfreiheit wie im Schuldrecht besteht demnach für das Sachenrecht nicht, wodurch nach gängiger Ansicht der Typenzwang für das deutsche Sachenrecht fixiert ist.[395]

Hieran lassen sich nach über 100jährigem Bestehen des BGB und den durch Rechtsprechung und Literatur geschaffenen Rechtsinstituten Zweifel üben. *Wieling* hält die Ansicht, dass die gesetzliche Aufzählung der dinglichen Rechte erschöpfend" ist und „andere dingliche Rechte nicht begründet werden" können, „für das BGB unhaltbar".[396] Für *Seiler* ist die in den Motiven zum BGB zu findende Aussage „der Grundsatz der Vertragsfreiheit...hat für das Sachenrecht keine Bedeutung"[397] ebenfalls nicht unproblematisch. Seiner Ansicht nach könne der Eindruck entstehen, dass weder eine Gestaltungs-, noch eine Abschlussfreiheit besteht.[398]

---

[393] Deren Grenzen werden durch das Gesetz bestimmt, insbesondere durch die Regelungen, die eine Disparität zum Gegenstand haben, also etwa die Vorschriften zum Schutze der Verbraucher, Minderjähriger, aber auch bei Sittenwidrigkeit.

[394] Vgl. zu Sachenrechtsprinzipien statt aller nur etwa Alternativkommentar–DUBISCHAR, vor §§ 854 ff. Rz. 29f.; SCHWAB/PRÜTTING, Sachenrecht § 3, 4 (S. 9ff.); BAUR/STÜRNER, Sachenrecht § 1 II. 2.; HECK, Sachenrecht § 23 S. 87: „Der maßgebende Grundsatz ergibt sich durch das argumentum e contrario: „was nicht erlaubt ist, wird verboten, ist für das Recht unmöglich" ".

[395] Vgl. nur RG, Urt. v. 15. 3.1916 – V 3/16 – RGZ 88, 160ff., 162; PALANDT–BASSENGE, Einl. v. § 854 Rz. 4.

[396] WIELING Sachenrecht I § 1 II 4 f. (S. 22/23).

[397] Motive III S. 3; MUGDAN III S. 2.

[398] STAUDINGER–SEILER, Einleitung zum Sachenrecht Rz. 39.

Seilers Bedenken lassen sich ausräumen, wenn man den entscheidenden Satz in seinem Kontext sieht. An der entscheidenden Stelle heißt es vollständig: „... Den Betheiligen kann daher nicht freistehen, jedem beliebigem Rechte, welches sich auf eine Sache bezieht, den Charakter des dinglichen zu verleihen. Der Grundsatz der Vertragsfreiheit, welcher das Obligationenrecht beherrscht, hat für das Sachenrecht keine Geltung. Hier gilt der umgekehrte Grundsatz: ***die Betheiligten können nur solche Rechte begründen, deren Begründung das Gesetz zulässt*** ... [Herv. d. Verf.]."[399] Dadurch ist klargestellt, dass zwar eine Abschlussfreiheit, nicht jedoch eine Inhaltsfreiheit für das Sachenrecht Geltung haben soll.[400]

Wieling negiert die Existenz des Typenzwangs mit der Begründung, dass der Grundsatz vom geschlossenen Kreis der dinglichen Rechte bereits durch die Anerkennung der Vormerkung und das nachwirkende Besitzrecht des Mieters und Pächters gegenüber dem Rechtsnachfolger des Vermieters oder Verpächters „verwässert"[401] worden und schließlich durch den von der zweiten Kommission aufgenommenen § 1007 BGB, der jedem Besitzer eine dingliche Rechtsposition verleiht, sofern der Besitz erlangt wird, „beseitigt" worden sei. Auf dieser Grundlage gelangt er zu dem Schluss, dass „das Prinzip des numerus clausus der dinglichen Rechte aufgegeben worden ist."[402]

Dieser Beurteilung ist zuzugeben, dass in den genannten Rechtsfiguren eine Vermischung schuld- und sachenrechtlicher Positionen liegt und sich der streng römischrechtliche Typenzwang, an dem sich der Typenzwang des BGB grundsätzlich orientiert, unter anderem dadurch von den Regelungen des vormaligen PrALR abhob, dass eine solche Vermischung von obligatorischen und dinglichen Rechtspositionen nicht möglich war.[403] Allerdings kann nicht schon daraus der Schluss gezogen werden, dass der Typenzwang beseitigt[404] wurde. Das erschließt sich bei einer Gesamtbetrachtung der Entstehung der sachenrechtlichen Regelungen des BGB: Diese sind ein

---

[399] Motive III S. 2.

[400] Auch HECKS Kritik an gerade dieser Formulierung kann für SEILERS Bedenken nicht unterstützend dafür herangezogen werden, dass ein sachenrechtlicher Typenzwang nicht bestünde. Denn dieser kritisiert nur, dass eine legislative Begründung dafür, weshalb der Gesetzgeber sich für den numerus clausus im deutschen Sachenrecht entschieden hat, nicht erkennbar offengelegt hat. „... lassen eigentümlicherweise ...."; HECK, Grundriß des Sachenrechts, § 23 S. 88; kritisch WIEGAND, FS KROESCHELL, S. 625.

[401] WIELING, Sachenrecht, I § 1 II 4 f. (S. 23).

[402] WIELING, Sachenrecht, I § 1 II 4 f. (S. 23).

[403] Siehe hierzu auch Teil III § 4 I.1. „Historischer Hintergrund" S. 147f.

[404] WIELING a.a.O.

neues Regelungswerk und nicht nur die erneute Umsetzung eines strikten, nach römisch-rechtlichen Vorbild geschaffenen, Typenzwangs. Die Entschließung des Gesetzgebers, einzelne, vor 1900 zulässige Rechtsinstitute in das BGB aufzunehmen, da sie seiner Ansicht nach aufgrund der seinerzeitigen, tatsächlichen Verhältnisse notwendig, tauglich und unumgänglich waren,[405] zwingt daher nicht zu dem Schluss, dass er durch Abweichung von der römisch-rechtlichen Konzeption eine grundlegende Entscheidung gegen den Typenzwang selbst getroffen hat. Zwar lässt sich im Sinne *Wielings* in den zuvor angesprochenen Fällen eine „Verwässerung"[406] im Sinne einer strikten Trennung von schuldrechtlichen und sachenrechtlichen Rechtspositionen konstatieren. Dass damit aber ein ganzes Eigentumskonzept wiederauflebt und eine Aufgabe des Typenzwangs einhergeht, [407] überzeugt nicht: Es ging dem Gesetzgeber nicht um eine allgemeine Verabschiedung vom Typenzwang, sondern um ein singuläres Nachgeben gegenüber den tatsächlichen Gegebenheiten und der daraus resultierenden Notwendigkeiten.[408] Daher vermag auch *Wielings* Hinweis, dass sich die zweite Kommission ausdrücklich an das preußische Recht, das einen strikten Typenzwang nicht vorsah, angelehnt hat, [409] nicht vom Gegenteil zu überzeugen.[410] Daneben wäre, wenn man seiner Ansicht folgt, fraglich, aus welchem Grund in den Motiven die Aussage, dass „...der Grundsatz der Vertragsfreiheit... für das Sachenrecht keine Bedeutung..." hat, zu finden ist und aus welchem Grund eine § 311 BGB entsprechende Regelung für das Sachenrecht fehlt. Die Konsequenz einer Aufgabe oder Beseitigung des Typenzwangs wäre eine sachenrechtliche Inhaltsfreiheit. Hierfür tritt *Wieling*, insofern inkonsequenterweise, nicht ein.

---

[405] Motive, Bd. II S. 383/384.

[406] WIELING a.a.O.

[407] Dies wäre die Konsequenz.

[408] Die Gesetzesverfasser hatten es sich beispielsweise bei der Entscheidung, der einen strikten Typenzwang „verwässernden" (WIELING a.a.O.) Regelung „Kauf bricht nicht Miete" nicht leicht gemacht, sondern haben auch das römischrechtliche Gegenteil erwogen. Allerdings musste nach ihrer Ansicht eine solche Regelung „...unter den gegenwärtigen Verhältnissen – zumal in den größeren Städten, wo die Hauptmasse der Bevölkerung bis zu den höchsten und vornehmsten Ständen hinauf zur Miethe wohnt – zu den größten Unzuträglichkeiten führen."; Motive, Bd. II S. 383/384.

[409] WIELING, Sachenrecht, I § 1 II 4 f. (S. 23) unter Bezugnahme auf die Protokolle 4052f., MUGDAN III, 698f.

[410] Siehe hierzu auch Motive, Bd. II S. 380-386.

(02) Auflösungserscheinungen und Verdinglichungstendenzen

(a) Auflösungserscheinungen

Von anderer Seite wird eine Aushöhlung des Typenzwangs festgestellt.[411] Das BGB sieht die Nutzung beweglicher Sachen zu Kreditsicherungszwecken nur durch die Bestellung eines Pfandrechts vor, das zwingend die Besitzaufgabe des Pfandschuldners erfordert, wodurch dieser die Möglichkeit der Sachnutzung verliert. Unter dem Druck der Markterfordernisse wurde die Rechtsfigur des Treuhandeigentums entwickelt, bei dem es sich grundsätzlich um „herkömmliches" Volleigentum handelt, das aber durch das fiduziarische Rechtsverhältnis in seinem Inhalt geschmälert wird. [412] Ebenso wie beim Vorbehaltseigentum findet hierbei eine inhaltliche Modifikation des Eigentums statt: Das Eigentumsverständnis des BGB ist das einer ausschließlichen und umfassenden Zuweisung der Sache[413] und vermittelt dem Eigentümer Gebrauchs- und Nutzungsbefugnisse, ist Wertträger und Haftungsobjekt und verleiht Entscheidungsbefugnisse über die Sache in persönlicher wie auch merkantiler Hinsicht.[414] Der Sicherungs- und Vorbehaltseigentümer erhält dagegen nur die Funktion des Eigentums als Wertträger und Haftungsobjekt, die übrigen Funktionen verbleiben beim Sicherungsgeber und Vorbehaltskäufer. Hiermit wird im Ergebnis vorläufiges, zu begrenzten und vorübergehenden Zwecken dienendes, Eigentum geschaffen.[415] Zwar beruhen die Funktionseinbußen auf schuldrechtlichen Bedingungen des eigentlich vollständig bestehenden Eigentums, faktisch wird dadurch aber auch der Eigentumsinhalt verändert.[416] Mit der Regelung in § 51 Ziff. 1 InsO wurden Sicherungsübereignung und Sicherungsabtretung gesetzlich anerkannt. Im Ergebnis ist damit ein neues dingliches Sicherungsrecht geschaffen worden und ist ein erstes Indiz für eine Auflösung des gesetzlichen Typenzwangs.

Wie bei der Sicherungsübereignung nimmt auch beim Anwartschaftsrecht, das aus Kapitalknappheit am Markt entwickelt wurde, um bereits Erwerbspositionen fungibel

---

[411] BAUR (oben Fn. 389) S. 163 bezeichnet dies als Auflösungserscheinung.

[412] Vgl. WOLF, Beständigkeit und Wandel im Sachenrecht NJW 1987, 2647ff., 2651.

[413] MünchKomm–QUACK, Sachenrecht, Einleitung Rz. 20; STAUDINGER, Drittes Buch Sachenrecht, §§ 903-924, Vorbem. zu §§ 903 ff., Rz. 6. Hierzu auch Teil III § 4 I.1. „Historischer Hintergrund" S. 147f.

[414] BVerfGE 50, 290, 339; 68, 193, 222; siehe auch oben Teil II § 1 V.2.c(ii). „Art. 14 GG" S.93.

[415] MünchKomm–QUACK, Sachenrecht, Einleitung Rz. 33.

[416] Vgl. dazu umfassend WOLF, Beständigkeit und Wandel im Sachenrecht NJW 1987, 2647ff., 2650; ebenso MünchKomm–QUACK, Sachenrecht, Einleitung Rz. 33.

und damit wirtschaftlich verwertbar zu machen,[417] das Schuldrecht auf die sachenrechtliche Ausgestaltung Einfluss. Durch die Verknüpfung des dinglichen Rechtsgeschäfts mit einer Bedingung wird das Volleigentum insoweit aufgespalten, als sich das Eigentum sukzessive zur Seite des Erwerbers verschiebt. Nicht nur, dass hierdurch ein neues sachenrechtliches Gebilde geschaffen wurde, sondern, da das Anwartschaftsrecht ein vom Vollrecht gesondert zu behandelndes Verfügungs"objekt" ist, hat hierdurch nahezu eine Verdoppelung der gesetzlichen Typen stattgefunden.[418]

(b) Verdinglichungstendenzen

Neben diesen Auflösungserscheinungen ist auch eine generelle Tendenz zur Verdinglichung von schuldrechtlichen Beziehungen zu verzeichnen, durch die es zu einer weiteren Zersetzung des Typenzwangs kommt:[419] Dienstbarkeiten sind in Bereichen anzutreffen, die ursprünglich typischerweise vom Schuldrecht erfasst und geregelt sein sollten: Wettbewerbs-, Bierbezugs-, Fernwärme- oder Fremdenverkehrsdienstbarkeiten sind keine Seltenheit. Dass schuldrechtliche Beziehungen verdinglicht werden und der Belastete sich nicht mehr lösen kann,[420] ist eine Entwicklung, die dem Geist des BGB entgegenläuft und dem Typenzwang weiter Boden entzieht. Das BGB geht im Besonderen in den dem Schuldrecht unterfallenden Bereichen grundsätzlich von der Freiheit und Gleichheit aller Bürger aus und soll ein verkehrs- und interessengerechtes Vermögensrecht schaffen.[421] Dies war ein entscheidender Grund der Gesetzesverfasser die Anzahl der dinglichen Rechte zu beschränken, da sie im Gegensatz zum Schuldrecht eine besonders hohe Verbindlichkeit auszeichnet.[422] Durch die Verlagerung schuldrechtlicher Verhältnisse in den Bereich des Sachen-

---

[417] STAUDINGER–SEILER, Einleitung zum Sachenrecht Rz. 46; BAUR/STÜRNER, Sachenrecht § 45 Rz. 1ff.; RINNEWITZ, Zur dogmatischen Struktur des Anwartschaftsrechts, S. 14ff.; 26ff.; 36ff.

[418] MünchKomm–QUACK, Sachenrecht, Einleitung Rz. 33; die Beschreibung mit „Erstarken" zum Vollrecht hält QUACK a.a.O. für Spiegelfechtereien, die diese weitgehenden Veränderungen resp. Einwirkungen verdecken würden.

[419] Vgl. im Einzelnen BAUR (oben Fn. 389) S. 161/162.

[420] BAUR (oben Fn. 389) S. 162.

[421] HORN (oben Fn. 248) S. 40ff.

[422] Hierzu im Einzelnen unten Teil III § 4 I.2. „Funktionen des numerus clausus" S. 151ff.

rechts findet letztlich ebenso wie im Falle der Sicherungsübereignung oder Anwartschaft eine Modifikation des Typenzwangs statt.[423]

(iv) Zwischenergebnis

Damit ist eine erhebliche Erweiterung der ursprünglich vom Gesetzgeber vorgesehenen Typen festzustellen. Es handelt sich dennoch nicht um eine Aufgabe oder Beseitigung des Typenzwangs.[424] Eine schuldrechtliche Vertragsfreiheit im Sinne einer Inhaltsfreiheit besteht auch angesichts der vorgenannten Entwicklungen nicht.[425] Zwar ist die Frage berechtigt, wie weit sich das Sachenrecht mit seinem Typenzwang der schuldrechtlichen Vertragsfreiheit öffnen kann, ohne seine Grundlagen aufzugeben.[426] Diese ist hier aber nicht zu beantworten, sondern entscheidend ist, dass der Typenzwang nicht soweit aufgelöst wurde, dass er fremde, beschränkte dingliche Rechte unproblematisch aufnehmen kann.

Aus der Feststellung des Bestands des Typenzwangs folgt, wenn man die oben angestellten Erwägungen zur materiellen Neutralität[427] der situs-Regel sowie die eingangs erläuterte Transpositionsregel ins Kalkül zieht,[428] nicht zwangsläufig, dass mit der situs-Regel und dem inkorporierten Typenzwang der grenzüberschreitende Verkehr tatsächlich mehr im Sinne der Keck-Rechtsprechung belastet wird. Soweit

[423] BAUR/STÜRNER Sachenrecht § 3 B IV Rz. 47 (S. 28) weisen darauf hin, daß auch noch in anderen Bereichen versucht wurde „obligatorische Rechte oder sonstige Rechtspositionen dogmatisch in den Rang von dinglichen Rechten „hochzuhieven“; erfolglos …“, a.a.O. m.w.N.

[424] Ganz h.M. siehe nur PALANDT–BASSENGE, Einf. v. § 854 Rz. 3; JAUERNIG–JAUERNIG BGB[10] Vor § 854 Rz. 3; SOERGEL–STADLER §§ 854- 984 Einl. Rz. 41, 42; BAUR/STÜRNER Sachenrecht § 3 B IV Rz. 47 (S. 28); VIEWEG / WERNER, Sachenrecht, Rz. 5.

[425] Siehe nur SCHWAB/PRÜTTING, Sachenrecht § 3 Rz. 17

[426] WOLF, Beständigkeit und Wandel im Sachenrecht NJW 1987, 2647ff., 2651. Insbesondere auch vor der rechtshistorischen Entwicklung des Eigentumsbegriffs von einem gespaltenen zu einem einheitlichen Eigentum wird diese Frage virulent und es fragt sich, inwieweit man aus systematischer Sicht rückschrittig ist und gegen den Willen des Gesetzgebers arbeitet und den Typenzwang bereits soweit unterlaufen hat, dass dieser kaum mehr existent ist. Die Rechtskonstruktion des Anwartschaftsrechts und des Treuhandeigentums schlagen dabei in eine Richtung, von der sich Philosophie und Rechtswissenschaft ursprünglich verabschieden wollten, da sie Eigentum faktisch aufspalten und damit eine auffallende Ähnlichkeit zu dem einstigen, geteilten Eigentumsverständnis haben. Siehe zur Unteilbarkeit von Eigentum auch unten Teil III § 4 I.1. „Historischer Hintergrund“ S. 147ff.

[427] Teil II § 1 VIII.2.b(i) „Die These der tatsächlichen Marktzugangsbeschränkung durch die lex rei sitae-Regelung selbst“ S. 109.

[428] Teil I § 2 . „Art. 43 EGBGB – Lex rei sitae“ S. 48ff.

der BGH grenzüberschreitende Fälle zu beurteilen hatte, die ausländische Sicherungsrechte betrafen, kam er mittels Transposition zu Ergebnissen, die eine Belastungswirkung zweifelhaft erscheinen lassen.

(v) Ausschluss der Belastungswirkung des Art. 43 EGBGB durch das Transpositionskorrektiv?

Der BGH hat in dem bekannten Ferrari-Fall eine italienische Autohypothek in eine nach deutschem Recht anerkannte Sicherungsübereignung funktional transponiert: [429] Die italienische Klägerin hatte in Italien wirksam eine Kfz-Hypothek[430] an einem Ferrari bestellt, welches durch den Sicherungsgeber nach Deutschland verbracht und dort an den Beklagten unter Übergabe des Kfz-Briefes, in dem die Hypothek vermerkt war, veräußert wurde. Die Klägerin wollte die Hypothek verwerten. Der BGH transponierte die Hypothek in eine deutsche Sicherungsübereignung und gewährte einen Herausgabeanspruch.

Prima facie lässt sich bei Abschwächung des Art. 43 EGBGB durch das Transpositionskorrektiv daher keine spürbare Mehrbelastung des grenzüberschreitenden Verkehrs gegenüber dem innerdeutschen Rechtsverkehr feststellen. Dies scheint den Schluss zuzulassen, dass die Transpositionsregel in solchen Fällen dazu führt, dass die situs-Regel unter Anwendung des Keck-Grundsatzes sich nicht anhand der Grundfreiheiten messen lassen muss. Denn tatsächlich wurde dem italienischen Sicherungsnehmer „sein Recht“ nicht verkürzt, sondern demgegenüber erweitert.

Diese Beurteilung ist zu widerlegen: Erstens hat, trotz des wirtschaftlich zufrieden stellenden Ergebnisses, eine Mehrbelastung des grenzüberschreitenden gegenüber dem innermitgliedstaatlichen Verkehr im Sinne der Keck-Rechtsprechung stattgefunden. Zweitens wird hieran eine allgemeine Problematik der situs-Regel-basierten international-privatrechtlichen Modelle sehr deutlich.

(01) Ineffizienz der Transposition bei Mobiliarhypotheken

Der entschiedene Ferrari-Fall hat den grenzüberschreitenden Verkehr mehr belastet, als den innerdeutschen. Denn das hypothekarische Sicherungsrecht der italienischen Bank ist faktisch außer Kraft gesetzt worden und wurde durch ein anderes Recht ersetzt. Dies ist eine Mehrbelastung im Sinne der Keck-Rechtsprechung, da ein

[429] BGH, Urt. v. 11.3.1991 – II ZR 88/90 NJW 1991, 1415ff.
[430] Ipoteka automobilistica.

Deutscher innerhalb seines Rechtsgebietes nicht mit einem plötzlichen Untergang oder Austausch eines wirksam bestellten dinglichen Rechts rechnen muss.

Daneben ist es auch zu schwerwiegenden Rechtsverschiebungen gekommen, die nicht nur vor dem Hintergrund der Keck-Rechtsprechung von Interesse sind, sondern darüber hinaus auch allgemein die Schwäche international-privatrechtlicher Lösungsmodelle, die auf der situs-Regel beruhen, sei es mit oder ohne Korrektiv einer Transposition, offen legen. Denn obwohl nach nahezu weltweit geltendem[431] international-privatrechtlichem Grundsatz die dingliche Rechtslage, soweit sie sicher besteht und im Herkunftsland abgeschlossen ist – es sich also um einen abgeschlossenen Tatbestand handelt –, als bestehend zu akzeptieren ist,[432] galt dieser Grundsatz nicht mehr im entschiedenen Fall: Die Eigentumslage war in dem entschiedenen Fall nicht zweifelhaft. Ebenso war auch der hypothekarische Belastungsvorgang im Herkunftsland abgeschlossen. Demzufolge handelte es sich um einen abgeschlossenen Tatbestand, der als bestehend von dem Aufnahmestaat zu akzeptieren ist. Dies geschah in Deutschland nicht. Die Klägerin wurde wie ein Eigentümer behandelt und erhielt durch die vom BGH vorgenommene Transposition einen Herausgabeanspruch, der aus der Autohypothek resultieren sollte, obwohl nach dem italienischen Recht nicht ein Herausgabeanspruch, sondern ein gerichtlich kontrolliertes Verwertungsverfahren vorgesehen ist und ein Herausgabeanspruch auch bei dinglichen Belastungen deutschen Rechts nicht besteht.[433] Die Transposition hat damit entgegen dem Anerkennungsgrundsatz der dinglichen Rechtslage gewirkt. Aus Sicht des Sicherheitengebers führte dies faktisch zu einer Enteignung durch die Grenzüberschreitung. Bedeutsam ist, dass es aus Sicht des deutschen Rechts bereits an einer dinglichen Einigung mangelte, welche auf eine Übereignung gerichtet gewesen wäre und dementsprechend hätte in Deutschland anerkannt werden können. Noch brisanter ist dieser Befund, im Hinblick auf den Eigentums- und Bestandsschutz des Art. 14 GG, der kein Deutschengrundrecht ist[434] und dementsprechend auch den Bestand der Eigentümerstellung des importierenden Italieners grundsätzlich geschützt hat.

---

[431] Zur weltweiten Geltung des lex rei sitae Grundsatzes siehe STAUDINGER–STOLL, Internationales Sachenrecht.

[432] Vgl. oben Teil I § 2 . „Art. 43 EGBGB – Lex rei sitae" S. 48ff.

[433] Siehe auch JAYME, Transposition und Parteiwille FS SERICK (70) S. 241 ff., 245 (und Fn. 25 ebda.); KREUZER, Inlandswirksamkeit fremder besitzloser vertraglicher Mobiliarsicherheiten IPRax 1993, 157, 160; kritisch dazu auch STAUDINGER–STOLL Internationales Sachenrecht Rn. 356.

[434] PIEROTH/SCHLINK Staatsrecht II Rz. 58, 958ff.

Insgesamt ist die Entscheidung zwar im Ergebnis wirtschaftlich sachgerecht. Im Übrigen ist sie nicht nur aus dogmatischer Sicht zweifelhaft,[435] sondern zeigt, dass auch die Transpositionsmaxime Art. 43 EGBGB nicht vor einer Mehrbelastung des grenzüberschreitenden Verkehrs gegenüber dem mitgliedstaatsinternen bewahrt, da die vorgenannten Rechtsveränderungen einen innermitgliedstaatlichen Vorgang nicht treffen.

(02) Ineffizienz der Transposition bei Unternehmenshypotheken

Die Defizite einer Transposition werden noch offensichtlicher bei den Unternehmenshypotheken. [436] Der Transposition einer Unternehmenshypothek in das deutsche Recht steht entgegen, dass das deutsche Recht grundsätzlich eine einheitliche Verpfändung von mehreren Pfandobjekten ausschließt. [437] Bereits Sacheigentum an einem Unternehmen als solchem kann nach geltendem deutschem Recht nicht bestehen[438] und daher auch nicht dinglich belastet werden. [439] Nach Ansicht des BGH sollen solche Überlegungen nicht von vornherein die Anerkennung ausländischer Unternehmenspfandrechte ausschließen.[440] Entscheidend ist daher, ob und wie eine Umsetzung mit den zur Verfügung stehenden Sicherungsmitteln möglich ist.

Vor dem Hintergrund des sachenrechtlichen Spezialitätsprinzips verbleibt für eine Transposition einer „Unternehmenshypothek“ nur die Möglichkeit diese durch eine Bündelung verschiedener Kreditsicherungsrechte nachzukonstruieren. Bereits dieser

---

[435] Ähnlich SCHÄFER, Grenzüberschreitende Kreditsicherung an Grundstücken S. 3 dort Fn. 8.

[436] Teil I § 3 III. „Unternehmenshypotheken“ S. 56ff.

[437] Zwar ist die einfache Hypothek oder Grundschuld als Verpfändung von Sachgesamtheiten gesetzlich vorgesehen (Vgl. WOLF (oben Fn. 144) S. 1950.), eine der Unternehmenshypothek vergleichbare Kumulierung von unterschiedlichen Rechten und Gegenständen gibt es nach deutschem Recht aber nicht. Siehe auch unten Teil III § 4 II.8.b. „Spezialitäts- / Bestimmtheitsgrundsatz“ S. 204ff.

[438] BEISEL/KLUMPP, Der Unternehmenskauf Rz. 146; WOLF, Sachenrecht Rz. 28.

[439] Diese Komplexität von Unternehmen erfordert daher bereits im schuldrechtlichen Bereich etwa bei einem Unternehmenskauf besondere Vertragsklauseln, die eben nicht nur den materiellen Wert erfassen, sondern auch die die Ertragskraft des Unternehmens ganz wesentlich beeinflussenden, schwer fassbaren Vermögenswerte miteinbeziehen und deren „Übergang“ regeln. BEISEL/KLUMPP, Der Unternehmenskauf Rz. 136. Siehe auch BGH, Urt. v. 11.10.1967 – I b ZR 144/65, NJW 1968, 392, 393.

[440] BGH, Urt. v. 11.10.1967 – I b ZR 144/65, NJW 1968, 392, 393.

Umstand, dass eine Unternehmenshypothek nicht gleichmäßig übernommen werden kann, bedeutet eine Mehrbelastung im Sinne der Keck-Rechtsprechung.

Da die Pfandvorschriften gem. §§ 1204ff. BGB die Besitzübertragung an den Gläubiger erfordern, kommt für eine Transposition nur die Sicherungsübereignung als Umsetzungsrecht in Frage. Dies zieht die gleiche Problematik nach sich, wie die Transposition einer Kfz-Hypothek in eine Sicherungsübereignung:[441] Während bei der Unternehmenshypothek der Sicherungsgeber Eigentümer bleibt und der Sicherungsnehmer lediglich ein Recht auf vorzugsweise Befriedigung erhält,[442] verliert der Eigentümer bei der Sicherungsübereignung sein Eigentum. Der Schuldner wird auf einen schuldrechtlichen Anspruch verwiesen und reduziert.[443,444] Bei einer Transposition der éléments corporales[445] eines nantissement du fonds de commerce in Sicherungseigentum erhielte der Hypothekengläubiger anstelle des dem französischen droit de préférence entsprechenden Rechts auf vorzugsweise Befriedigung gem. §§ 1247, 1204 BGB, 805 ZPO das Interventionsrecht des § 771 ZPO. Dadurch wird er im Sicherungsfall aufgrund der Transposition in Deutschland besser gestellt als in Frankreich und als jemals vereinbart wurde.

Kundenforderungen bei einer Transposition zu erfassen, bereitet insofern keine Probleme, als sie regelmäßig nicht Belastungsgegenstand von Unternehmenshypotheken sind. Sofern diese doch, wie im Fall der englischen floating charge in den Haftungsverband miteinbezogen sind, könnten Forderungen im Wege einer Zession, noch entstehende Forderungen durch antizipierten Abtretung transponiert werden. Marken können gem. § 29 Abs. 1 Nr. MarkenG verpfändet werden, sodass hier ebenfalls eine Umsetzung möglich wäre. Nicht transponiert werden könnten hingegen Urheberrechte, da diese nach deutschem Recht nicht willkürlich[446]

---

[441] Oben Teil II § 1 VIII.2.b(v)(01). „Ineffizienz der Transposition bei Mobiliarhypotheken" S. 121.

[442] Etwa bei dem französischen nantissement du fonds de commerce das droit de préférence, siehe hierzu auch oben Teil I § 3 III.1. „Der nantissement du fonds de commerce"S. 56f.

[443] Vgl. dazu auch HÜBNER, Internationalprivatrechtliche Probleme der Anerkennung und Substitution bei globalen Sicherungsrechten an Unternehmen, S. 53f.

[444] Zudem besteht der Unterschied auch darin, dass die Unternehmenshypothek regelmäßig publiziert ist, etwa durch Eintragung in ein Register, während die Sicherungsübereignung äußerlich nicht erkennbar ist.

[445] Siehe oben Teil I § 3 III.1. „Der nantissement du fonds de commerce"S. 56f.

[446] Selbst für die Zwangsvollstreckung sieht das UrhG in § 112ff. Abweichungen von den allgemeinen Vorschriften über die Zwangsvollstreckung vor. Gem. § 113 UrhG ist die Zwangsvollstreckung wegen Geldforderungen in das Urheberrecht nur mit Einwilligung des Urhebers zulässig und dies auch nur insoweit wie Nutzungsrechte am Urheberecht gem. § 31 UrhG

verpfändet werden können.[447] Patentrechte können durch formfreien mündlichen Vertrag publizitätslos nach §§ 398, 413 BGB übertragen und gemäß § 1274 BGB ebenfalls ohne Publizierung verpfändet werden.[448] Hinsichtlich Lizenzrechten ist zu unterscheiden, ob das betroffene Unternehmen Lizenznehmer oder Lizenzgeber ist. Ist im Lizenzvertrag bestimmt, dass der Lizenznehmer das Recht an Dritte übertragen resp. zur Nutzung überlassen darf, so kann die Lizenz ohne Zustimmung des Lizenzgebers „genutzt" werden und denkmöglich als Sicherungsmittel auch nach Transposition dienen.[449]

Die vollständige Transposition der Unternehmenshypotheken scheitert an der Belastung des Kundenstammes und des „Goodwill". Die dingliche Belastung dieser immateriellen Geschäftswerte ist gesetzlich nicht vorgesehen und ist damit nicht transpositionsfähig. Die Nicht-Transponierbarkeit der immateriellen Werte ist schwerwiegend und entwertet die Unternehmenshypothek nach Transposition in das deutsche Recht aufs Empfindlichste, da der Wert von Unternehmen maßgeblich durch den Kundenstamm und ihren Goodwill bestimmt wird.[450]

Eine Transposition von Unternehmenshypotheken in das deutsche Recht ist damit als insgesamt ökonomisch und rechtlich unbefriedigend einzustufen.

3. Zwischenergebnis

Art. 43 EGBGB im Zusammenspiel mit dem sachenrechtlichen Typenzwang führt zu erheblichen Spannungen, gegebenenfalls sogar zu Bestandsgefährdungen der ausländischer Mobiliar- und Unternehmenshypotheken.[451, 452] Die nach früherem

---

eingeräumt werden können. Dadurch wird die grundsätzliche Nicht-Übertragbarkeit des Urheberrechts gem. § 29 Abs. 1 UrhG – mit Ausnahme für den Todesfall des Urhebers – nicht berührt.

[447] Allenfalls käme eine Verpfändungsmöglichkeit nach den Verpfändungsvorschriften für Rechte gem. § 1273 ff. BGB in Betracht. Indes schließt § 1274 Abs. 2 BGB eine Verpfändung von solchen Rechten aus, die nicht übertragbar sind, wozu gemäß § 29 UrhG auch Urheberrechte gehören; BEISEL/KLUMPP, Unternehmenskauf Rz. 392.

[448] Vgl. dazu auch HÜBNER, Internationalprivatrechtliche Probleme der Anerkennung und Substitution bei globalen Sicherungsrechten an Unternehmen, S. 54.

[449] Lizenzrechte werden nach §§ 413, 398 BGB übertragen und können als Rechte gem. § 1274 BGB verpfändet werden.

[450] Hierzu auch unten Teil III § 4 II.8. „Besonderheiten bei Unternehmenshypothek" S. 198.

[451] Siehe auch KREUZER, Inlandswirksamkeit fremder besitzloser vertraglicher Mobiliarsicherheiten IPRax 1993, 157ff., 162.

Recht entstandenen dinglichen Rechte werden durch Grenzüberschreitung entweder nicht, oder nur modifiziert nach der neuen lex rei sitae anerkannt.[453] Die Inkorporierung des Typenzwangs in Art. 43 EGBGB führt trotz Transposition in ein funktionsäquivalentes Sicherungsrecht zu einer Mehrbelastung des grenzüberschreitenden Verkehrs im Sinne der Keck-Rechtsprechung. Art. 43 EGBGB ist daher nicht der Überprüfungs- und Regelungsbefugnis durch die Gemeinschaft entzogen und muss sich grundsätzlich an den Grundfreiheiten messen lassen.

4. Zuordnung von dinglichen Sicherungsgeschäften zu den Grundfreiheiten

Bei den Sicherungsgeschäften, die Auslandsbezüge haben, lassen sich einfache grenzüberschreitend vergebene Darlehen,[454] die über einen Gegenstand gesichert werden (Darlehenssicherung) von Anschaffungskrediten unterscheiden, also wenn etwa ein Gegenstand unter Eigentumsvorbehalt aus dem Ausland erworben wird.

a. Einfache gesicherte Darlehen

Unproblematisch gestaltet sich die Zuordnung der Sicherheitenbestellung bei gesicherten Darlehen zu der Kapitalverkehrsfreiheit: Während das grenzüberschreitende Darlehen selbst in Form des Geldkapitals[455] durch die Kapitalverkehrsfreiheit geschützt wird, wird im Gegenzug das Sicherungsrecht als Ausschnitt aus dem Gegenstand als Sachkapital[456] über die Grenze transferiert und fällt damit selbst unter die Kapitalverkehrsfreiheit.[457]

---

[452] Die Geltung des Art. 43 EGBGB auch für Unternehmenshypotheken folgt – wie eingangs genannt – aus dem Umstand, dass Unternehmenshypotheken in den Ländern, in denen sie gesetzlich vorgesehen sind, als Mobiliarhypotheken, also Rechte an Sachen, angesehen werden. Siehe auch oben im Haupttext bei Fn. 6.

[453] ROTH, Die Freiheit des EG-Vertrages und das nationale Privatrecht ZEuP 1994, 5ff., 25.

[454] Nicht erörtert werden soll der Fall, dass sich Darlehensnehmer und Darlehensgeber im gleichen Mitgliedstaat befinden und das Darlehen über einen im Ausland belegenen Gegenstand gesichert wird; zu dieser Problematik v. WILMOWSKY (oben Fn. 341) S. 80ff.

[455] Siehe dazu oben Teil II § 1 I. „Allgemeiner Anwendungsbereich der Grundfreiheiten" S. 72.

[456] Siehe dazu oben Teil II § 1 I. „Allgemeiner Anwendungsbereich der Grundfreiheiten" S. 72.

[457] v. WILMOWSKY (oben Fn. 341) S. 104ff.

Da bei der Darlehensvergabe durch Kreditinstitute diese im Zusammenhang mit erbrachten Dienstleistungen steht, [458] könnte zwar auch erwogen werden, die Sicherheitenbestellung als Annex zu der Dienstleistungsfreiheit zu rechnen.[459] Jedoch liegt der Schwerpunkt der Transaktion nicht auf der Dienstleistung, sondern auf dem Sachkapital.[460] Dadurch ist nur der Anwendungsbereich der Kapitalverkehrsfreiheit eröffnet. Diese Vorgehensweise der Ermittlung der einschlägigen Freiheit mittels Schwerpunktbildung entspricht dem Vorgehen des EuGH.[461]

b. Anschaffungskredite

Hinsichtlich Anschaffungskrediten kommen sowohl die Kapitalverkehrs-, als auch die Warenverkehrsfreiheit als betroffene Grundfreiheiten in Betracht. Ebenso wie bei der einfachen Sicherung von Darlehen überschreitet bei der Fremdfinanzierung auch hier das Sicherungsrecht die Grenze von einem Mitgliedstaat in einen anderen. Der Unterschied besteht darin, dass dieses Sicherungsrecht der Sache anhängt, wenn der gesicherte Kredit durch den Verkäufer eingeräumt wird und der Schwerpunkt dieser Transaktion dadurch im Warenverkehr liegt, der dann das Sicherungsrecht als Anhängsel mitnimmt. Bei dieser Betrachtungsweise führt die Zuordnung eines Anschaffungskredits bei grenzüberschreitender Lieferung von Sachen, abgesichert durch eine Mobiliarhypothek zu der Einschlägigkeit der Warenverkehrsfreiheit.

§ 2 Zusammenfassung zu Teil I und II

Art. 43 EGBGB führt zu Bestandsgefährdungen und Rechtsverlusten dieser Sicherheiten, wenn sie die Grenze nach Deutschland überschreiten. Weder Art. 46 EGBGB, noch Art. 3 Abs. 2 S. 2 EGBGB iVm. der EGVVO, noch die 2. BankRKRL lösen die Problematik.

Die EG-vertraglichen Grundfreiheiten sind als Beschränkungsverbote zu verstehen. Zivilrecht muss sich an dem Maßstab der Grundfreiheiten messen lassen. Weder allgemeine Erwägungen, noch der verfassungsmäßige Schutz des Art. 14 GG führen

---

[458] Dass Kapitalverkehrsgeschäfte eng mit dem Dienstleistungssektor verknüpft sind, folgt auch aus Art. 51 Abs. 2.

[459] WOLF (oben Fn. 144) S. 1941ff.

[460] Siehe auch oben Teil II § 1 I. „Allgemeiner Anwendungsbereich der Grundfreiheiten" S. 72ff.

[461] Vgl. etwa EuGH, Urt. v. 30.4.1974 – Rs. 155/73 – GIUSEPPE SACCHI – Slg. 1974, 409ff., 428 Rz. 6-8.

dazu, dass Art. 43 EGBGB, dem eine eigentumsschützende Funktion zugeschrieben wird, hiervon ausgenommen ist.

Art. 43 EGBGB ist nicht als produktbezogene, sondern als vertriebsbezogene Regelung im Sinne der Keck-Rechtsprechung zu qualifizieren. Der herrschenden Meinung ist insoweit entgegenzutreten. Dennoch ist die situs-Regel den Grund-freiheiten unterworfen. Der ihr inkorporierte sachenrechtliche Typenzwang führt zu einer tatsächlichen Mehrbelastung des Verkehrs im Sinne der Rechtsprechung des EuGH. Obwohl deutsche Gerichte, wie erst jüngst, bei fremden dinglichen Sicherungsrechten, die nach Deutschland gelangen, die Transpositionsregel anwenden und damit den Bestand des Sicherungsrechts zu erhalten versuchen, sind die Ergebnisse als Mehrbelastung im Sinne der Keck-Rechtsprechung einzustufen.

Die Cassis de Dijon-Rechtsprechung ermöglicht die Rechtfertigung von nationalen Verstößen gegen die Liberalisierungsforderung der Beschränkungsverbote über die geschriebenen Rechtfertigungsgründe des EG-Vertrages,[440] von denen für die vorliegende Thematik keiner einschlägig ist, hinaus.[441]

Nicht jedes nationale Interesse ist als solches rechtfertigendes Allgemeininteresse zu qualifizieren. Der folgende Teil III wird die Eckpunkte des Allgemeininteresses ausloten und präzisieren, welche Anforderungen ein nationales Interesse erfüllen muss, um sich als rechtfertigendes Allgemeininteresse qualifizieren zu können. Sodann werden insbesondere der sachenrechtliche Typenzwang, sowie das Publizitätsprinzip auf ihre Allgemeininteressenqualität zu untersuchen sein.

[440] Für die Dienstleistungsfreiheit ist dies etwa über Art. 55 EGV die öffentliche Ordnung, Sicherheit und Gesundheit, vgl. Art. 46 Abs. 1 EGV oder für die Warenverkehrsfreiheit gem. Art. 30 EGV die öffentliche Sittlichkeit, Ordnung und Sicherheit, der Schutz der Gesundheit und des Lebens von Menschen, Tieren oder Pflanzen, sowie der Schutz des nationalen Kulturguts von künstlerischem, geschichtlichem oder archäologischem Wert oder des gewerblichen und kommerziellen Eigentums.

[441] Teil II § 1 VI.2. „Die Bedeutung der Urteile »Dassonville«, »Cassis« und »Keck«" S. 98ff.

Teil III

§ 1 Bedeutung der Allgemeininteressen

Die Voraussetzungen, die ein Interesse erfüllen muss, um sich als Allgemeininteresse qualifizieren zu können, sind nur schwer fassbar. Dies liegt nicht nur an dem europarechtsimmanenten Problem der aus Übersetzungen und gleichrangiger Vielsprachigkeit resultierenden Unschärfe des europäischen Rechts,[464] sondern auch an einer fehlenden grundlegenden Dogmatik.[465] Teilweise werden die Allgemeininteressen in der Rechtsprechung des EuGH anscheinend als negatives Tatbestandsmerkmal innerhalb des Schutzbereichs bzw. als immanente Schranke einer jeweiligen Grundfreiheit relevant,[466] teilweise als Rechtfertigungsgrund.[467]

Äußerst problematisch und folgenreich ist, unabhängig von diesen Einordnungsschwierigkeiten, dass die Rechtsprechung des EuGH zu den Anforderungen, die an Allgemeininteressen zu stellen sind, naturgemäß nur einzelfallbezogen und demgemäß konturlos ist.[468] Der EuGH lässt lediglich wissen, dass rechtfertigende Allgemeininteressen einer dreistufigen Verhältnismäßigkeitsprüfung standhalten müssen. Das rechtfertigende mitgliedstaatliche Interesse muss demnach 1. geeignet, 2. erforderlich und 3. angemessen sein,[469] um der grundsätzlichen Liberalisierungsforderung der Grundfreiheiten entgegengehalten werden zu können.

Der Befund der fehlenden Greifbarkeit der Allgemeininteressen ist schwerwiegend und kann nicht überschätzt werden. Die Allgemeininteressen treffen die Entschei-

---

[464] Siehe hierzu MAYER, The language of the European Constitution – beyond Babel? S. 359ff.; DERS. EuR 5/2003, Die Warenverkehrsfreiheit – eine Rekonstruktion, S. 793ff.

[465] Zur Systematisierung der „zwingenden Erfordernissen des Allgemeinwohls" und den „zwingenden Gründen des Allgemeininteresses" i.S.d. Gebhard-Rechtsprechung siehe SCHROEDER, Kein Glücksspiel ohne Grenzen EuGRZ 1994, 373ff.; SPEYER, Anwendung der Cassis-de-Dijon-Doktrin EuZW 1991, 588ff; HATZOPOULOS, Recent Developments of the Case Law of the ECJ in the Field of Services CMLR 2000, 43ff.

[466] SCHWEITZER/HUMMER 1996, S. 345.

[467] DÖRR, Die Warenverkehrsfreiheit nach Art. 30 EWG-Vertrag, RabelsZ 1990, 672 ff., 684f.; BECKER, Begriff der Maßnahme gleicher Wirkung, EuR 1994, 162ff., 165f.; AHLFELD, Zwingende Erfordernisse S. 62.

[468] Dazu sogleich Teil III § 3. „Konturierung des Allgemeininteresses" S. 136ff.

[469] EuGH, Urt. v. 8.5.2003 – Rs. C-14/02 – ATRAL SA ./. BELGISCHER STAAT, Slg. 2003, S. 4431ff., 4480 Rz. 66.

dung darüber, ob ein Mitgliedstaat nationales Recht weiterhin zur Anwendung bringen darf oder nicht. Für den europäischen Besicherer hängt damit am Bestehen oder Nicht-Bestehen von rechtfertigenden Allgemeininteressen sein Kapital. Im ungünstigen Fall verbieten sich deutsche Interessen die Konsequenzen aus den Beschränkungsverboten. Der ausländische Besicherer, der sich gerade zur Sicherheit eine dingliche Sicherheit in Form einer Mobiliar- und Unternehmenshypothek einräumen lässt, müsste die Unsicherheit, die durch Art. 43 EGBGB entsteht,[470] hinnehmen.

Die Mitgliedstaaten sind selbst an das Gemeinschaftsrecht gebunden,[471] insofern sollte davon ausgegangen werden können, dass sie entsprechend den Beschränkungsverboten handeln und Allgemeininteressen nur in sensiblen Bereichen und zurückhaltend zur Rechtfertigung nationaler Alleingänge vorbringen. Diese optimistische Beurteilung wird widerlegt durch entgegenstehende Tatsachen. Erst 1999 konstatierte die Kommission, dass für den Bereich der Finanzdienstleistungen die Allgemeininteressen von den Mitgliedstaaten vielfach missbräuchlich verwendet werden, um Abweichungen vom Prinzip der gegenseitigen Anerkennung zu rechtfertigen und rechtmäßig von Finanzunternehmen in ihrem Ursprungsland vermarkteten Finanzprodukten den Marktzugang zu verwehren.[472]

Vor diesem Hintergrund sind die Grundlagen, also die systematische Herkunft des europarechtlichen Allgemeininteresses zu klären, um in einem zweiten Schritt die Allgemeininteressen näher zu konturieren. Auf dieser Grundlage wird zu beurteilen sein, ob Allgemeininteressen Deutschlands bestehen, die eine weitere Anwendung des Art. 43 EGBGB im intereuropäischen Verkehr von Mobiliar- und Unternehmenshypotheken rechtfertigen können.

---

[470] Oben Teil I § 1 . "Einführung" S. 43ff. und Teil I § 2 . "Art. 43 EGBGB – Lex rei sitae" S. 48ff.

[471] EuGH, Urt. v. 5.2.1963 – Rs. 16/62 – N.V. ALGEMENE TRANSPORT- EN EXPEDITIE ONDERNEMING VAN GEND & LOOS ./. NIEDERLÄNDISCHE FINANZVERWALTUNG, Slg., 1963, 1ff., 24/25; EuGH, Urt. v. 15.7.1964 – Rs. 6/64 – FLAMINIO COSTA ./. E.N.E.L, Slg. 1964, 1251ff.; EuGH, Urt. v. 21.5.1987 – Rs. 249/85 – ALBAKO MARGARINEFABRIK MARIA VON DER LINDE GMBH & CO. KG ./. BUNDESANSTALT FÜR LANDWIRTSCHAFTLICHE MARKTORDNUNG, Slg. 1987, 2345 ff., 2360 Rz. 17; siehe für Deutschland auch BVerfGE 73, 339, 374 f.; 75, 223, 244.

[472] Mitteilung der Kommission an das Parlament „Die gegenseitige Anerkennung im Rahmen der Folgemaßnahmen zum Aktionsplan Binnenmarkt", 1999, S. 7.

§ 2 Qualifizierung des Allgemeininteresses

Bei einer Bestandsaufnahme der Urteile des EuGH, bei denen Allgemeininteressen relevant wurden, finden sich solche, die auf eine Berücksichtigung bereits innerhalb der Schutzbereichsbestimmung[473] hindeuten und solche, die auf Rechtfertigungsebene – teilweise ausdrücklich – als Rechtfertigungsgrund[474] geprüft wurden. Fallgruppen fehlen, es besteht keine Systematisierung dergestalt, dass bestimmte Arten von Allgemeininteressen nur auf Tatbestands-, andere hingegen nur auf Rechtfertigungsebene relevant wurden. [475] Schließlich trägt zur Undurchsichtigkeit bei, dass der EuGH in einigen Urteilen die Allgemeininteressen ausdrücklich im Rahmen der Auslegung der Grundfreiheit, also als negatives Tatbestandsmerkmal berücksichtigt, dies aber als Rechtfertigung beschreibt.[476]

Dementsprechend divergieren auch die Literaturmeinungen zu der Rechtsnatur der Allgemeininteressen.[477] So meinen etwa *Adrian* [478], *Oppermann*[479],und *Schütz* [480], dass die Allgemeininteressen als negative Tatbestandsmerkmale aufzufassen sind.

[473] EuGH, Urt. v. 17.6.1981 – Rs. 113/80 – KOMMISSION DER EUROPÄISCHEN GEMEINSCHAFTEN ./. IRLAND, Slg. 1981, S. 1625ff., 1639 Rz. 9; EuGH, Urt. v. 6.11.1984 – Rs. 177/83 – TH. KOHL KG ./. RINGELHAN & RENNET SA UND RINGELHAN EINRICHTUNGS GMBH, Slg. 1984, 3651, 3663; EuGH, Urt. v. 25.7.1991 – verb. RS C-1/90 und C-176/90 – ARAGONESA DE PUBLICIDAD EXTERIOR SA ./. DEPARTMENTO DE SANIDAD Y SEGURIDAD SOCIAL DE LA GENERALITAT DE CATALUÑA, Slg. 1991, S. 4151ff., 4184 Rz. 13.

[474] EuGH, Urt. v. 7.3.1990 – Rs. C-362/88 – GB-INNO-BM ./. CONFEDERATION DU COMMERCE LUXEMBOURGEOIS – Slg. 1990, 683, 687 Rz. 13; EuGH, Urt. v. 18.5.1993 – Rs. C-126/91 – SCHUTZVERBAND GEGEN UNWESEN IN DER WIRTSCHAFT ./. YVES ROCHER GMBH, EuZW 1993, S. 421, Rz. 12.

[475] PAJUNK (oben Fn. 53) S. 58: „... keine einheitliche klar definierbare Linie aufgrund der vom Gerichtshof mangelhaft vorgenommenen Unterscheidung von Schutzbereich und Schranken...".

[476] Siehe etwa EuGH, Urt. v. 11.5.1989 – Rs. 25/88 – STRAFVERFAHREN ./. ESTHER RENÉE WURMSER, VERWITWETE BOUCHARA, UND FIRMA NORLAINE, Slg. 1989, S. 1105 ff., 1128, Rz. 11.

[477] LENZ, Unlauterer Wettbewerb und freier Warenverkehr, ZEuP 1994, 624ff., 639; ADRIAN, Juristische Methodenlehre und die „Keck-Entscheidung" des EuGH, EWS 1998, 288ff., 290; BECKER, Verbot tarifärer und nichttarifärer JA 1997, 65ff., 73; SCHÜTZ, Cassis de Dijon, JURA, 1998, 631ff., 636; JARASS, Dogmatik der Grundfreiheiten EuR 1995, 202ff., 224; DUBACH, Freier Warenverkehr DVBl. 1995, 595ff., 598.; SCHWEITZER/HUMMER S. 345; DÖRR, Die Warenverkehrsfreiheit nach Art. 30 EWG-Vertrag, RabelsZ 1990, 672 ff., 684f.; BECKER, Begriff der Maßnahmen gleicher Wirkung, EuR 1994, 162ff., 165f.; DERS. Verbot tarifärer und nichttarifärer Hemmnisse JA 1997, 65ff., 73; AHLFELD, Zwingende Erfordernisse, S. 62.

[478] ADRIAN (oben Fn. 477) S. 290.

[479] OPPERMANN, Europarecht Rz. 1299.

[480] SCHÜTZ, Cassis de Dijon, Jura 1998, 631ff., 636.

Demgegenüber sind etwa *Becker*[481], *Jarass*,[482] *Schröder*[483] und *Schön*[484] der Ansicht, dass die Allgemeininteressen erst auf späterer Stufe als Rechtfertigungsgrund Berücksichtigung finden müssen.[485]

Der Einordnung der Allgemeininteressen als immanente Schranke kann nicht gefolgt werden.

Soweit *Adrian* die Einordnung der Allgemeininteressen als immanente Schranke darin begründet sieht, dass der EuGH im Urteil Cassis de Dijon die Verhältnismäßigkeitsprüfung im Rahmen des Schutzbereichs der Warenverkehrsfreiheit ansiedelt, so wurde bereits darauf hingewiesen, dass sich der EuGH keiner einheitlichen Terminologie und Systematik bedient,[486] wodurch dieses Argument nur einen begrenzten Aussagegehalt hat.

Zudem wird es für erforderlich gehalten, aufgrund der Notwendigkeit der Abstraktionsfähigkeit und damit letztlich Übersichtlichkeit, die Verhältnismäßigkeitsprüfung bereits im Schutzbereich vorzunehmen.[487] Die Abstraktionsfähigkeit und Übersichtlichkeit wird indes nur dadurch gewahrt, wenn die Berücksichtigung von Allgemeininteressen im Rahmen der Rechtfertigungsgründe erfolgt. Bezöge man die Allgemeininteressen bereits in die Festlegung des Schutzbereichs der Grundfreiheiten ein,

[481] BECKER (oben Fn. 467) S. 165; DERS. Verbot tarifärer und nichttarifärer Hemmnisse JA 1997, 65ff., 73.

[482] JARASS, Dogmatik der Grundfreiheiten EuR 1995, 202ff., 224.

[483] SCHRÖDER, Konzept des Allgemeininteresses S. 94.

[484] SCHÖN, Der freie Warenverkehr – Teil II, EuR 2001, 341ff., 352.

[485] BECKER, Verbot tarifärer und nichttarifärer Hemmnisse JA 1997, 65ff., 73.

[486] Daneben werden auch die Formulierungen des EuGH als Indiz hierfür gewertet, da er etwa von einem „ ...zwingenden Erfordernis im Rahmen der Auslegung des Artikels 30 ...“ spricht, EuGH, Urt. v. 25.7.1991 – verb. Rs. C-1/90 und C-176/90 – ARAGONESA DE PUBLICIDAD EXTERIOR SA ./. DEPARTMENTO DE SANIDAD Y SEGURIDAD SOCIAL DE LA GENERALITAT DE CATALUÑA, Slg. 1991, 4151, 4184 Rz. 13. Allerdings deutet die vom EuGH in dieser Entscheidung vorgenommene Prüfungsreihenfolge eher auf ein Verständnis der Allgemeininteressen als Rechtfertigungsgrund und nicht als negatives Tatbestandsmerkmal an. Denn dort prüft er die geschriebenen Rechtfertigungsgründe vor der einengenden Auslegung des Art. 30 EG-V, obwohl dieser – bei konsequenter Haltung – erst dann geprüft werden kann, wenn feststeht, dass die Grundfreiheit überhaupt betroffen ist. Siehe im Übrigen auch EuGH, Urt. v. 13.3.1984 – Rs. 16/83 – STRAFVERFAHREN ./. KARL PRANTL, Slg. 1984, S. 1299, Rz. 25; SCHWEITZER/HUMMER, 1996, S. 345.

[487] ADRIAN (oben Fn. 477) S. 290.

müsste bereits bei der Schutzbereichsbestimmung diese umfassende Interessenabwägung Berücksichtigung finden, was kaum praktikabel ist.[488]

Unabhängig davon wird von einem Großteil der Literatur für die Einordnung der Allgemeininteressen als immanente Schranke das Argument der Kompetenzbegrenzung des EuGH angeführt:[489] Wenn der EuGH die Allgemeininteressen nicht auf Tatbestandsebene berücksichtige, sondern sie als neben den geschriebenen Rechtfertigungsgründen bestehende eigene Rechtfertigungsgruppe hinzugefügt hätte, so wären damit die Grenzen der richterlichen Rechtsfortbildung überschritten, da die EG-Vertragsgeber die Rechtfertigungsgründe für mitgliedstaatliche Beschränkungen bewusst abschließend und selbstbindend im EG-Vertrag aufgezählt haben.

Dem ist bereits zu entgegnen, dass diese Kompetenzbegrenzung nicht als tatsächliches Argument greifen wird. Über den Sinn und die Berechtigung, bestimmte nationale Maßnahmen von dem Beschränkungsverbotserfordernis freizustellen, herrscht allgemeine Einigkeit. Selbst die Autoren, die die Allgemeininteressen als „Schranken-Schranke" bzw. negatives Tatbestandsmerkmal begreifen, fordern nicht, dass die Allgemeininteressen durch den EuGH nicht berücksichtigt werden dürften. Machte man mit dem Argument der Kompetenzbegrenzung ernst und nähme einmal an, dass der EuGH selbst die Allgemeininteressen als Rechtfertigungsgründe begreift und hierin eine unzulässige Rechtsfortbildung läge, so wäre damit die Cassis de Dijon-Rechtsprechung und damit die Möglichkeit Allgemeininteressen berücksichtigen zu können, faktisch aufgehoben.

Daneben führte die Einordnung der Allgemeininteressen als Schranken-Schranke zu kaum begründbaren dogmatische Inkonsistenzen,[490] die sich insbesondere anhand der Systematik der Warenverkehrsfreiheit verdeutlichen lassen. Während Art. 28 EGV das grundsätzliche Verbot mengenmäßiger Einfuhrbeschränkungen und Maßnahmen gleicher Wirkung ausspricht, regelt Art. 30 EGV hiervon bestimmte Ausnahmen. Es besteht somit eine Regel-Ausnahme Systematik. Sofern auch diese Ausnahmen des Art.

---

488 BECKER, Verbot tarifärer und nichttarifärer Hemmnisse JA 1997, 65ff., 73.

489 ADRIAN (oben Fn. 477) S. 290; DAUSES–DAUSES, Handbuch des EU-Wirtschaftsrechts C.I. Rz.108f.; MEYER, Europäischer Binnenmarkt und Produktspezifisches Werberecht, GRUR Int. 1996, 697ff., 702; AHLFELD, Zwingende Erfordernisse; SCHRÖDER (oben Fn. 483) S. 92f.

490 BECKER, Verbot tarifärer und nichttarifärer Hemmnisse JA 1997, 65ff., 73; JARASS, Dogmatik der Grundfreiheiten EuR1995, 202ff., 224ff.; KILIAN, Europäisches Wirtschaftsrecht, Rz. 267; OLIVER, Some further reflections on the scope of Art.28-30 (ex 30-36) EC CMLR 1999, 783ff., 804f.; SACK, Staatliche Regelungen sogenannter „Verkaufsmodalitäten" und Art. 30 EGV, EWS 1994, 37ff., 46; ARNDT, Warenverkehrsfreiheit JUS 1994, 469ff., 470.

30 EGV, denen die Allgemeininteressen strukturell nachgebildet sind, als negatives Tatbestandsmerkmal und nicht als Rechtfertigungsgrund aufzufassen wären, wäre nicht nachvollziehbar, aus welchem Grund der Ausschluss auf Tatestandsebene des Art. 28 EGV systematisch nachgelagert in einer anderen Vorschrift, also hier Art. 30 EGV, verortet ist. Zwar ist einzuräumen, dass die Möglichkeit besteht, dass der EG-Vertrag einer eigenen Dogmatik folgt,[491] und insofern dieses Argument nur begrenzt trägt. Jedoch kommt hinzu, dass der EuGH die geschriebenen Rechtfertigungsgründe eng auslegt. Vor diesem Hintergrund wäre es widersinnig, nichtdiskriminierende Maßnahmen bereits über die Tatbestandsebene ausscheiden zu lassen,[492] da der Zweck eines weiten Schutzbereichs und einer engen Auslegung der geschriebenen Rechtfertigungsgründe gerade darin besteht, möglichst umfassend Sachverhalte erfassen zu können. Sofern Allgemeininteressen bereits im Rahmen des Schutzbereichs als negatives Tatbestandsmerkmal anzusehen wären, wäre das aus der Rechtsprechung des EuGH erkennbare und intendierte Regel-Ausnahme-Prinzip nicht gewährleistet.

Dafür, dass es sich bei dem Allgemeininteresse um einen echten Rechtfertigungsgrund handelt, spricht im Übrigen die konzeptionelle Gleichheit der geschriebenen Rechtfertigungsgründe und der Allgemeininteressen:[493] Bei beiden geht es um eine Kollision zwischen mitgliedstaatlichen und europäischen Interessen, die im Wege einer Interessenabwägung auf ihre Verhältnismäßigkeit hin überprüft werden,[494] indem sie dem Erfordernis der Geeignetheit, Erforderlichkeit und Angemessenheit entsprechen müssen.[495]

Schließlich streitet noch ein anderer Zusammenhang dafür, die Allgemeininteressen als Rechtfertigungsgrund aufzufassen. Es handelt sich weniger um ein griffiges Argument, sondern um einen diffusen Konnex, der sich als Harmonisierungsimpuls bezeichnen lässt. Dadurch, dass ein mitgliedstaatliches Interesse nicht als negatives Tatbestandsmerkmal, sondern als Rechtfertigungsgrund qualifiziert wird, wird gleichzeitig ein Handlungsbedarf der Gemeinschaft zur Harmonisierung des jeweiligen Bereichs aufgedeckt und signalisiert. Der EuGH schafft insofern ein

[491] ADRIAN (oben Fn. 477) S. 290 setzt dies voraus. Wie er zu dieser Einschätzung gelangt, legt er nicht dar.

[492] Wie hier MOJZESOWICZ, Möglichkeiten und Grenzen einer einheitlichen Dogmatik, S. 182; KINGREEN, Struktur der Grundfreiheiten, S. 114.

[493] SCHRÖDER (oben Fn. 483) S. 94.

[494] SCHRÖDER (vorangehende Fn.).

[495] Oben Fn. 469.

Regelungsklima und kann damit Harmonisierungsmaßnahmen begünstigen. Er kann durch die Qualifikation eines Interesses als Allgemeininteresse einen gewissen Handlungsdruck auf die Gemeinschaft ausüben.[496] So ist nach dem Urteil „Kommission der Europäischen Gemeinschaften ./. Französische Republik“[497], bei dem es um die Behinderung von bestimmten Warenimporten ging, die Verordnung (EG) Nr. 2679/98 v. 7.12.1998[498] über das Funktionieren des Binnenmarktes im Zusammenhang mit dem freien Warenverkehr zwischen den Mitgliedstaaten ergangen, die diese Art von Behinderungen zum Gegenstand hatte. Ebenfalls erfolgte nach dem Urteil „Strafverfahren ./. Matteo Peralta“[499], das die innerstaatlichen Vorschriften zum Schutz von Meeresverschmutzung durch Schiffe zum Gegenstand hatte, der Vorschlag der Kommission für eine Richtlinie über strafrechtliche Sanktionen für die Meeresverschmutzung durch Schiffe v. 5.3.2003[500].

Gegen diese Einschätzung des Einflusses des EuGH auf das Harmonisierungsmilieu werden die Autoren, die die Kompetenzbegrenzung des EuGH für die Qualifikation der Allgemeininteressen als negatives Tatbestandsmerkmal anführen, erwidern, dass dieser Handlungsdruck keine primäre Intention des EuGH sein kann und dieser nicht über eine entsprechende Kompetenz verfügt. Dennoch ist der Zusammenhang, wie gezeigt, erkennbar vorhanden.

Unabhängig davon wird nur dadurch, dass die Allgemeininteressen als Rechtfertigungsgrund aufgefasst werden, unterstrichen, dass es sich um eine ausnahmsweise und vorübergehende Berücksichtigung von mitgliedstaatlichen Interessen handelt. In diesem Sinne ist es zu werten, wenn der EuGH sich Formulierungen wie: „... Nach dem Urteil Cassis de Dijon stellen Hemmnisse für den freien Warenverkehr, die sich *in Ermangelung einer Harmonisierung der Rechtsvorschriften* [Herv. d. Verf.] daraus ergeben...“ bedient.[501] Bei einer Berücksichtigung als negatives Tatbestandsmerkmal erhielten die Allgemeininteressen unangemessen hohes Gewicht, da mitgliedstaatliche Regelungen und Maßnahmen bereits auf Schutzbereichsebene aus der Liberalisierungsforderung des EG-Vertrages fielen.

---

[496] MAYER, Warenverkehrsfreiheit im Europarecht EuR 2003, S. 793ff., 810.

[497] EuGH, Urt. v. 9.12.1997 – Rs. C-265/95 – KOMMISSION DER EUROPÄISCHEN GEMEINSCHAFTEN ./. FRANZÖSISCHE REPUBLIK, Slg. 1997, S. 6959ff.

[498] ABl. L 337/8.

[499] EuGH, Urt. v. 14.7.1994 – Rs. C-379/92 – STRAFVERFAHREN ./. MATTEO PERALTA, Slg. 1994, I-3453.

[500] KOM (2003) 92 endgültig.

[501] EuGH, KECK UND MITHOUARD (oben Fn. 332) Rz. 15.

Vor dem Hintergrund dieser Erwägungen sind die Allgemeininteressen ihrem Wesen nach als echte Rechtfertigungsgründe und nicht als immanente Schranke zu begreifen.[502]

§ 3 Konturierung des Allgemeininteresses

I. Überblick

Unabhängig von den vorgenannten dogmatischen Einordnungsschwierigkeiten besteht das rechtspraktische Hauptproblem darin, die rechtfertigenden Allgemeininteressen zu konturieren und einer klaren Handhabung zuzuführen. Dies beruht im Wesentlichen darauf, dass die Interessen, die als Allgemeininteresse rechtfertigungsfähig anzuerkennen sind, nicht katalogisiert und abschließend festgelegt sind.[503] Klarstellende Grundaussagen des EuGH fehlen weitgehend. Zwar betont der EuGH, dass als Allgemeininteressen anzuerkennende mitgliedstaatliche Interessen verhältnismäßig sein müssen. Welche Interessen aber überhaupt in das Einzugsgebiet kommen und welche Maßstäbe hierbei anzulegen sind, wurde jedoch bislang nicht eindeutig klargestellt. Dementsprechend halten manche Autoren die Vorgaben des EuGH auch für wenig ergiebig.[504] Teilweise wird sogar grundsätzlich bezweifelt, dass das induktive Vorgehen des EuGH überhaupt allgemeinen Kriterien zugeführt werden kann.[505] Dem ist aber insoweit entgegenzutreten, wie man die Schaffung von (weiterem) Richterrecht, das im Einzelnen von einer Vielzahl von ineinander greifenden Faktoren abhängt und insofern nicht sicher kalkulierbar ist, ausblendet. Eine Konturierung der Allgemeininteressen muss möglich sein, da sie der EuGH nur im Rahmen des EG-Vertrages entwickeln konnte. Da die Beschränkungsverbote die Liberalisierung von Mobiliarhypotheken bei Grenzüberschreitung nach Deutschland erfordern, Art. 43 EGBGB dem jedoch im Wege steht, kommt es entscheidend darauf

---

[502] Im Ergebnis wie hier teilweise ohne, teilweise mit unterschiedlichen Begründungen BECKER (oben Fn. 467), JARASS (oben Fn. 482), SCHRÖDER (oben Fn. 483), SCHÖN (oben Fn. 484).

[503] Dies geht aus dem Cassis de Dijon-Urteil eindeutig hervor, wenn der EuGH die Formulierung „insbesondere" verwendet (hier hatte er „insbesondere" die wirksame steuerliche Kontrolle, den Schutz der öffentlichen Gesundheit, die Lauterkeit des Handelsverkehrs und des Verbraucherschutzes genannt), wodurch er sich weiteren Allgemeininteressen gegenüber nicht verschließt; siehe auch DAUSES–DAUSES, Handbuch des EU-Wirtschaftsrechts, C.I. Rz. 110.

[504] DAUSES–HÜBNER E.IV. Rz. 99.

[505] v. WILMOWSKY (oben Fn. 341) S. 12. Eine Systematisierung nehmen AHLFELD, Zwingende Erfordernisse S. 269 und SCHRÖDER (oben Fn. 483) S. 129f. vor.

an, welche Interessen für eine Abschottung des deutschen Marktes überhaupt als rechtfertigende Allgemeininteressen in Frage kommen.

II. Bezugspunkt der Allgemeininteressen

Bei einer Auswertung der bisher in Urteilen angesprochenen Allgemeininteressen ergibt sich prima facie keine Einheitlichkeit.[506] Als Allgemeininteressen wurden vom EuGH bislang insbesondere anerkannt: Schutz der Umwelt,[507] Gesundheitsschutz,[508] die Förderung des Filmschaffens,[509] Kostendämpfung im Gesundheitswesen[510]; u. U. Aufwertung künstlerischer und archäologischer Reichtümer eines Landes, [511] Lauterkeit des Handelsverkehrs,[512] ggf. Berufsregelungen, die die Ehrenhaftigkeit und Unabhängigkeit der Wirtschaftsprüfer betreffen,[513] Ertragsinteressen der Landwirtschaft, [514] der Gläubigerschutz, [515] das staatliche Münzrecht, [516] Lotterien, die in erheblichem Masse zur Finanzierung uneigennütziger Tätigkeiten wie sozialer oder karitativer Werke, des Sports oder der Kultur beitragen können,[517] die Kohärenz des

[506] Übersicht sowie umfangreiche Fundstellennachweise bei SCHRÖDER (oben Fn. 483) S. 124ff.

[507] EuGH, Urt. v. 7.2.985 – Rs. 240/83 – PROCUREUR DE LA REPUBLIQUE ./. ASSOCIATION DE DÉFENSE DES BRÛLEURS D´HUILES USAGÉES (ADBHU), Slg. 1985, 531, 549 und EuGH, Urt. v. 20.9.1988 – Rs. 302/86 – KOMMISSION DER EUROPÄISCHEN GEMEINSCHAFTEN ./. KÖNIGREICH DÄNEMARK – Slg. 1988, 4607, 4630 Rz. 8.

[508] EuGH, Urt. v. 8.3.2001 – Rs. C-405/98 – KONSUMENTENOMBUDSMANNEN ./. GOURMET INTERNATIONAL PRODUCTS AB, Slg. 2001, S. 1795ff., 1829 Rz. 40.

[509] EuGH, Urt. v. 11.7.1985 – verb. Rs. 60/84 und 61/84 – CINETHEQUE SA UND ANDERE ./. FEDERATION NATIONALE DES CINEMAS FRANÇAIS, Slg. 1985, S. 2626 Rz. 24.

[510] EuGH, Urt. v. 7.2.1984 – Rs. 238/82 – DUPHAR BV UND ANDERE ./. NIEDERLÄNDISCHER STAAT –Slg. 1984, 523, 541 Rz. 17.

[511] EuGH, Urt. v. 26.2. 1991 – Rs. C-198/89 – KOMMISSION DER EUROPÄISCHEN GEMEINSCHAFTEN ./. GRIECHISCHE REPUBLIK, Slg. 1991, S. 727ff., 741Rz. 21.

[512] EuGH, Urt. v. 20.2.1979 – Rs. 120/78 – REWE-ZENTRAL-AG ./. BUNDESMONOPOLVERWALTUNG FÜR BRANNTWEIN, Slg. 1979, 649.

[513] EuGH, Urt. v. 20.5.1992 – Rs. C-106/91 – CLAUS RAMRATH ./. MINISTRE DE LA JUSTICE, Slg. 1992, S. 3351ff., 3384-3386, Rz. 31-37.

[514] EuGH, Urt. v. 29.2.1984 – Rs. 37/83 – REWE-ZENTRAL AG ./. DIREKTOR DER LANDWIRTSCHAFTSKAMMER RHEINLAND, Slg. 1984, 1229, 1247 Rz. 14.

[515] EuGH, Urt. v. 12.12.1996 – Rs. C-3/95 – REISEBÜRO BROEDE ./. GERD SANDKER, Slg. 1996, S. I-6511ff., 6539 Rz. 36.

[516] EuGH, Urt. v. 23.11.1978 – Rs. 7/78 – ERNEST GEORGE THOMPSON, BRIAN ALBERT JOHNSON UND COLIN ALEX NORMANN WOODIWISS – Slg. 1978, 2247, 2275f. Rz. 32/34.

[517] EuGH, Urt. v. 24.3.1994 – Rs. C-275/92 – HER MAJESTY´S CUSTOMS AND EXCISE ./. GERHART SCHINDLER UND JÖRG SCHINDLER, Slg. 1994, S. 1039ff., 1096f. Rz. 60-62.

nationalen Steuersystems,[518] der Verbraucherschutz,[519] Vertrauensschutz,[520] und, eventuell neuerdings aus einem jüngeren Urteil[521] folgend „Schutz der Grundrechte"[522].

Als Gemeinsamkeit dieser bisher vom EuGH als Allgemeininteresse gewerteten Interessen lässt sich bei einer Systematisierung feststellen, dass dies stets solche waren, die den Interessen der Allgemeinheit zu Gute kamen oder aber bei denen die Allgemeinheit das jeweilige Interesse für schutzwürdig begreift.[523] Es handelte sich demnach um übergeordnete Interessen, die für den Schutz hochrangiger Güter oder deren „Ausflüsse" wichtig sind. Der ausschlaggebende Bezugspunkt bei den Allgemeininteressen sind hierbei nicht nur das EG-Gemeinwohl, für das ein hohes Schutzniveau angestrebt wird, sondern, aufgrund der föderalen Struktur der Gemeinschaft,[524] auch das innermitgliedstaatliche Allgemeinwohl, das so lange respektabel ist, bis eine Harmonisierung erfolgt ist.[525] Es kann nicht nur darauf ankommen, dass die als legitim zu akzeptierenden nationalen Interessen unmittelbar oder mittelbar im Interesse der europäischen Gemeinschaft liegen,[526] sondern, da sie gerade den mitgliedstaatlichen Regelungsbereich vorläufig schützen, müssen es solche sein, die, wenn sie ohne Harmonisierung keine Berücksichtigung finden, für den insoweit souverän zu betrachtenden Mitgliedstaat unentbehrlich sind. Gerade aus der verbleibenden Souveränität der Mitgliedstaaten folgt, entgegen *Steindorff*,[527]

---

[518] EuGH, Urt. v. 17.9.1991 – Rs. C-204/90 – HANNS-MARTIN BACHMANN ./. BELGISCHER STAAT – Slg. 1992, 249, 285 Rz. 33.

[519] EuGH, Urt. v. 26.2.1991 – Rs. C-180/89 – KOMMISSION DER EUROPÄISCHEN GEMEINSCHAFTEN ./. ITALIENISCHE REPUBLIK, Slg. 1991, 709, 723 Rz. 20; EuGH, Urt. v. 16.5.1989 – Rs.382/87 – R. BUET UND SARL EDUCATIONAL BUSINESS SERVICES (EBS) ./. MINISTÈRE PUBLIC – Slg. 1989, 1235, 1251 Rz. 10; EuGH, Urt. v. 26.6.1980 – Rs. 788/79 – STRAFVERFAHREN GEGEN HERBERT GILLI UND PAUL ANDRES – Slg. 1980, S. 2071, 2078 Rz.6; EuGH, ALPINE INVESTMENTS BV ./. MINISTER VAN FINANCIËN (oben Fn. 352) Rz. 69f.

[520] EuGH, ALPINE INVESTMENTS BV ./. MINISTER VAN FINANCIËN (oben Fn. 352) Rz. 44; hierzu sogleich im Haupttext.

[521] EuGH, Urt. v. 12.6.2003 – Rs. C-112/00 – SCHMIDBERGER, EuZW 2003, 592.

[522] MAYER, Warenverkehrsfreiheit im Europarecht EuR 5/2003, S. 799.

[523] SCHRÖDER (oben Fn. 483) S. 131.

[524] Hierzu oben Teil II § 1 V.2. „Gegenargument: Grundstruktur der Gemeinschaft " S.87.

[525] Dies folgt daraus, dass gerechtfertigte Maßnahmen, wie es der EuGH formuliert : „....*in Ermangelung einer Harmonisierung der Rechtsvorschriften* [Herv. d. d. Verf.] ...." gerechtfertigt sein können, EuGH, KECK UND MITHOUARD (oben Fn. 332) Rz. 15.

[526] Ähnlich GROEBEN/THIESING/EHLERMANN–MÜLLER-GRAFF Art. 30 Rz. 206.

[527] STEINDORFF, Unlauterer Wettbewerb im System des EG-Rechts, WRP 1993, 142.

dass hierbei auch Zwecke Berücksichtigung finden können, die nicht ausdrücklich Gegenstand einer Gemeinschaftspolitik sind.

Die Frage nach Interessen, die als rechtfertigende Allgemeininteressen zu respektieren sind, ist dahin zu konkretisieren, welches Schutzniveau ein Mitgliedstaat bis zu einer Harmonisierung aufgeben kann, ohne dass hieraus schwerwiegende Nachteile resultieren würden. Auszuschließen sind hierbei nach der Rechtsprechung des EuGH wirtschaftliche Zwecke, da die Öffnung der Märkte wirtschaftliche Auswirkungen bezweckt, die nicht durch generelle Schutzklauseln beschnitten werden können sollen.[528]

Zwei Dinge können als gesicherte Erkenntnis gelten: Erstens, bei der Figur der rechtfertigenden Allgemeininteressen handelt es sich um eine Generalklausel,[529] die – wie bei Generalklauseln üblich – zwar keiner unmittelbaren Subsumtion zugänglich ist, deren Rahmen aber festgestellt werden können muss.[530] Zweitens, rechtfertigende Allgemeininteressen sind solche, aufgrund derer ein Staat legitimerweise in die europarechtlichen Grundfreiheiten eingreifen darf.

Entgegen der Einschätzung, dass die Rechtsprechung des EuGH keinen klaren Kriterien zugeführt werden kann, lässt sich eine Grundkonzeption zu den Allgemeininteressen entwerfen (III.), die sich anhand der bereits ergangenen Rechtsprechung verifizieren lässt (IV.) und damit eine Einengung des Argumentationsumfeldes für den Einzelfall und eine Selektion der als Allgemeininteressen in Betracht kommenden Interessen für die vorliegende Arbeit zulässt (V.).

III. Grundkonzeption

Ein objektivierender Maßstab lässt sich aus den für den EuGH innerhalb der Rechtsprechung zu den Allgemeininteressen erheblichen Entscheidungskriterien

---

[528] EuGH, Urt. v. 9.6.1982 – Rs. 95/81 – KOMMISSION DER EUROPÄISCHEN GEMEINSCHAFTEN ./. ITALIENISCHE REPUBLIK – Slg. 1982, 2187, 2204 Rz. 27; EuGH, Urt. v. 10.7.1984 – Rs. 72/83 – CAMPUS OIL LIMITED UND ANDERE ./. MINISTER FÜR INDUSTRIE UND ENERGIE UND ANDERE, Slg. 1984, 2727, 2752 Rz. 35; EuGH, Urt. v. 7.2.1984 – Rs. 238/82 – DUPHAR BV UND ANDERE ./. NIEDERLÄNDISCHER STAAT, Slg. 1984, 523, 542; EuGH, Urt. v. 13.5.2003 – Rs. C-463/00 – KOMMISSION DER EUROPÄISCHEN GEMEINSCHAFTEN ./. KÖNIGREICH SPANIEN, Slg. 2003, 4581ff., 4624 Rz. 35.

[529] Der Generalklauselcharakter folgt direkt aus dem Cassis-Urteil, da der EuGH hierin klargestellt hat, dass die Allgemeininteressen kein abgeschlossener Katalog sind.

[530] Siehe zur Generalklausel des § 138 BGB etwa SOERGEL–HEFERMEHL § 138 Rz. 2.

bilden: Zunächst ist dies die Konzeption der Gemeinschaft an sich,[531] also dem Bestreben eines möglichst harmonischen Miteinander innerhalb eines föderalen Systems. Da die europäische Gemeinschaftsstruktur durch den EG-Vertrag festgelegt wird, [532] fließen darüber hinaus bei der Qualifikation als Allgemeininteresse konkretisierend die Wertentscheidungen des EG-Vertrages, sowie des auf dessen Grundlage erlassenen sekundären Gemeinschaftsrechts mit ein.[533] Daneben kommen auch Gemeinschaftsgrundrechte,[534] vorhandenes Richterrecht[535] sowie durch den EuGH bislang geäußerte allgemeine Rechtsüberzeugungen zum Tragen.[536]

Legt man dieses Konzept zugrunde, ist die Rechtsprechung des EuGH zu den Allgemeininteressen transparent und konsistent:

---

[531] Wie etwa in EuGH, Urt. v. 14.7.1981 – Rs. 155/80 – BUßGELDVERFAHREN ./. SERGIUS OEBEL, Slg. 1981, 1993, 2008 Rz. 12; EuGH Urt. v. 11.7.1985 – verb. Rs. 60/84 und 61/84 – CINÉTHÈQUE SA UND ANDERE ./. FÉDÉRATION NATIONALE DES CINÉMAS FRANÇAIS – Slg. 1985, S. 2605ff.; hierzu sogleich im Haupttext.

[532] Siehe dazu auch oben Teil II § 1 V.2. „Gegenargument: Grundstruktur der Gemeinschaft " S. 87.

[533] Auch wenn Sekundärrecht Primärrecht nicht definieren kann, so ist es dennoch legitim dies zur Auslegung des Primärrechts mit heranzuziehen.

[534] Zwar binden die Gemeinschaftsgrundrechte vornehmlich die Gemeinschaftsorgane, jedoch sind die Gemeinschaftsgrundrechte nach neuerer Rechtsprechung dann maßgeblich, wenn die in Frage stehende mitgliedstaatliche Regelung in den Anwendungsbereich des EGV fällt und eine Einschränkung der Grundfreiheiten enthält. Dann wird die mitgliedstaatliche Regelung auch an den Gemeinschaftsgrundrechten gemessen. EuGH, Urt. v. 18.6.1991 – Rs. C-260/89 – ELLINIKI RADIOPHONIA TILEORASSI AE ./. DIMOTIKI ETAIRIA PLIROFORISIS UND SOTIRIONS KOUVELAS, Slg. 1991, I-2925ff.; EuGH, Urt. v. 26.6.1997 – Rs C-368/95 – VEREINTE FAMILIAPRESS ZEITUNGSVERLAGS- UND VERTRIEBS GMBH ./. HEINRICH BAUER VERLAG, Slg. 1997, S. 3689ff., 3709ff.

[535] EuGH, Urt. v. 20.9.1988 – Rs. 302/86 – KOMMISSION DER EUROPÄISCHEN GEMEINSCHAFTEN ./. KÖNIGREICH DÄNEMARK, Slg. 1988, S. 4607ff., 4630 Rz. 8 iVm. EuGH, Urt. v. 7.2.1985 – Rs. 240/83 – PROCUREUR DE LA REPUBLIQUE ./. ASSOCIATION DE DEFENSE DES BRULEURS D´HUILES USAGEES (ADBHU), Slg. 1985, S. 531ff., 549; hierzu sogleich im Haupttext.

[536] Dies schließt in einem gewissen Maße auch das richterliche Rechtsgefühl mit ein, das seine Legitimation aus der Begründung bezieht; siehe auch EuGH, Urt. v. 20.9.1988 – Rs. 302/86 – KOMMISSION DER EUROPÄISCHEN GEMEINSCHAFTEN ./. KÖNIGREICH DÄNEMARK, Slg. 1988, 4607, 4630 Rz. 8 iVm. EuGH, Urt. v. 7.2.1985 – Rs. 240/83 – PROCUREUR DE LA REPUBLIQUE ./. ASSOCIATION DE DEFENSE DES BRULEURS D´HUILES USAGEES (ADBHU), Slg. 1985, 531, 549 ; hierzu sogleich im Haupttext.

IV. Verifizierung der Kriterien

1. Keine wirtschaftlichen Interessen trotz »Alpine Investments B.V. ./. Minister van Financiën«

Ein kursorischer Überblick über die vom EuGH als Allgemeininteressen qualifizierten mitgliedstaatlichen Interessen erweckt den Anschein, dass der EuGH entgegen seiner Grundaussage, dass nur nichtwirtschaftliche Regelungszwecke Eingriffe in den grenzüberschreitenden Verkehr rechtfertigen können,[537] doch wirtschaftliche Zwecke berücksichtigt. Insbesondere in dem Urteil »Alpine Investments B.V.«[538], indem der EuGH den guten Ruf des nationalen Finanzsektors als rechtfertigendes Allgemeininteresse anerkannte, ließe sich ein Bruch zu seiner Grundaussage sehen.

Verantwortlich für dieses Missverständnis ist, dass eine klare Abgrenzung zwischen wirtschaftlichen und nichtwirtschaftlichen Interessen oft nur schwer möglich ist, da nichtwirtschaftliche Regelungszwecke durchaus einen wirtschaftlich relevanten Niederschlag haben können.[539] Eine genaue Analyse der Rechtsprechung zeigt, dass es dem EuGH auch im Urteil »Alpine Investments B.V.«[540] nicht primär um Wirtschaftsinteressen ging, sondern um „Vertrauen" des Rechtsverkehrs und den Verbraucherschutz als schützenswertes Gut. Dies geht aus dem Zusammenhang des Urteils hervor. In dem zugrunde liegenden Sachverhalt ging es um ein sog. cold calling, eine spezielle Form der telefonischen Kundenaquisition im Finanzdienstleistungsgewerbe. Der EuGH führte in seiner Urteilsbegründung aus:

„42. Zunächst ist darauf hinzuweisen, daß die Finanzmärkte eine bedeutende Rolle bei der Kapitalbeschaffung für die Wirtschaftsteilnehmer spielen und daß ihr ordnungsgemässes Funktionieren angesichts der spekulativen Natur und der Komplexität der Warenterminverträge weitgehend von dem *Vertrauen* abhängt, das sie bei den Kapitalanlegern genießen. Dieses *Vertrauen* hängt insbesondere davon ab, daß Berufsregelungen bestehen, die die *Sachkunde* und *Zuverlässigkeit* der Finanzvermittler, auf die die Kapitalanleger in besonderem Maß angewiesen sind, gewährleisten sollen.

43. Sodann trifft es zwar zu, *daß der Schutz der Verbraucher im Gebiet der anderen Mitgliedstaaten an sich nicht den niederländischen Behörden obliegt*; doch ändert

---

[537] Nachweise oben Fn. 528.

[538] EuGH, ALPINE INVESTMENTS BV ./. MINISTER VAN FINANCIËN (oben Fn. 352).

[539] So ziehen Umweltschutzbestimmungen etwa Anschaffungs- und Investitionskosten nach sich.

[540] EuGH, ALPINE INVESTMENTS BV ./. MINISTER VAN FINANCIËN (oben Fn. 352).

dies nichts daran, daß sich Art und Umfang des Verbraucherschutzes unmittelbar auf den guten Ruf der niederländischen Finanzdienstleistungen ***auswirken***.

44. Die Aufrechterhaltung des guten Rufes des nationalen Finanzsektors kann daher einen zwingenden Grund des Allgemeininteresses darstellen, der Beschränkungen des freien Verkehrs von Finanzdienstleistungen rechtfertigt."[541]

Im Mittelpunkt standen demnach nicht wirtschaftliche, sondern nichtwirtschaftliche Zwecke, die der EuGH als Allgemeininteressen anerkannte. Er selbst weist sogar auf den nicht zu vermeidenden Konnex zwischen wirtschaftlichen und nichtwirtschaftlichen Interessen hin. Ebenso wie auch im Übrigen hat der Verbraucherschutz, den der EuGH als Allgemeininteresse auch in anderen Bereichen anerkennt, hier einen wirtschaftlichen Niederschlag. Damit blieb er seiner Linie treu, überhaupt nur primär nicht-wirtschaftliche Zwecke als Allgemeininteresse einzuordnen, was er später auch in mehreren Urteilen bestätigte, wie erst jüngst in zwei Urteilen.[542]

2. Vertragsziele

Im Einklang mit der oben entworfenen Konzeption steht, wenn der EuGH etwa im »Bußgeldverfahren gegen Sergius Oebel«[543] äußert, dass es sich bei der betreffenden Maßnahme um eine „berechtigte ... sozialpolitische Entscheidung handelt", „ ...die den im allgemeinen Interesse liegenden ***Zielen*** [Herv. d. Verf.] des Vertrages entspricht ..."[544].

3. Richterrecht und bereits ergangene Entscheidungen

Auch steht vor dem Hintergrund der obigen Konzeption nicht im Widerspruch dazu die Bezugnahme des EuGH auf andere Faktoren, also insbesondere entwickeltes Richterrecht. [545] Wenn er etwa im Urteil »Kommission der Gemeinschaf-

---

[541] EuGH, ALPINE INVESTMENTS BV ./. MINISTER VAN FINANCIËN (oben Fn. 352) Rz. 42-44; Hervorhebungen im Text d. d. Verf.

[542] Siehe aus jüngster Zeit EuGH, Urt. v. 13.5.2003 – Rs. C-463/00 – KOMMISSION DER EUROPÄISCHEN GEMEINSCHAFTEN ./. KÖNIGREICH SPANIEN, Slg. 2003, S. 4581ff., Rz. 35ff., 70ff.; EuGH, Urt. v. 13.5.2003 – Rs. C-385/99 – V.G. MÜLLER-FAURÈ ./. ONDERLINGE WAARBORGMAATSCHAPPIJ OZ ZORGVERZEKERINGEN UA UND E.E.M. VAN RIET ./. ONDERLINGE WAARBORGMAATSCHAPPIJ ZAO ZORGVERZEKERINGEN, Slg. 2003 S. 4509ff., 4566 Rz. 72

[543] EuGH, Urt. v. 14.7.1981 – Rs. 155/80 – BUßGELDVERFAHREN ./. SERGIUS OEBEL, Slg. 1981, 1993, 2008 Rz. 12.

[544] Wie vorangehende Fn.

[545] A.A. KIENINGER (oben Fn. 261) S. 164.

ten ./. Königreich Dänemark«[546] Bezug auf eine frühere Entscheidung nimmt, in der er bereits den Umweltschutz als wesentliches Ziel der Gemeinschaft identifiziert und anerkannt hat,[547] so fußt diese Begründung zumindest auch auf vorhandenem Richterrecht.

V. Konkretisierung

Aus der Grundkonzeption lässt sich das Argumentationsumfeld, welche Interessen in dem Bereich der hier in Rede stehenden Hypotheken überhaupt als rechtfertigende Allgemeininteressen in Betracht kommen, stark einengen.

Richterrecht, in dem bestimmte Interessen für den in der vorliegenden Arbeit behandelten Bereich der grenzüberschreitenden dinglichen Sicherheiten als Allgemeininteressen qualifiziert wurden, besteht nicht. Auch das Urteil »H. Krantz GmbH & Co. ./. Ontvanger der Directe Belastingen und Staat der Nederlanden«[548] lässt für die Frage, ob und welche nationalen Interessen eine weitere Anwendung der lex rei sitae-Regelung und der daraus resultierenden Diskontinuität von ausländischen Mobiliar- und Unternehmenshypotheken nach Grenzüberschreitung nach Deutschland rechtfertigen können, keine verwertbaren Rückschlüsse zu. Dort wird zwar eine Vorschrift geprüft und als nicht gegen Art. 28 EGV verstoßend angesehen, nach der eine Verpfändung einer unter Eigentumsvorbehalt gelieferten Maschine vorgenommen wurde, jedoch bestanden in diesem Fall einige Be-sonderheiten, sodass diese Entscheidung nicht als repräsentativ angesehen werden kann. Dem Fall lag zugrunde, dass die Klägerin unter Eigentumsvorbehalt eine Maschine von Deutschland in die Niederlande geliefert hatte, die dort von der Käuferin in ihrer Fabrik installiert wurde. Über die Firma der Käuferin wurde Konkurs eröffnet, wobei die Käuferin zu diesem Zeitpunkt der Verkäuferin noch ca. 55.000 DM schuldete. Um eine Steuerschuld beizutreiben pfändete die Beklagte aufgrund des niederländischen Einziehungsgesetzes die Maschine.[549] Die Klägerin wehrte sich gegen die Verpfän-

[546] EuGH, Urt. v. 20.9.1988 – Rs. 302/86 – Kommission der Europäischen Gemeinschaften ./. Königreich Dänemark, Slg. 1988, 4607, 4630 Rz. 8.

[547] EuGH, Urt. v. 7.2.1985 – Rs. 240/83 – Procureur de la Republique ./. Association de defense des bruleurs d´huiles usagees (ADBHU), Slg. 1985, 531, 549.

[548] EuGH, Urt. v. 7.3.1990 – Rs. C-69/88 – H. Krantz GmbH & Co. ./. Ontvanger der Directe Belastingen und Staat der Nederlanden, Slg. 1990, 583ff.

[549] Das niederländische Einziehungsgesetz lässt die Pfändung auch unter Eigentumsvorbehalt gelieferter, beweglicher Sachen zu, wenn es sich. Die Vorschrift gilt jedoch nicht für Lagerbestände an Rohstoffen, Hilfsmaterialien oder Fertigerzeugnissen und ist insoweit beschränkt.

dung und trug vor, dass die besagte niederländische Vorschrift gegen Sinn und Zweck des Art. 28 EGV verstoße, da hierdurch der freie Waren-, Dienstleistungs- und Kapitalverkehr innerhalb der Gemeinschaft behindert werde. Wenn die Befugnisse des niederländischen Fiskus in den anderen Mitgliedstaaten bekannt wären, würden die Verkäufe in die Niederlande stark zurückgehen.

Der EuGH urteilte, dass die Vorschrift nicht gegen Art. 28 EGV verstößt. Allerdings lässt sich hierin keine grundlegende Entscheidung darüber sehen, ob generell in Vorschriften, die den Bestand von Mobiliarsicherheiten gefährden, eine Handelsbehinderung zu sehen ist oder nicht.[550] Insbesondere kamen Allgemeininteressen in diesem Urteil überhaupt nicht zum Tragen. Vielmehr argumentierte der EuGH aus einer anderen Richtung: Die Gefahr, dass Bürger anderer Mitgliedstaaten zögern würden, an Käufer in dem betreffenden Mitgliedstaat auf Raten zu verkaufen, weil die Gefahr bestünde, dass diese Sachen vom Steuereinnehmer unter Umständen gepfändet würden, sei so ungewiss und von nur mittelbarer Bedeutung, dass diese nationale Bestimmung bereits von vornherein nicht dazu geeignet sei, den Handel zwischen den Mitgliedstaaten zu verhindern.[551]

Da der EuGH sich bislang im Übrigen auch nicht mit der Diskontinuität von dinglichen Sicherungsrechten und eventuell dafür streitenden Allgemeininteressen auseinandersetzen musste, kann bislang bei der Frage, welche Interessen in diesem Bereich überhaupt als rechtfertigende Allgemeininteressen in Betracht kommen, nur auf die anderen Faktoren, also EG-strukturelle Erwägungen und insbesondere das primäre und sekundäre Gemeinschaftsrecht, als entscheidendes Qualifikationsmerkmal zurückgegriffen werden.[552]

Der europäische Binnenmarkt ist auf einen freien gemeinsamen Markt und Wettbewerb ausgerichtet und verpflichtet konzeptionell zu der Gewährleistung der freien Zirkulation der primären Wirtschaftsfaktoren Waren, Dienstleistungen und Kapital.[553] Bereits hieraus folgt, dass grundsätzlich nur solche Interessen rechtfertigende Allgemeininteressen sein können, die, wenn sie nicht anerkannt würden, tief

---

[550] KIENINGER (oben Fn. 261) S. 157.

[551] EuGH, Urt. v. 7.3.1990 – Rs. C-69/88 – H. KRANTZ GMBH & CO. ./. ONTVANGER DER DIRECTE BELASTINGEN UND STAAT DER NEDERLANDEN, Slg. 1990, 583ff, 597 Rz. 11.

[552] Oben Teil II § 1 . „EG-Vertrag und Grundfreiheiten" S. 71ff. und Teil II § 1 V.2. „Gegenargument: Grundstruktur der Gemeinschaft" S. 87ff.

[553] Oben Teil II § 1 . „EG-Vertrag und Grundfreiheiten" S. 71ff.; BASEDOW, Von der deutschen zur europäischen Wirtschaftsverfassung S. 26 ff., GROEBEN/THIESING/EHLERMANN–ZULEEG Art. 2 Rz. 9 ff.; PAJUNK (oben Fn. 53) S. 34.

in die nationalen Rechtsordnungsstrukturen eingreifen würden, also den Bestand des im Rahmen und nach den Maßgaben der europäischen Konzeption insoweit zur Souveränität des Staates gehörenden Bereichs nachhaltig verändern würden.[554] Für den Wirtschaftssektor ist dies im primären Gemeinschaftsrecht insbesondere durch die Grundfreiheiten konkretisiert,[555] sodass wirtschaftliche Aspekte grundsätzlich nicht von vornherein als solche Bereiche anzusehen sind, die die Identifikation und das Funktionieren eines Staates ausmachen und dadurch rechtfertigen könnten.[556] Demgemäß sind bereits aufgrund des primären Gemeinschaftsrechts bei einer etwaigen Qualifikation von wirtschaftlichen Interessen als Allgemeininteressen, die eine Ausnahme von den Anforderungen des EG-Rechts erlauben, sehr hohe Anforderungen zu stellen, wodurch der Kreis der allgemeininteressenfähigen Gründe zunächst erheblich eingeengt wird. Zu berücksichtigen ist allerdings aufgrund der partiellen Überschneidung wirtschaftlicher und nicht-wirtschaftlicher Interessen, dass nicht primär andere Faktoren als schützenswert anzuerkennen sind und dieser Schutz auch auf wirtschaftliche Bereiche ausstrahlt.[557]

Unter Hinzunahme des sekundären Gemeinschaftsrechts können weitere Eingrenzungen vorgenommen werden. Zwar kann Sekundärrecht Primärrecht aufgrund der Vorrangigkeit des Primärrechts nicht definieren. Jedoch lassen sich aus dem Sekundärrecht Wertungen für die Konkretisierung der Grundfreiheiten entnehmen.[558] Wichtig ist in diesem Zusammenhang insbesondere die Kapitalverkehrsrichtlinie 88/361/EG[559]. Der Anhang I der Richtlinie enthält eine Nomenklatur für den Kapitalverkehr, der gemäß Art. 1 der Richtlinie grundsätzlich beschränkungsfrei sein soll. Unter anderem werden dort genannt: Kreditgeschäfte im Zusammenhang mit Handelsgeschäften und Dienstleistungen, Darlehen und Finanzkredite, Kreditsicherheiten (Bürgschaften, andere Garantien und Pfandrechte), Transferzahlungen auf Versicherungsverträge, Kapitalverkehrsgeschäfte mit persönlichem Charakter, Ein- und

---

[554] Zur verbleibenden Souveränität der Mitgliedstaaten oben Teil II § 1 V.2. „Gegenargument: Grundstruktur der Gemeinschaft" S. 87ff.

[555] Teil II § 1. „EG-Vertrag und Grundfreiheiten" S. 71ff.

[556] Oben Teil III § 3 IV.1. „Keine wirtschaftlichen Interessen trotz »Alpine Investments B.V. ./. Minister van Financiën«" S. 141f.

[557] Teil III § 3 IV.1. „Keine wirtschaftlichen Interessen trotz »Alpine Investments B.V. ./. Minister van Financiën«" S. 141f.

[558] EuGH, Urt. v. 16.3.1999 – Rs. 222/97 – GRUNDBUCHSSACHE MANFRED TRUMMER UND PETER MAYER, Slg. 1999, I-1661, Rz. 21; CALLIESS/RUFFERT–BRÖHMER Art. 56 Rz. 12.

[559] 4. RL des Rates zur Liberalisierung des Kapitalverkehrs, Nr. 88/361 vom 24.6.1988, ABl. EG 1988 Nr. L 178/5.

Ausfuhr von Vermögenswerten, sonstiger Kapitalverkehr. Auch wenn die im Annex aufgeführte Nomenklatur lediglich Hinweischarakter hat,[560] ist aus der Benennung von Kreditsicherheiten und im Speziellen der Pfandrechte zu schliessen, dass diese nicht nur prinzipiell für harmonisierungsbedürftig gehalten werden, sondern darüber hinaus entgegenstehende singuläre mitgliedstaatliche Interessen grundsätzlich nicht als beachtlich im Sinne der Allgemeininteressen anzusehen sind.

Daraus folgt, dass der autonome Aktionsradius der einzelnen Mitgliedstaaten im Bereich des Wirtschaftsrechts sehr eng ist. Die Bedeutung und der Schutz der von einem Mitgliedstaat gegen die Konsequenzen der Beschränkungsverbote angeführten Interessen, die einen wirtschaftlich relevanten Niederschlag haben, müssen daher besonders hoch sein.

§ 4 Rechtfertigung des Art. 43 EGBGB durch Allgemeininteressen

I. Sachenrechtlicher Typenzwang als rechtfertigendes Allgemeininteresse

Da die Rechtsverluste von Mobiliar- und Unternehmenshypotheken bei Grenzüberschreitung nach Deutschland nur dadurch entstehen können, dass das deutsche Sachenrecht aufgrund des Typenzwangs diese nicht aufnimmt, ist der sachenrechtliche Typenzwang auf seine Allgemeininteressenqualität hin zu untersuchen. Es ist, wie gezeigt, einerseits grundsätzlich von einem Deregulierungserfordernis bezüglich grenzüberschreitender Kreditsicherheiten auszugehen. Andererseits konnte oben[561] aus dem Urteil Alpine Investments BV [562] deduziert werden, dass Vertrauen im Rechtsverkehr grundsätzlich als Allgemeininteresse anerkannt werden kann, auch wenn es nachgelagert wirtschaftliche Interessen schützt. Da der sachenrechtliche Typenzwang von vielen Autoren damit begründet wird, dass er Vertrauensschutz gewährleistet,[563] scheint mit diesem Argument ein Urteil über seine Allgemeininteressenqualität im Sinne der Alpine Investments BV-Entscheidung getroffen werden zu können.

---

[560] OHLER, Kapitalverkehrsfreiheit und ihre Schranken, WM 1996, S. 1801.

[561] Oben Teil III § 3 IV.1. „Keine wirtschaftlichen Interessen trotz »Alpine Investments B.V. ./. Minister van Financiën«" S. 141f.

[562] EuGH, ALPINE INVESTMENTS BV ./. MINISTER VAN FINANCIËN (oben Fn. 352).

[563] Siehe nur WILHELM, Sachenrecht Rz. 9/10; BAUR/STÜRNER § 1 II Rz. 7-12; PALANDT-BASSENGE Einf. v. § 854 Rz. 3; VIEWEG/WERNER; Sachenrecht Rz. 5.

Dass dies ist eine Fehleinschätzung ist, wird im Folgenden darzulegen sein. Der über den sachenrechtlichen Typenzwang hergestellte Verkehrsschutz ist, entgegen der Meinung des Gesetzgebers[564] und einer weit verbreiteten Ansicht in der Literatur,[565] bereits innerhalb Deutschlands nicht sehr bedeutsam und reicht nicht dazu aus, dem Typenzwang eine Allgemeininteressenqualität im europarechtlichen Sinne nach der oben entwickelten Maßgabe zubilligen zu können.

Verantwortlich für die Überschätzung der Leistungsfähigkeit des Typenzwangs ist das Fehlen einer systematischen Darstellung. Zum Verständnis des sachenrechtlichen Typenzwangs ist es unumgänglich den historischen Hintergrund der Entwicklung des Eigentums zu beleuchten, da die eigentliche Bedeutung und die Reichweite des Typenzwangs nur in diesem Kontext erfasst werden können.

1. Historischer Hintergrund

Sowohl das PrALR, als auch das ABGB sahen noch die Figur eines gespaltenen Eigentums vor.[566] Innerhalb dieser Rechtsordnungen bestand dadurch neben dem Volleigentum [567] über- und untergeordnetes Eigentum. Volleigentum hatten insbesondere der Adel, sowie in geringem Umfang auch privilegierte Bauern.[568] Der Volleigentümer konnte sein Eigentum aufspalten, indem er entweder die Eigentümerrechte an der Substanz der Sache auf einen Obereigentümer übertrug und das nutzbare Eigentum für sich behielt, oder indem er das Nutzeigentum auf einen Untereigentümer übertrug und hierbei das Eigentum für sich zurückbehielt.

Anwendung fand diese Möglichkeit der Aufspaltung des Eigentums insbesondere auf das Lehnsverhältnis. [569] Die seinerzeitige deutsche Bodenverfassung unter dem Lehnwesen und der Grundherrschaft war dadurch geprägt, dass Grund und Boden nur in Abhängigkeit von einem Herren besessen werden konnte. Dem Lehnsherrn

[564] Oben Fn. 253.

[565] VIEWEG/WERNER; Sachenrecht Rz. 5 „... aus Gründen der Rechtsklarheit im Gesetz abschließend festgelegt ...“; WILHELM, Sachenrecht Rz. 11ff., 13: „... Numerus clausus und Typenzwang werden schließlich drittens, wieder um der Klarheit im Rechtsverkehr willen ...“; PALANDT-BASSENGE Einf. v. § 854 Rz. 3: Typenzwang und Typenfixierung sind „ ... durch das Bedürfnis nach Rechtssicherheit ... gerechtfertigt“.

[566] Vgl. § 357 ABGB; PrALR I 8 §§ 10 ff.

[567] Dominum plenum.

[568] DANY, Grundeigentum und Freiheit, S. 66 m.w.N, 98f.

[569] DANY (vorangehende Fn.) S. 45-83.

stand das dominum directum[570], dem Vasall das dominum utile[571] zu.[572] Lehnherr und Grundherr hatten nicht nur sachenrechtliche Befugnisse an dem von ihnen verliehenen Boden, sondern sie übten damit auch politische Herrschaft aus. Schließlich konnte der Nutzeigentümer vom Obereigentümer zur Aufgabe seines Besitztums gezwungen werden. Das PrALR sah dies für verschiedene Fälle vor. Gründe waren insbesondere „liederliche" Bewirtschaftung, „widerspenstiges oder aufwieglerisches" Verhalten untertäniger Bauern, Begehung vorsätzlicher Straftaten gegen die Herrschaft, oder allgemein, wenn die Fähigkeit fehlte, dem Gut „gehörig vorzustehen".[573] Der Grundbesitz vermittelte insgesamt – insbesondere außerhalb der Städte – „keine Freiheit, sondern primär politische Herrschaft".[574]

Derartige Zustände wurden zum einen aus philosophischen und staatspolitischen Erwägungen,[575] zum anderen aus einem eng damit verzahnten, gewandelten, römisch-rechtlich beeinflussten Eigentumsverständnis, zunehmend als unhaltbar erkannt.[576] *Thibaut* meldete in einem 1798 erschienenen Artikel Zweifel an der Figur eines geteilten Eigentums an und forderte die Abkehr von einem bisherigen, falsch verstandenen Verständnis der römischrechtlichen Texte. Richtig verstanden könne Eigentum nur Volleigentum sein, das zwar ggf. belastet, nicht aber aufgespalten werden kann.[577] *Savigny* hatte dann 1840 in dem von ihm entworfenen Vermögensrecht zwischen den Rechtsverhältnissen zur unfreien Natur und denjenigen zu anderen Personen[578] differenziert, wobei er zunächst als wesentliche Frage herausstellte, dass eine „klare und universelle Trennung"[579] nicht bereits aus den beiden unterschiedlichen Bezugsobjekten Sache und Person folge.[580] Schließlich wies er aber nach, dass durch das „Daseyn einer in rem oder in personam actio" die

---

570 Obereigenthum.

571 Nutz- oder Gebrauchseigenthum.

572 PUCHTA Vorlesungen über das heutige römische Recht, §§ 144 und 146 S. 220.

573 Vgl. PrALR II 7 §§ 287-307.

574 MAUNZ/DÜRIG–PAPIER GG Art. 14 Rz. 25 und 26

575 HATTENHAUER, Grundbegriffe des bürgerlichen Rechts, S. 118; HEDEMANN, Sachenrecht des Bürgerlichen Gesetzbuches, S. 27, 58; WESENBERG, Neuere deutsche Privatrechtsgeschichte im Rahmen der europäischen Rechtsentwicklung, S. 11ff., 43ff., 190ff.

576 Vgl. KNIEPER, Gesetz und Geschichte S. 202.

577 HATTENHAUER, Grundbegriffe des bürgerlichen Rechts, S. 123.

578 SAVIGNY, System des heutigen römischen Rechts (1840) Bd. 1, Buch 2, §§ 52-54, insbes. S. 338-340.

579 Siehe hierzu auch WIEGAND, FS KROESCHELL S. 631.

580 SAVIGNY (oben Fn. 578) § 52-54, insbes. S. 371ff.

Abgrenzung bestimmbar ist, woraus auch wiederum die Notwendigkeit einer klaren Unterscheidung zwischen diesen beiden Bereichen des Vermögensrechts folgt.[581]

Diese Entwicklungen führte schließlich zu dem Eigentumsverständnis, das *Puchta* prägnant formuliert, indem das „Eigenthum die totale Unterwerfung der Sache" ist und dass in der „Totalität des Eigenthums auch die Ausschließlichkeit derselben" liege.[582] Die Verfasser des BGB schlossen sich dieser Definition an. *Johow* schreibt demgemäß: „Das Eigenthum ist ein untheilbares Recht, welches zwar eine Reihe von Befugnissen gewährt, aber nicht aus solchen sich zusammensetzt"[583]. Derselbe hatte sogar eine absolute Klarstellung vorgeschlagen: „Das Eigenthum an einer Sache kann mehreren Personen zu gleicher Zeit nur ungetheilt zustehen. Insbesondere die Theilung in Ober- und Nutzungseigenthum findet nicht statt".[584]

Ausgangspunkt war die seinerzeit weit verbreitete Lehre vom ius ad rem im engeren Sinne,[585] die im Kern eine Vermischung zwischen obligatorischem und dinglichem Recht ist und mit der Lehre vom Eigentumserwerb durch titulus und modus zusammenhing.[586] Dabei war etwa ein Kaufvertrag nicht nur ein Verpflichtungsgeschäft, sondern als titulus Bestandteil des dinglichen Rechtserwerbs.[587, 588] Eine scharfe Trennung zwischen dinglichem und persönlichem Recht war mit dieser Konstruktion nicht gewährleistet. Eine Abgrenzung zwischen persönlichen und dinglichen Rechten wurde aber als notwendig anerkannt, da die „Verdunkelung"[589] der Abgrenzung der dinglichen und persönlichen Rechte dazu geeignet erschien „die Einsicht in das Wesen der Rechtsverhältnisse zu erschweren, die richtige Anwendung des Gesetzes in Frage zu stellen und so die Sicherheit im Rechtsverkehr zu

---

[581] Vgl. auch WIEGAND, FS KROESCHELL S. 631.

[582] PUCHTA, Vorlesungen über das heutige römische Recht, §§ 144 und 146; siehe auch WIEGAND, FS KROESCHELL S. 628.

[583] JOHOW, Vorentwürfe der Redaktoren zum BGB, Sachenrecht, S. 502.

[584] JOHOW TE § 87; Diese Klarstellung wurde als überflüssig verworfen.

[585] PLANCK*'s* Kommentar zum Bürgerlichen Gesetzbuch, Vorbemerkungen II.2. (S. 7).

[586] Motive III S. 3.

[587] WIELING Sachenrecht I § 1 II 3 c. (S. 18).

[588] Das Eigentum ging damit zwar noch nicht auf den Erwerber über, aber der Anspruch auf Eigentumsverschaffung hatte dadurch dinglichen Charakter, dass bei einer Veräußerung des Gegenstandes an einen anderen Erwerber, der Ersterwerber diesen Gegenstand von dem Zweiterwerber aufgrund seines Kaufvertrages von dem Zweiterwerber herausverlangen konnte, sofern dieser bei dem Kauf wusste, dass die Sache bereits verkauft war.

[589] Motive III S. 3.

gefährden".[590] Dieser Zustand konnte erst durch ein gewandeltes Eigentumsverständnis überwunden werden. Die Neuorientierung und Rückführung des gespaltenen zu einem einheitlichen und ungespaltenen Eigentumsbegriffs war nicht nur rechtlich motiviert, sondern – wie zuvor erwähnt – auch politisch: Die feudale und ständische Ordnung sollte überwunden werden.[591] In den Motiven zum BGB findet sich in diesem Sinne die Aussage: „Bei dem Lehnrechte ... handelt es sich um Einrichtungen, welche einer längst vergangenen Gestaltung der politischen und wirthschaftlichen Verhältnisse ihre Entstehung verdanken."[592]

Es ging um die Umsetzung der Idee des freien Wirtschaftsbürgers, der frei Verträge schließen und über privates Eigentum verfügen kann.[593] Die Idee dieser damit intendierten neuen Wirtschaftsordnung findet seinen Niederschlag gerade in dem neuen Eigentumsverständnis des BGB und der daraus resultierenden sachenrechtlichen Konzeption.[594] Durch diese Kodifikation sollten die Freiheit und Gleichheit aller Bürger unter der Herrschaft des Rechts und der Schutz und die freie Verfügbarkeit des privaten Eigentums gesichert werden,[595] da es in der Natur eines geteilten Eigentumsverständnisses lag, dass dadurch feudale Strukturen begünstigt und geteiltes Eigentum als politisches Machtinstrument verwendet wurde.

Dieses neue umfassende Eigentumsverständnis, das in das deutsche Recht mit der Regelung des § 903 BGB übernommen wurde, hat sich auch in den übrigen europäischen Rechtsordnungen durchgesetzt. Dort wird Eigentum als „alle Verfügungsmöglichkeiten über eine Sache in dem Rahmen, wie es die Rechtsordnung erlaubt"[596] oder „das umfassendste Recht, das eine Person an einer Sache haben kann, solange er nicht gegen die Rechte anderer verstößt und die auf gesetzlichen

---

[590] PLANCK*'s* Kommentar zum Bürgerlichen Gesetzbuch, Vorbemerkungen II.2. (S. 7).

[591] KNIEPER (oben Fn. 576) S. 203, 204.

[592] Siehe MUGDAN, Band III. Sachenrecht, S. 3 (Anmerkung 6).

[593] Dieser Ansatz wurde in der neuzeitlichen Staatstheorie des 17. und 18. Jahrhunderts vorgedacht, war in der Aufklärung des 18. Jahrhunderts allmählich zum politischen Programm geworden und in der amerikanischen und französischen Revolution zum Durchbruch gekommen, um sich dann im Laufe des 19. Jahrhunderts in allen Ländern des westlichen und mittleren Europas schrittweise durchzusetzen....“; HORN (oben Fn. 248) S. 40ff.; siehe auch die Darstellung bei HECK, Sachenrecht S. 86.

[594] WOLFF–RAISER, Sachenrecht, S. 5: „Nicht nur der Systematik, sondern auch dem Inhalt nach erweist sich das BGB als eine Schöpfung seiner Zeit, deren Sozial- und Wirtschaftsordnung vom Geist des Individualismus und Liberalismus beherrscht war.".

[595] HORN (oben Fn. 248) S. 40ff.

[596] HERRMANN/WESTERMANN–Schweden S. 503.

Vorschriften und Regeln ungeschriebenen Rechtes beruhenden Beschränkungen dabei beachtet werden“[597] oder „das Recht auf die unbeschränkteste Weise Sachen zu benützen und darüber zu verfügen“[598] beschrieben.[599]

2. Funktionen des numerus clausus

a. Numerus clausus als staatspolitische Entscheidung für ein umfassendes Eigentumsverständnis

Die Abwendung vom geteilten Eigentumsverständnis und die Hinwendung zu einem umfassenden und totalen Eigentumsverständnis im deutschen Sachenrecht war nicht nur die Begründung der Autonomie des Sachenrechts, sondern hatte bereits die Entscheidung getroffen, wie sonstige Rechte an Sachen ausgestaltet werden mussten: Es konnte nach Ansicht der Gesetzesverfasser den Beteiligten nicht mehr freigestellt sein, jedem beliebigem Recht, welches sich auf eine Sache bezieht, den Charakter des dinglichen zu verleihen.[600] Denn wenn der Eigentümer eine Sache in seinem Vermögen beibehalten, aber durch willkürliche Abtrennung einzelner Befugnisse, die die gleiche Rechtsmacht verleiht, abschwächen könnte, so könnte er damit auch das Eigentum zu einem Recht umformen, das nach dem „neuen“ Eigentumsverständnis kein Eigentum mehr wäre.[601] Vielmehr folgte daraus für die Gesetzesverfasser denknotwendig die absolute Wirkung beschränkt dinglicher Rechte,[602] da diese vorübergehenden Abspaltungen von der umfassenden Eigentümerposition zu Gunsten des (beschränkten) dinglich Berechtigten sind.[603] Die Absolutheit des Eigentums auf der einen Seite, begründet automatisch auf der anderen Seite

[597] Art. 5:1 Abs. 1 N.B.W.; siehe auch NIEPER/PLOEGER–Niederlande S. 282.

[598] Art. 544 franz. c. c.

[599] Weitere europäische Staaten: Ungarn, §§ 98, 99 UZGB (siehe auch VÉKÁS–Ungarn S. 164ff.); Polen, Art. 140 K. c. (siehe auch POCZOBUT–Polen S. 29); Tschechien § 123 ZGB Tschechien (Gesetz Nr. 40/1964, Gesetzblatt der tschechischen Republik mit späteren Änderungen; siehe auch ZUKLÍNOVÁ–Tschechien S. 109f.); Portugal, Artt. 1305f. Código Civil Português (siehe auch DE SEABRA/DE ALENCAR XAVIER –Portugal S. 357ff.); in Griechenland folgt dies aus dem Gesamtkontext der Artt. 973 und 1000 ZGB; zu Finnland siehe COLLAN/KOIVULA–Finnland, S.249.

[600] Motive III S. 2.

[601] Vorentwurf S. 501; V. THUR: Damit „...die Rechtsmacht des Eigentümers nicht durch Abzweigung von Befugnissen überwuchert...“ wird; V. THUR, Allgemeiner Teil § 51 S. 180.

[602] Vgl. dazu auch WIEGAND, FS KROESCHELL S. 627; STAUDINGER-SEILER, Einleitung zum Sachenrecht Rz. 37.

[603] Dies folgt zwingend aus der Natur des Eigentums als umfassendsten Recht; siehe auch WOLF, Sachenrecht, Rz. 10.

Pflichten Dritter.[604] Im Gegensatz zum Schuldrecht, bei dem Rechtsbeziehungen und damit Rechte und Pflichten nur aufgrund des Parteiwillens entstehen und auch nur die an diesem Rechtsgeschäft unmittelbar Beteiligten treffen, stellt das Gesetz somit dem Inhaber des dinglichen Rechts Ansprüche auch gegen Dritte zur Seite.[605] Daraus folgten für die Gesetzgeber des BGB zwei weitere Konsequenzen: Zum einen sollten sämtliche dingliche Rechte zur Flankierung des umfassenden Eigentums ihrem Inhalt und ihrem Wesen nach durch das Sachenrecht vorgegeben werden und eben im Gegensatz zum Schuldrecht nicht inhaltlich zur Disposition gestellt werden.[606] Zum anderen sollten vor dem Hintergrund der starken Wirkung dinglicher Rechte diese überschau- und kalkulierbar gehalten werden.[607] Hierzu wurde der Typenzwang eingerichtet.[608]

Der Typenzwang hat demnach zunächst die Funktion Eigentum als umfassendstes Rechts abzusichern und zugleich vor einer feudalistischen Eigentumsordnung zu schützen.[609]

---

[604] Motive III S. 2 „Das dingliche Recht schließt insoweit, als es die Sache dem Willen des Berechtigten unterwirft, jede Einwirkung Dritter auf dieselbe aus; es kann sich daher gegen Jeden bethätigen …".

[605] WOLFF–RAISER, Sachenrecht, S. 8; siehe auch WESTERMANN Sachenrecht[7] § 1 (S. 3).

[606] MUGDAN, Band III, Sachenrecht, S. 2

[607] Die Anzahl und der Inhalt der tatsächlich zugelassenen Sachenrechtstypen richteten sich dabei grundsätzlich nach den Lebensbedürfnissen (MUGDAN, Band III, Sachenrecht, S. 2). Während die Anzahl von dinglichen Rechten an Fahrnis aufgrund der beschränkten Nutzungsmöglichkeiten eher gering ist, ist die Zahl der praktisch (notwendigen) dinglichen Rechte an Grundstücken von Natur aus wesentlich höher, da die Nutzung beweglicher Sachen nur beschränkt teilbar ist. (HECK, Grundriß des Sachenrechts § 20 1., S. 76) Bei Grundstücken verhält es sich dagegen anders. Berührungen Dritter mit Grundstücken ist bereits in der Natur eines Grundstückes angelegt. Zudem ist die Nutzungsmöglichkeit wesentlich höher als bei Fahrnis und damit in weit höherem Maße auch (sinnvoll) teilbar. Vor Einführung des BGB gab es in Deutschland eine kaum überschaubare Mannigfaltigkeit von dinglichen Rechten an Grundstücken. Dies war die Folge daraus, dass Grundstücke in der Hand von relativ wenigen Eigentümern lagen und diese ihre Grundstücke (merkantil) der breiten Masse zur Nutzung zur Verfügung stellten. Dies erklärt auch, dass nach derzeitigem deutschem Sachenrecht mehr dingliche Rechte an Liegenschaften als an Fahrnis gesetzlich fixiert sind.

[608] H.P. WESTERMANN, Sachenrecht, Rz. 4ff.

[609] BREHM–BERGER Sachenrecht Rz. 37 (S. 21).

b. Wirtschaftssteuerung

Mit dem zuvor dargestellten Eigentums- und Freiheitsverständnis wurde zugleich eine grundlegende Entscheidung für die Marktwirtschaftsordnung getroffen. Mittels der Festlegung, welche Sachen mit welchen Rechten belastet werden können, wird eine bestimmte Güterordnung geschaffen,[610] indem durch die Kontrolle möglicher Sicherungsrechte mittelbar eine Wirtschaftssteuerung erzielt wird, indem bestimmte Güterzweige bevorzugt behandelt werden.[611] Es lassen sich nicht nur aus der Zulassung, sondern auch der Nichtzulassung Rückschlüsse auf die in einem Staat intendierte Wirtschaftsverfassung ziehen.[612] Denn je leichter Kredite erlangt werden können, desto höher ist auch die Wahrscheinlichkeit der Inanspruchnahme, was der Regelungsintention des Gesetzgebers entspricht.

Wenn in Dänemark aufgrund des høstpanteloven[613] eine Hypothek zur Verfügung gestellt wird, mit der Landgutbesitzer und Landpächter die kommende Ernte hypothekarisch zu verwenden, um überhaupt Saatgut, Samen und Kunstdünger erwerben zu können, so wird an der zur-Verfügung-Stellung dieser Hypothek die Intention des Gesetzgebers deutlich, die Landwirtschaft zu unterstützen. Gleiches gilt für innerhalb einer Rechtsordnung zugelassene Unternehmenshypotheken, aufgrund derer insbesondere kleinen und mittelständischen Unternehmen das wirtschaftliche Überleben erleichtert werden soll, indem die Darlehenserlangung zu Investitions-

---

[610] Die Begrenzung von Anzahl und Inhalt von dinglichen Rechten des heutigen Rechts im Vergleich zum ehemaligen deutschen Recht zeigt, dass der numerus clausus nicht für einen landwirt-schaftlich geprägten Staat zugeschnitten und entwickelt worden ist; HECK, Grundriß des Sachen-rechts S. 85; die Wirtschaftssteuerung als wesentlicher Gesichtspunkt wird teilweise ausdrücklich in den Motiven zum BGB benannt. Im Zusammenhang mit dem Liegenschaftsrecht heisst es: „Wo eine solche [Bucheintragung von dinglichen Rechten; Anm. d. Verf.] nicht besteht, da kann es nicht ausbleiben, dass Jemand, welcher auf ein die Erwerbung oder die Beleihung eines Grund-stückes bezweckendes Rechtsgeschäft sich eingelassen hat, hinterher erfährt, daß ältere Rechte an demselben begründet sind, welche ihn von dem Rechtserwerbe ausschließen, oder doch den Werth des Gegenstandes erschöpfen. *Das Vorhandensein dieser Gefahr mindert naturgemäß die Neigung, Grundstücke zu erwerben oder zu beleihen, erschwert in Folge dessen den Abschluß von Veräußerungs- und Kreditgeschäften zu angemessenen Bedingungen und schädigt auf diese Weise das Interesse der Grundbesitzer auf das Empfindlichste* [Herv. d. Verf.]." Motive, S. 9.

[611] Entgegen KIENINGER (oben Fn. 261) S. 172 ist dies primär eine Frage des Typenzwangs.

[612] WOLF, Sachenrecht, Rz. 19.

[613] Gesetz Nr. 50 v. 14.2.1951 zuletzt geändert durch Gesetz Nr. 271 v. 22.5.1986 (Dänisches Erntehypothekengesetz); HITCHCOCK/POULSEN–Dänemark S. 30.

zwecken sowie zur Überbrückung finanzieller Engpässe, sinnvoll und verhältnismäßig unkompliziert ermöglicht wird. Wenn in Italien und Frankreich Hypotheken für Kraftfahrzeuge zugelassen sind, also leichtgängige Kaufpreis- oder sonstiger Forderungssicherungen zur Verfügung gestellt werden, so bleibt dies nicht ohne umsatzsteigernde Folge sowohl für die Kfz-, als auch die Zulieferindustrie. Auch daran wird der Wille des Gesetzgebers deutlich, diesen Industriezweig zu fördern.[614]

Dass Art und Anzahl dinglicher Rechte grundsätzlich einen starken Einfluss auf marktwirtschaftliche Ordnungen haben kann, macht ein Blick auf die Rechtsordnungen im Ostseeraum deutlich. Dort wurde die Abschaffung und Zulassung verschiedener Typen beschränkt dinglicher Rechte gezielt eingesetzt: Während die in den Zivilgesetzbüchern vorgesehenen dinglichen Belastungsmöglichkeiten ursprünglich sehr begrenzt und eng gehalten waren, da die Planwirtschaft Finanzierungen ohne Kredit erlaubt,[615] lassen neue Zivilgesetzbücher nun auch einen breiteren Kreis beschränkt dinglicher Rechte zu.

Eine Wirtschaftssteuerung über die Zulassung von bestimmten dinglichen Sicherungsrechten scheint in Deutschland insbesondere hinsichtlich Mobilien prima facie kaum intendiert zu sein, da nicht bestimmte Industrie- oder Produktionszweige in der vorgenannten Weise privilegiert werden. Indes ist zu bedenken, dass das BGB zu einer Zeit geschaffen wurde, in der Deutschland noch stark landwirtschaftlich geprägt war.[616] Hieraus erklärt sich, dass Belastungsmöglichkeiten von Grundstücken in wesentlich größerem Umfang gesetzlich vorgesehen sind, als Belastungsmöglichkeiten von Fahrnis.[617] Vor diesem Hintergrund erklärt sich auch die Privilegierung der Landwirtschaft, indem beispielsweise durch das deutsche Gesetz zur Sicherung der Düngemittel und Saatgutversorgung eine hypothekarische Besicherung mittels landwirtschaftlicher Erzeugnisse möglich ist, vergleichbar dem dänischen høstpanteloven oder dem spanischen prenda sin desplazamiento aufgrund dessen, gem. Artt. 52-54 LHM, Vieh, Erntegut, Früchte und Arbeitsgeräte etc. verpfändet werden können.

---

[614] Zum französischen Recht sind des Weiteren zu nennen das warrant hôtelier, das warrant agricole, das warrant pétrolier sowie das warrant industriél.

[615] Vgl. etwa russisches ZGB 1964, Abschn. II (Kap. 7 - 14): Nur Eigentum; Pfandrechte in Kap.17 (Sicherheiten) Art.192 ff.; weniger extrem poln. K.c. 1964, 2. Buch: Eigentum und andere dingliche Rechte.

[616] Oben Fn. 607.

[617] Oben Fn. 607.

c. Drittschutzfunktion und Zirkulationsfähigkeitssteigerung von Gütern

Da das Sachenrecht das Recht der Sachgüterzuordnung ist und dingliche Rechte absolut wirken,[618] kann die Ausstrahlungswirkung für Dritte nur dann zuverlässig eingeschätzt und respektiert werden, wenn deren Typen und Inhalte kalkulierbar und bekannt sind.[619] Aber nicht nur für Dritte sind zum einen die Eigentumszuordnung, zum anderen eventuelle Belastungen einer Sache mit beschränkt dinglichen Rechten relevant, sondern auch für Erwerber und Gläubiger:[620] Der Erwerber soll wissen, ob er entweder von dem rechtmäßigen Eigentümer oder zumindest gutgläubig Eigentum erwerben kann. Für den Gläubiger sind Verwertungsfragen etwa nach Sicherheitsbestand, eventuellen Vorbelastungen oder Rang der Sicherheit hochgradig relevant, um seine Sicherheit abschätzen zu können. Aufgrund des Typenzwangs in Verbindung mit dem Abstraktheits- und Publizitätsprinzip,[621] auf das ausführlich an anderer Stelle einzugehen sein wird,[622] soll dem Gläubiger diese Einschätzung seiner Sicherheit erleichtert werden.[623]

Durch die so intendierte Rechtssicherheit und -klarheit, soll eine Erleichterung und damit letztlich eine Steigerung des Güterumsatzes erreicht werden.[624] Denn durch die Kombination von Limitierung dinglicher Rechte, Publizitätsprinzip und den Vorschriften über den gutgläubigen Erwerb soll ein ausgewogenes Verhältnis zwischen Bestandsschutz des dinglichen Rechts einerseits und berechtigten, gutgläubigen Interessen Dritter andererseits erreicht werden. Dadurch, dass Dritte sich beim Erwerb eines dinglichen Rechts sich nur um bestimmte Merkmale sorgen müssen und die Möglichkeit eines gutgläubigen Erwerbs trotz eigentlich entgegenstehender Interessen besteht, soll das Vertrauen von Erwerbern – global: Marktteilnehmern – geschützt werden: Hierdurch wiederum sollen Hemmnisse, ein dingliches Recht (etwa Eigentum) zu erwerben, begrenzt werden. Dies wirkt sich positiv auf die Investitionsfreudigkeit der Marktteilnehmer und damit auf die

[618] Oben Teil III § 4 I.1. „Historischer Hintergrund" S. 147f.

[619] Siehe nur H.P. WESTERMANN, Sachenrecht, Rz. 4.

[620] BAUR/STÜRNER, Sachenrecht § 1 II. Rz. 8ff.

[621] Konsequent durchgeführt im Liegenschaftsrecht, inkonsequent im Fahrnisrecht.

[622] Siehe dazu auch unten Teil III § 4 II.1.ff S. 163ff.

[623] WOLF, Sachenrecht Rz. 22; WOLFF–RAISER Sachenrecht § 2 II. 1. (S. 9); STAUDINGER–SEILER, Einleitung zum Sachenrecht Rz. 39.

[624] Deswegen spricht H.P. WESTERMANN, Sachenrecht Rz. 5 auch nur von einem „scheinbaren" Hindernis für die Verkehrswirtschaft im Zusammenhang mit dem Typenzwang.

Zirkulationsfähigkeit von Gütern aus, was wiederum zu einem gesteigerten Marktumsatz führt.[625]

d. Sozialverträglichkeit, Freiheits- und Friedenssicherung

Neben der Funktion des Typenzwangs als Wirtschaftssteuerungsinstrument kommt ihm auch eine friedenssichernde Funktion zu. Denn dadurch, dass mit dem Typenzwang Rechtsklarheit, also letztlich die Verlässlichkeit der Zuordnung einer Sache oder eines Rechts zu einer Person, verfolgt wird und andererseits auch der Rechtsinhalt überschau- und kalkulierbar ist, bezweckt der Typenzwang auch Rechtsfrieden.[626] Dieser äußert sich in der Zuordnung sowohl extern (welcher Person), als auch intern (welches Recht). Nur auf der Grundlage, dass Mitmenschen wissen, wem welches Recht zugeordnet ist, kann überhaupt ein Respekt dieser Rechte erreicht werden.[627] Die im Sachenrecht geregelte Zuordnung der Güter zu Personen, die inhaltliche Bestimmung der Herrschaftsrechte, die Regelung des Güterschutzes und des rechtsgeschäftlichen Verkehrs mit diesen Gütern tragen auch zur Gemeinverträglichkeit der Rechtsausübung bei.[628]

Aufgrund der zumindest äußerlich finalen Zuordnung von bestimmten, kalkulier- und überschaubaren Rechten, erhält der Rechtsinhaber die Freiheit, sich einerseits nicht stetig um den Bestand seiner dinglichen Rechtspositionen kümmern und bemühen zu müssen, da diese dauerhaft gewährleistet sind, und sich andererseits gemäß seiner Interessen frei zu verhalten.[629]

e. Prozessökonomie

Festzustellen ist schließlich, dass die Limitierung dinglicher Rechte ferner dazu führt, dass innerhalb eines gerichtlichen Verfahrens dieses erleichtert wird. Während in einem schuldrechtlichen Verfahren zunächst das Zustandekommen des Vertrages, und sodann dessen spezifischer Inhalt, der in einigen Fällen sehr umfangreich und

---

[625] WOLF, Sachenrecht Rz. 22.

[626] H.P. WESTERMANN, Sachenrecht, Rz. 4; WOLF; Sachenrecht Rz. 22.

[627] Idealerweise führt dies dazu, dass eine Abstraktion von eigenen bestehenden Rechten zu fremden Rechten stattfindet, dergestalt, dass der Einzelne bereits deswegen Rechte anderer akzeptiert und respektiert, damit andere ebenso verfahren und damit dessen Rechte akzeptieren und respektieren.

[628] WESTERMANN, Sachenrecht § 1 III, S. 7 f.

[629] Die freiheitssichernde Wirkung hebt auch WESTERMANN, Sachenrecht, § 1 III, S. 7 f hervor.

nahezu unüberschaubar ausgestaltet sein kann, ermittelt werden muss, ist in sachenrechtlichen Verfahren regelmäßig nur das „ob“ (das Zustandekommen des dinglichen Vertrages) zu prüfen, das „wie“ ist – weitgehend – durch den Typenzwang determiniert. Erleichtert ist dies in der Regel noch dadurch, dass das deutsche Sachenrecht grundsätzlich auch vom Publizitätsprinzip ausgeht. [630] Besonders deutlich ist dies bei der Belastung von Liegenschaften, wobei die jeweilige Belastung im Grundbuch dokumentiert sein muss, [631] darüber hinaus aber auch bei den gesetzlich vorgesehenen Belastungen von Fahrnis, bei der das Pfand etwa nur so lange besteht, wie auch der Besitz durch den Pfandgläubiger ausgeübt wird.

Die Überschaubarkeit des Inhalts des dinglichen Rechts ist im Vergleich zum schuldrechtlichen Bereich erleichtert, wodurch dem numerus clausus auch eine prozessökonomische Dimension zukommt.[632]

3. Numerus clausus als rechtfertigendes Allgemeininteresse

Man ist geneigt, angesichts dieser vorstehend genannten unterschiedlichen Funktionen die Notwendigkeit des sachenrechtlichen Typenzwangs für den Verkehrsschutz, [633] zumindest aber doch insgesamt gewichtige mitgliedstaatliche Interessen,[634] zu bescheinigen, wodurch sich auch seine Allgemeininteressenqualität konsolidieren ließe.

Zunächst lässt sich festhalten, dass sämtliche der vorgenannten Funktionen des Typenzwangs grundsätzlich überzeugende, nationale Regelungsanliegen verfolgen. Der oben beschriebenen Dimension des numerus clausus als staatspolitische Entscheidung gegen die Feudalherrschaft und für ein umfassendes Eigentumsverständnis kommt prima facie hohe Bedeutung zu, da die Abkehr und Absicherung gegen eine feudalistische Eigentumsstruktur in Deutschland unbestreitbar ein Ziel verfolgt, das jeden in Deutschland betrifft.

Jedoch muss bereits bezweifelt werden, dass ein Schutz vor solchen Strukturen überhaupt noch über das Zivilrecht, in Deutschland also über das BGB, ausgebaut oder unterfüttert werden muss. Die Entscheidung, welche staatspolitische Form in

---

[630] Dazu sogleich unten Teil III § 4 II.1.ff S. 163ff.

[631] BAUR/STÜRNER § 19 A. I. Rz. 1.

[632] HECK, Grundriß des Sachenrechts S. 85.

[633] So die ganz h.M. siehe nur H.P. WESTERMANN, Sachenrecht Rz. 4 sowie die Nachweise oben Fn. 563.

[634] PFEIFFER (oben Fn. 64) S. 277.

Deutschland vorherrscht, ist wesentliches Regelungsanliegen des Grundgesetzes. Bereits Art. 14 GG trifft – wie oben erläutert –[635] für das Privateigentum die grundlegende Entscheidung für ein umfassendes und damit gegen eine feudale Struktur begünstigendes Eigentumsverständnis. Da das Eigentumsverständnis des BGB nur innerhalb der vom Grundgesetz vorgezeichneten Grenzen liegen kann, und dieses höherrangige Recht bereits solche Strukturen unterbindet,[636] bedarf es eines Schutzes des umfassenden Eigentums über das BGB seit der Ausgestaltung des Art. 14 GG nicht mehr. Daher kann es sich bei dieser Funktion des Typenzwanges von vornherein auch nicht um ein überragendes, rechtfertigendes Allgemeininteresse handeln, welches die Diskontinuität von Sicherungsrechten legitimieren könnte.

Unabhängig davon hat *Heck* bereits früh darauf hingewiesen, dass den Gesetzesverfassern bei der Begründung der Notwendigkeit des Typenzwangs zur Trennung von Schuld- und Sachenrecht „mindestens eine Begriffsvertauschung unterlaufen"[637] und keine überzeugende Begründung für die Notwendigkeit des Typenzwangs gelungen ist. Denn die Selbständigkeit des Sachenrechts gegenüber dem Schuldrecht bliebe auch dann bestehen, wenn innerhalb des Sachenrechts beliebig viele Belastungsmöglichkeiten erlaubt wären, solange es sich um Teilausschnitte aus der umfassenden Eigentümerbefugnis handelt.[638] Der Typenzwang hat insofern nichts mit dem Bestehen oder Nichtbestehen des Abstraktionsprinzips zu tun.[639] Wie bereits oben angesprochen, ist es ohne weiteres denkbar, die Zahl der sachenrechtlichen Typen erheblich zu erweitern,[640] ohne dass dies einen Einfluss auf die Unabhängigkeit des Sachenrechts vom Schuldrecht hätte.[641] Selbst wenn man mit *Heck* davon ausgeht, dass die in den Materialien genannte Begründung eher als Widerspiegelung einer „im Unterbewusstsein des Gesetzgebers" angesiedelten Prämisse zu verstehen ist,[642] so ist auch dies kein tragfähiges Argument für den Typenzwang. Denn dieses Unterbewusstsein des Gesetzgebers lässt sich durch die Materialien zum BGB konkretisieren: *Von Jobow* argumentierte, dass der Eigentums-

---

[635] Siehe oben Teil II § 1 V.2.c(ii). „Art. 14 GG" S. 93:

[636] Oben Teil II § 1 V.2.c(ii). „Art. 14 GG" S. 93:

[637] HECK, Grundriß des Sachenrechts S. 88.

[638] Auf diese Erwägung wurde auch bereits oben hingewiesen, vgl. Teil II § 1 V.2.c(ii). „Art. 14 GG" S. 93.

[639] Wie hier RADKE, Bedingungsrecht und Typenzwang S. 56; a.A. SCHÖN, Nießbrauch S. 249; WIEGAND FS KROESCHELL (1987) S. 623, 637.

[640] Oben Teil II § 1 V.2.c(ii). „Art. 14 GG" S. 93.

[641] RADKE, Bedingungsrecht und Typenzwang S. 56.

[642] HECK a.a.O.

begriff dem objektiven Recht angehöre und der Parteiwillkür entzogen sein müsse, da ansonsten seine Verflüchtigung drohe.[643] Eine solche Verflüchtigung bestünde aber tatsächlich nur dann, wenn es möglich wäre, eine Vermengung obligatorischer und dinglicher Rechtspositionen herzustellen, da nur in diesem Falle überhaupt der umfassende Eigentumsbegriff gefährdet sein könnte. Aus einer Zulassung beliebig vieler, unterschiedlicher dinglicher Rechtspositionen ergäbe sich eine solche Vermengung indes nicht schon aus sich selbst heraus. Es ist nicht erkennbar, in welcher Weise der umfassende Eigentumsbegriff durch die Zulassung etwa der Verknüpfung verschiedener dinglicher oder anderer, selbständiger dinglicher Rechtspositionen wie der Mobiliar- oder Unternehmenshypotheken unterlaufen würde. Die in den Materialien zum BGB gegebene Begründung für den Typenzwang erweist sich hiernach als „Scheinargument"[644] und ist mithin nicht dazu geeignet zu erklären, warum andere dingliche Sicherungsrechte als eben die im BGB einschließlich der Nebenrechtsgebiete typisierten nicht zugelassen sind.

Dass dem Typenzwang grundsätzlich auch eine wirtschaftssteuernde Funktion zukommt, wurde oben dargelegt.[645] Die Wirtschaftssteuerung ist vor dem Hintergrund, dass Europa lediglich eine supranationale Institution ist und die Souveränität weitgehend bei den Mitgliedstaaten verbleibt,[646] grundsätzlich ein nachvollziehbares nationales Regelungsanliegen. Allerdings zeigt sich bei näherer Betrachtung, dass die mittels Typenzwang bewirkte Wirtschafts- und Gütersteuerung nicht so weitreichend ist, wie es zunächst scheint.

Bereits in solchen Ländern, die die Sicherungsrechte Sicherungsübereignung und Eigentumsvorbehalt zulassen, also auch Deutschland, versagt dieses Argument, da jede bewegliche Sache unter Eigentumsvorbehalt geliefert, resp. sicherungsübereignet werden kann, die Kreditzusage dadurch nur noch in der Hand des Sicherheitennehmers liegt und damit kein spezieller Wirtschaftssektor bevorzugt wird. Das gleiche Argument gilt für Länder, die über vergleichbare Sicherungsrechte verfügen: Wenn in den Niederlanden nahezu jeder Gegenstand mit einer Hypothek belegt werden kann, so wird hierdurch kein bestimmter Industriezweig bevorzugt, eine staatliche Wirtschaftssteuerung in dem vorgenannten Sinne findet nicht statt.

---

[643] JOHOW, S. 501 = SCHUBERT, Vorentwürfe, Sachenrecht I, S. 625.
[644] RADKE, Bedingungsrecht und Typenzwang S. 56.
[645] Oben Teil III § 4 I.2.b. „Wirtschaftssteuerung" S. 153f.
[646] Oben Teil II § 1 V.2. „Gegenargument: Grundstruktur der Gemeinschaft" S. 87ff.

Unabhängig von der hiernach stark eingeschränkten Praxisrelevanz des Typenzwangs als Mittel der Güterordnung und Wirtschaftssteuerung in Deutschland ist eine so bewirkte nationalrechtliche Wirtschaftssteuerung auch bereits dem Grunde nach nicht überzeugend zu begründen. Auch wenn es sich hierbei um eine politische Entscheidung handelt, so ist nicht einzusehen, dass das Wirtschaftsverhalten des Einzelnen in dieser Weise staatlich reguliert werden können sollte. Ausgehend von der Idee eines freien Bürgers, der grundsätzlich mit seinem Eigentum verfahren kann, wie er will,[647] ist es zweifelhaft, ob durch die Zulassung bestimmter Sicherungsrechte privilegierte industrielle Interessen unmittelbar dem Allgemeinwohl dienen und daher das Interesse des Einzelnen, sein Eigentum – im Rahmen der üblichen Sozialbindung – nach seinem Belieben zu gebrauchen, überwiegt.[648] Vorteile zu Gunsten der Allgemeinheit entstehen allenfalls derivativ.

Schließlich ist ins Kalkül zu ziehen, dass die Güterordnung und Wirtschaftssteuerung wesentliches Anliegen der Europäisierung ist. Soweit wirtschaftssteuernde Maßnahmen nicht gegen europäische Interessen verstoßen, verbleiben diese Gegenstand der mitgliedstaatlichen Regelungsgewalt.[649] Sofern diese nationalen Regelungen aber gerade dem Hauptzweck des Binnenmarktes entgegenlaufen, können diese nicht aufrechterhalten werden.[650] Es wäre widersprüchlich auf der einen Seite die Rechte für bestimmte Regelungsanliegen an die Gemeinschaft abzutreten, diese aber dennoch auf der anderen Seite für sich selbst regulieren zu wollen. Die Wirtschaftssteuerung kann nur soweit bei den Mitgliedstaaten verbleiben, wie diese nicht bereits legitimerweise auf Gemeinschaftsebene wahrgenommen wird. Die Grundfreiheiten des EG-Vertrages bezwecken gerade eine Auflösung von nationalen Alleingängen, sofern und soweit sie geeignet sind, sich marktbeschränkend auszuwirken. Deswegen sind etwa im Bereich des Warenverkehrs die Binnenzölle, mengenmäßige Import- und Exportbeschränkungen sowie sonstige Maßnahmen gleicher Wirkung abzuschaffen gewesen.[651] Vor dem Hintergrund eines gemeinsamen, weitgehend liberalisierten Marktes kann die wirtschaftssteuernde Funktion des Typenzwanges nicht als Rechtfertigungsgrund für den Erhalt nationaler

---

[647] Siehe hierzu auch oben Teil II § 1 V.2.c(ii). „Art. 14 GG" S. 93 und Teil III § 4 I.2.a. „Numerus clausus als staatspolitische Entscheidung für ein umfassendes Eigentumsverständnis" S. 151.

[648] Hierzu vertiefend Teil III § 4 II.3.c(iii). „Prävention der Schuldnermasseauszehrung" S. 182ff.

[649] Oben Teil II § 1 V.2. „Gegenargument: Grundstruktur der Gemeinschaft " S. 87.

[650] Oben Teil III § 3 V. „Konkretisierung" S. 143ff.

[651] Oben Teil II § 1 II. „Entwicklung der Grundfreiheiten von Diskriminierungs- zu Beschränkungsverboten" S. 74; vgl. im Übrigen statt aller NAGEL, Wirtschaftsrecht der Europäischen Union S. 67.

Limitierungen und ein Verschließen gegen andere, ausländische beschränkte dingliche Rechte in Ansatz gebracht werden.

Auch die Funktion des Typenzwangs als Verkehrsschutzinstrumentarium ist entgegen dem ersten Anschein nicht sonderlich bedeutsam. Der Typenzwang, für sich allein genommen, bringt keinen besonders hervorzuhebenden, erhöhten Verkehrsschutz mit sich. Der Verkehrsschutz resultiert in erster Linie daraus, dass innerhalb der durch den Typenzwang limitierten Rechte, bestimmte publizitäre Merkmale definiert und diesen eine so hohe Verlässlichkeit beigemessen werden,[652] dass sie etwa einen gutgläubigen Erwerb ermöglichen, wie beispielsweise im Falle der §§ 929, 932 BGB. Nicht nur bei abstrakter, sondern auch bei konkreter Betrachtung folgt aus einem Typenzwang nicht zwangsläufig eine Publizitätspflicht. Nur wenn ein solcher Zusammenhang bestünde, dann könnte auch die allgemeine Aussage, dass der Typenzwang Verkehrsinteressen schützt, zutreffen. Es ist ohne weiteres denkbar, die Zahl der dinglichen Belastungsmöglichkeiten erheblich zu erweitern.[653] Verkehrsinteressen würden dadurch grundsätzlich nicht übergebührlich berührt, sofern die Belastung in der Weise publiziert werden könnte, dass sie einen guten Glauben eines Dritten begründen oder verhindern könnte. Sofern und solange dingliche Belastungsmöglichkeiten in diesem Sinne offengelegt werden können, stehen auch keine besonderen Verkehrsinteressen hinter dem Typenzwang an sich, die durch ihn geschützt werden müssten.

Dem Typenzwang selbst kommt demnach keine entscheidende Bedeutung des Verkehrsschutzes zu – oder anders formuliert: Nicht der Typenzwang, sondern wenn, dann die Publizität schützt Verkehrsinteressen und dient der Kalkulierbarkeit des Sicherungsrisikos.[654]

Dies ist auch gleichzeitig das Argument gegen die vermeintlich durch den Typenzwang gesteigerte Zirkulationsfähigkeit von Gütern. Die Zirkulation ist in erster Linie davon abhängig, wie weit Rechtsverhältnisse offen gelegt sind und dadurch das Vertrauen des Rechtsverkehrs geschützt wird. Weniger kommt es darauf an, ob nur wenige, bestimmte dingliche Rechte von der Rechtsordnung zugelassen sind.

---

[652] Vgl. hierzu sogleich Teil III § 4 II.1. „Publizität" S. 163ff.

[653] Daher ist auch der Gesetzgeber nicht daran gehindert neue Typen zuzulassen oder einzuführen, siehe auch WOLF, Sachenrecht, Rz. 22. Dazu, dass auch das deutsche Verfassungsrecht dies zulässt, siehe oben Teil II § 1 V.2.c(ii) „Art. 14 GG" S. 93.

[654] Teil III § 4 II.1. „Publizität" S. 163ff.

Es ist vor dem Hintergrund der vorstehenden Erörterungen festzuhalten, dass dem sachenrechtlichen Typenzwang ein überwiegend bei weitem überschätztes Gewicht beigemessen wird[655] und dass er insbesondere nicht in einem besonders erwähnenswerten Maße übergeordnete, legitime nationale Interessen verfolgt, die notwendig wären, um als europarechtlicher Rechtfertigungsgrund fungieren zu können.

II. Publizität als rechtfertigendes Allgemeininteresse

Da sich die Beurteilung des Typenzwangs als Verkehrsschutzinstrumentarium als nicht substantiiert herausstellt und dieser nicht für die aufgrund des situs-Grundsatzes erfolgende Diskontinuität von Sicherungsrechten, im Speziellen der Mobiliar- und Unternehmenshypotheken bei Grenzüberschreitung nach Deutschland, streiten kann, verbleibt, das Publizitätsprinzip auf seine Allgemeininteressenqualität zu beleuchten.

In der Sache ist der Frage nachzugehen, ob die Offenlegung der dinglichen Rechtslage derart gewichtige Ziele verfolgt, dass es trotz der EG-vertraglichen Liberalisierungsforderung hingenommen werden muss, dass bei Grenzüberschreitung Rechte unter Umständen sogar gänzlich wegfallen, dem Sicherungsnehmer also sein Sicherungsrecht entzogen wird. Hinsichtlich der ausländischen Mobiliar- und Unternehmenshypotheken geht es um die Frage, ob mit dem Besitzerfordernis des deutschen Sachenrechts, das für die Diskontinuität von Sicherungsrechten maßgeblich verantwortlich ist,[656] Ziele verfolgt werden, die durch die Anerkennung von andersartig publizierten dinglichen Rechten unterlaufen würden.

---

[655] Unzutreffend daher HABERSACK, Sachenrecht Rz. 15: „Ist es ein Kennzeichen des Herrschaftsrechts, dass es absolut wirkt, also von jedermann zu respektieren ist, *so versteht es sich von selbst* [Herv. d. Verf.], dass solche Rechtspositionen nicht beliebig geschaffen werden können…". Zutreffend dagegen WOLF, Sachenrecht, Rz. 22f. „... Die Beachtung solcher absoluten Rechtsstellungen wird *erleichtert* [Herv. d. Verf.], wenn ihre Zahl überschaubar …ist"; a.A. STAUDINGER-SEILER, Einl. §§ 854ff. Rz. 38: „Die privatautonome Schaffung inhaltlich beliebiger absoluter Rechtspositionen an Sachen wäre in der Tat auch aus heutiger Sicht nicht angängig …".

[656] Zu dem weiteren Grund des Spezialitätsprinzips bei Unternehmenshypotheken unten Teil III § 4 II.8. „Besonderheiten bei Unternehmenshypothek" S. 198ff.

1. Publizität

Grundsätzlich ist es aufgrund des absoluten Geltungsanspruchs dinglicher Rechte erforderlich, dass diese auch nach außen hin erkennbar sind.[657] Eigentum kann nur in der bekannten Form bestehen und von anderen Rechtsverkehrsteilnehmern respektiert werden, wenn dieses auch als solches erkennbar ist und transparent wird, wem dies zugeordnet ist: Auch wenn grundsätzlich davon auszugehen ist, dass die „Dinge dieser Erde zu Eigentum vergeben sind"[658], und dadurch eine Offenlegung nicht unbedingt notwendig erscheinen könnte, so nützt dieses Wissen für sich genommen wenig. Denn Fragen, von wem das Eigentum oder Nutzungsrechte erwerbbar sind, ob Vorbelastungen bestehen, wem gegenüber eine Schadenersatzpflicht bei einer Rechtsverletzung besteht und an wen in diesem Fall schuldbefreiend geleistet werden kann etc., könnten ohne verbindlichen Anhaltspunkt nicht abschließend geklärt werden. Auch für den Eigentümer muss ebenfalls verbindlich und abschließend erkennbar sein, wann, wie und an welchem Gegenstand er Eigentum erworben hat.

Daneben bedarf es zur Fungibilisierung von Sachen der Möglichkeit des Erwerbes eines dinglichen Rechts kraft guten Glaubens trotz entgegenstehender tatsächlicher Rechtslage. Eine Wirtschaftsordnung, die einen solchen gutgläubigen Erwerb nicht zulässt wäre gelähmt, müsste stets der wahre Eigentümer ausfindig gemacht werden. [659] Daher werden an die Publizität bestimmte Vermutungswirkungen geknüpft. Die §§ 891, 1006, 1065 und 1227 BGB des deutschen Rechts stellen daher die Vermutung auf, dass derjenige, der durch Publizierung nach außen hin als Berechtigter erscheint, auch tatsächlich Inhaber des dinglichen Rechts ist. Hierauf darf sich der Erwerber im Rahmen der §§ 929, 932 BGB für Mobilien und §§ 873, 892 BGB für Immobilien grundsätzlich verlassen. Die gleiche Überlegung liegt dem

[657] Motive, Bd. 3 Sachenrecht, S. 9; STAUDINGER-SEILER, Einl. §§ 854ff. Rz. 56; SCHWAB/PRÜTTING, Sachenrecht § 4 Rz. 31 (S. 16); WOLF, Sachenrecht Rz. 24.

[658] WIELING, Sachenrecht § 1 II 4 d (S. 20).

[659] Es sind auch andere, abgeschwächte Modelle gegenüber dem deutschen Recht denkbar. So sieht etwa § 118 ZGB Ungarn in Abs. 1 vor, dass im *Handelsverkehr* veräußerte Sachen gutgläubig erworben werden können. Außerhalb des Handelsverkehrs ist dies gem. Abs. 2 jedoch nur dann möglich, wenn die Sache von jemandem erworben wurde, dem die Sache anvertraut wurde (was in etwa dem deutschen nicht-abhandenkommen iSd. § 935 BGB entspricht). Dieser Erwerb nach § 118 Abs. 2 ZGB Ungarn ist allerdings unvollkommen, da der Eigentümer innerhalb Jahresfrist ablöseberechtigt gegenüber dem gutgläubigen Erwerber ist, wodurch dieser sein Eigentum wieder verlieren kann.

zu Grunde, wenn in Italien gem. Art. 1153[660] c.c. und in Griechenland gem. Artt. 1034, 1036 gutgläubig vom Besitzer Eigentum erworben werden kann,[661] oder wenn in Finnland aufgrund KK[662] § 11:4 und § 12:4 der nichtberechtigt Verfügende lediglich schadenersatzpflichtig gegenüber dem Eigentümer ist, was damit ebenfalls beinhaltet, dass der gutgläubige Dritte Eigentum erwirbt.[663]

Im Kern ist die Hauptfunktion der Publizität der Verkehrsschutz, der mit der Publizität erreicht werden soll. Verkehrsschutz bedeutet insoweit, dass die Teilnehmer am Rechtsverkehr, die unmittelbar oder auch nur potentiell mit der Sache oder einem dinglichen Recht daraus in Berührung kommen, in ihrem Vertrauen auf die vorgefundenen, erkennbaren Umstände, aus denen sie bestimmte, standardisierte[664] Rückschlüsse auf die dingliche Rechtslage ziehen, geschützt werden.

Es liegt nahe, diesem Verkehrsschutz der Publizität Allgemeininteressenqualität im europarechtlichen Sinne zuzusprechen. Denn wenn und soweit die Publizität erforderlich ist, den inländischen Rechtsverkehr zu ermöglichen und abzusichern, ist es sachgerecht eine Zersprengung von innen heraus durch fremde, nicht oder anders publizierte Sicherungsrechte zu untersagen.[665]

Allerdings bedarf es einer genaueren Analyse des mit der Publizität verfolgten und tatsächlich gewährleisteten Verkehrsschutzes, der üblicherweise nur mit der

[660] Art. 1153 c.c: „Demjenigen, dem bewegliche Sachen durch jemanden veräußert werden, der nicht Eigentümer ist, erwirbt das Eigentum mittels des Besitzes, sofern er zum Zeitpunkt der Übergabe gutgläubig ist …".

[661] In Frankreich gem. Art. 2279 c.c.: „En fait de meubles, la possession vaut titre", woraus sich nach herrschender Meinung der Gutglaubenserwerb herleiten lässt; siehe auch Beysen–Frankreich S. 221.

[662] Finnisches Kaufgesetz Kauppakaari.

[663] Vgl. Collan/Koivula–Finnland S. 259f. In Schweden wird der gutgläubige Erwerb an beweglichen Sachen durch das lag om godtrosförvärx av lösöre (1986:796) geregelt. Nach § 2 ist Voraussetzung für einen gutgläubigen Erwerb vom Nichtberechtigten ebenfalls, dass der Veräußerer die Sache im Besitz hatte und der Erwerber im Zeitpunkt der Übergabe gutgläubig war; Ring/Ring (oben Fn. 50) Teil 7. § 27 Rz. 797.

[664] MünchKomm–Quack Einl. Rz. 45 „ Nicht das Rechtsverhältnis ist offenkundig, es ist vielmehr nur jedermann zugänglichen empirischen Fakten zugeordnet."

[665] Pfeiffer (oben Fn. 64) S. 277 schlägt vor, weiter zu gehen und die Funktionsfähigkeit der Sachenrechtsordnung insgesamt als Rechtfertigung zu prüfen, also über den Typenzwang und die Publizität hinaus. Unklar bleibt, wie er dies meint, und misst bei diesem Vorschlag dem Typenzwang eine Bedeutung bei, die ihm nicht zukommt (hierzu oben Teil III § 4 I.3. „Numerus clausus als rechtfertigendes Allgemeininteresse").

absoluten Wirkung dinglicher Rechte begründet wird, aufgrund derer die dingliche Rechtslage für jedermann auch erkennbar sein müsse. Eine realistische Einschätzung der Funktion und Leistungsfähigkeit der Publizität und insbesondere der Besitzpublizität erhält man, wenn man Ziel, Mittel und Zweck der Publizität ausdifferenziert und die Begründungen für die Publizität sowohl bei der vollständigen Eigentumsübertragung als auch bei der Pfandrechtsbestellung eingehender untersucht.

a. Zweck der Publizität

Obwohl dingliche Rechte an sich aufgrund ihrer absoluten Wirkung auch ohne Publizität grundsätzlich bestandsfest sind, wird diese Bestandsfestigkeit aufgeweicht durch die Möglichkeit etwa eines gutgläubigen Erwerbs, wodurch die dingliche Rechtsposition streitig werden kann. Der Forderung nach Publizität liegt daher eine feinsinnige Abwägung von Schutzwürdigkeiten zu Grunde,[666] die besonders aus wirtschaftlicher Sicht deutlich wird: Vor dem Hintergrund, dass eine kapitalorientierte Marktwirtschaft von Investitionen und Warenumschlag lebt, sind sowohl die Interessen des Kreditgebers, der gegebenenfalls gleichzeitig Sicherungsnehmer ist, als auch die Interessen potentieller Erwerber von Bedeutung und in ein ausgewogenes Verhältnis zu bringen.

Da ungesicherte Investitionen und Kreditvergaben für den Darlehensgeber zu unkalkulierbaren Risiken führen und dieser dementsprechend kaum Geldmittel zur Verfügung stellen würde, sind bestandsfeste und kalkulierbare Sicherheiten notwendig. Je fester die Sicherheit, desto eher werden Darlehen gewährt. Auf der anderen Seite bestehen ebenso gewichtige Interessen der übrigen Marktteilnehmer, dass sie, sofern sie Sachen erwerben, auch eine hohe Bestandsfestigkeit haben und sie nicht eine unvorhergesehene Belastung oder sogar ein Verlust der vermeintlich erworbenen Eigentümerstellung als die wirtschaftlich härteste und einschneidendste Maßnahme trifft. Da es sich hierbei um gegenläufige Interessen handelt, versucht die Publizität eine angemessene Konfliktlösung herbeizuführen:[667] Derjenige, der sein Recht offenlegt und derjenige, der auf diese Offenlegung vertraut, sollen regelmäßig vorrangig geschützt sein.

---

[666] DORNDORF/ FRANK, Reform des Rechts der Mobiliarsicherheiten – unter besonderer Berücksichtigung der ökonomischen Analyse der Sicherungsrechte, ZIP 1985, S. 65ff., 80.

[667] HROMADKA, Sicherungsübereignung und Publizität, Jus 1980, S. 89ff., 91; DORNDORF/ FRANK a.a.O.

Die Publizität soll demnach die Bestandsfestigkeit und Verlässlichkeit des dinglichen, absoluten Rechts fördern,[668] indem die Entzugsmöglichkeiten dinglicher Rechtspositionen begrenzt und erschwert werden, jedoch unter bestimmten Umständen zugunsten des Rechtsverkehrs erlaubt sind.[669]

b. Ziel der Publizierung

Das Ziel der Publizierung ist vor diesem Hintergrund darauf gerichtet, den Zweck der Publizität zu ermöglichen. Das Ziel der Publizität ist die Übersichtlichkeit und Einschätzbarkeit der dinglichen Rechtslage.

c. Mittel der Publizierung

Das Mittel für die Publizierung ist die Frage danach, welcher Indikator innerhalb einer Rechtsordnung gewählt wird, das Ziel der Publizität, also die Erkennbarkeit der dinglichen Rechtslage, zu erreichen, um damit dem Zweck der Publizität dienen zu können. Bei abstrakter Betrachtung kommt es hierbei nicht darauf an, welcher Anknüpfungspunkt als Mittel der Publizität gewählt wird, da erst durch die gesetzgeberische Ausgestaltung und Festlegung, daß ein bestimmter Umstand ein dem Publizitätszweck dienendes Mittel sein soll, dieses dem Zweck auch zu dienen vermag. Erst durch die normative Bestimmung der Vermutungswirkung etwa des § 1006 Abs. 1 S. 1 BGB, wonach zugunsten des (Eigen-)Besitzers einer beweglichen Sache vermutet wird, dass er Eigentümer der Sache sei, dient die solchermaßen durch Besitz erfolgende Offenlegung dem Zweck der Publizität. Die gesetzgeberische Wahl des Publizitätsmittels kann daher zunächst rein willkürlich sein, ohne dass dies auf den Zweck der Publizität Einfluss hätte. Die jeweils innerhalb einer Rechtsordnung gewählten Publizitätsmittel sind aus sich selbst heraus nicht zwingend aber immer folgerichtig.

---

[668] WIEGAND, Die Entwicklung des Sachenrechts im Vergleich zum Schuldrecht, AcP 190 (1990) S. 112ff., 116f.

[669] Für England beschreibt dies LORD JUSTICE DENNING: „Bei der Entwicklung unseres Rechtssystems haben zwei Grundsätze danach gestrebt, die Oberhand zu gewinnen. Der eine soll das Eigentum schützen: Man kann ein Eigentumsrecht nur in dem Umfang übertragen, in dem man es innehat. Der zweite Grundsatz soll Handelsgeschäfte schützen: Derjenige, der etwas gutgläubig gegen Entgelt erwirbt, sollte auch ein wirksames Eigentumsrecht erhalten. Der erste Grundsatz hielt das Zepter lange Zeit fest in der Hand, jedoch ist er inzwischen durch das Common Law selbst sowie durch Gesetzesrecht abgeändert und den heutigen Bedürfnissen angepasst worden ..." in BISHOPSGATE MOTOR FINANCE VS. TRANSPORT BRAKES LTD. (1949) 1 KB 322, S. 336f.

Ziel und Mittel der Publizität sind demnach Träger des Zweckes der Publizität, bzw. das Mittel dient dem Ziel, dieses dem Zweck. Mittel und Ziel sind indes grundsätzlich verschieden vom Zweck insofern, als die dem Zweck zugrunde liegende Bestandsfestigkeit zwingend von einer Rechtsordnung, die Eigentum und sonstige dingliche Rechte mit absoluter Wirkung ausstattet, verfolgt werden muss. Dies trifft für Ziel und Mittel nicht zu, da sie nur „Hilfsmittel" zur Realisierung des Zweckes sind.

2. Prüfungsgegenstand auf Allgemeininteressenqualität

Soweit es im Rahmen dieser Arbeit darauf ankommt, ob die Publizität als rechtfertigendes Allgemeininteresse für die Unwirksamkeit von ausländischen Mobiliar- und Unternehmenshypotheken in Deutschland zu qualifizieren ist, kann der Publizitätszweck als Prüfungsgegenstand im Folgenden ausgeblendet werden. Denn die Allgemeininteressenqualität der Bestandsfestigkeit von dinglichen Rechtspositionen lässt sich nicht ernstlich bestreiten, wollte man dinglichen Rechten nicht gänzlich den Boden entziehen. Die Untersuchung kann sich daher darauf beschränken, Ziel und Mittel der Publizierung auf ihre Allgemeininteressenqualität hin zu beleuchten. Da aber das Publizitätsziel – wie zuvor beschrieben – dem Publizitätszweck unmittelbar dient und der Publizitätszweck nicht ohne Übersichtlichkeit und Einschätzbarkeit der dinglichen Rechtslage erreicht werden kann, ist auch das Publizitätsziel evident als Allgemeininteresse einzuordnen.

Damit ergibt sich auf Deutschland zugeschnitten die Kernfrage, ob das im BGB gewählte Publizierungsmittel Interessen von solchem Gewicht verfolgt, dass sie die Geltung des Art. 43 EGBGB mit den daraus resultierenden Rechtsverlusten bei den grenzüberschreitenden dinglichen Sicherheiten innerhalb Europas hinsichtlich Mobiliar- und Unternehmenshypotheken rechtfertigen kann.

a. Grundsätzliche Erwägungen

In Deutschland wurde für Mobilien grundsätzlich das Publizitätsmittel Besitz, für Immobilien hingegen die Verzeichnung im Grundbuch gewählt.[670] Diese Publizierungsarten sind insofern abschließend, als es nicht vorgesehen oder möglich ist, daß

[670] § 929 S. 1 BGB für Mobilien, § 873 BGB für Grundstücksrechte; siehe auch WOLF, Sachenrecht Rz. 25.

die Belastung von Mobilien anstatt durch Besitz etwa durch Registrierung als Publizitätsmittel erfolgen kann.[671]

Obwohl, wie zuvor angesprochen, das Publizitätsmittel innerhalb einer Rechtsordnung grundsätzlich von dieser frei und abschließend festgelegt werden kann, muss die damit einhergehende Nicht-Anerkennung andersartiger Publizierungsarten sich vor dem Hintergrund des EG-Vertrages rechtfertigen.

Grundsätzlich lässt sich die These aufstellen, dass nur durch die Begrenzung und Festlegung auf ein bestimmtes Publizitätsmittel die Übersichtlichkeit und Verlässlichkeit gewahrt wird, wodurch die Erkennbarkeit des Rechtsverhältnisses gefördert wird und dies wiederum dem Ziel und Zweck der Publizität dient.[672] Von diesem Standpunkt aus betrachtet ließe sich dann auch die These vertreten, dass die Begrenzung in Deutschland auf das Publizitätsmittel Besitz bei Mobilien erforderlich ist.

Allerdings bedarf es für die Substantiierung dieser These des Nachweises, dass diese Art der Publizierung tatsächlich zu einer Übersichtlichkeit beiträgt, die in diesem Masse nicht gewährleistet wäre, wenn andere Publizierungsarten in die Rechtsordnung „eindringen". Auf den Kern verdichtet stellt sich die Frage, ob andere Publizierungsarten, wie die Registrierung von Unternehmenshypotheken oder die Verzeichnung der Kfz-Hypothek im Kfz-Brief, tatsächlich zu erhöhten Unsicherheiten des Rechtsverkehrs führen würde, die Bestandsgefährdungen bei Grenzüberschreitung nach Deutschland rechtfertigen können.

b. Publizitätsanknüpfungspunkte

Allgemein kommen drei sinnergebende Publizierungsarten als Publizitätsmittel in Betracht. Erstens, die zentrale Registrierung einer Sache und der darauf bezogenen dinglichen Rechte, zweitens die Innehabung der Sache, wobei auf Mehrfachbelastungen naturgemäß von vornherein weitgehend verzichtet werden muss, da der Besitz nur in einer Hand realisiert wird und andere Belastungen demgemäß nicht erkennbar wären und drittens, der Vermerk des Rechts an der Sache selbst oder einem zugehörigen Papier.

[671] Ausnahmen bestehen nur in den eingangs genannten spezialgesetzlich geregelten Fällen, siehe oben Fn. 21, 22, 23, 24, 25, sowie im Falle des § 808 Abs. 2 ZPO, siehe hierzu Fn. 694 sowie sogleich im Haupttext.

[672] So anscheinend PFEIFFER (oben Fn. 64) S. 277, siehe hierzu auch die Anmerkung Fn. 665.

(i) Überblick über Publizitätsmittel in einigen Sachenrechtsordnungen Europas

In Italien gilt für Mobilien der Grundsatz il possesso vale titolo, das vornehmliche Publizitätsmittel ist somit der Besitz, auf den der Rechtsverkehr vertrauen darf.[673] Ausnahmen bestehen für bestimmte bewegliche Sachen, wie Maschinen, bei denen die dingliche Belastung durch Anbringung von Pfandsiegeln kenntlich gemacht wird und Kraftfahrzeugen, bei denen die hypothekarische Belastung im Kfz-Brief dokumentiert, sowie im vom italienischen Automobilclub geführten Register,[674] in dem auch jeder Eigentumswechsel verzeichnet werden muss, registriert wird. Die dingliche Rechtslage bei Liegenschaften wird bei dem registrio immobiliari, dem öffentlichen Liegenschaftsregister, erfasst.[675]

In Schweden ist ebenfalls der Besitz als Indikator der dinglichen Rechtslage bei Mobilien gewählt worden. Bei Erwerb des Vollrechts ist das entscheidende sachenrechtliche Moment[676], aufgrund dessen Drittschutz erzielt wird, die Übergabe.[677] Nur in Verbindung mit der Besitzübertragung[678] kann eine Mobilie gutgläubig erworben werden.[679] Bei der Verpfändung gilt das Faustpfandprinzip[680] wie im deutschen Recht, vgl. § 10:1 HB[681]. Die Unternehmenshypothek företagshypothek wird, ebenfalls wie die hypothekarische Belastungen von Schiffen[682] und Flugzeugen[683], durch die Eintragung in einem speziell dafür eingerichteten Register publiziert. Die dingliche Rechtslage von Grundstücken wird im Grundstücksregister[684] dokumentiert, aufgrund dessen ein gutlgläubiger Erwerb vom Nichtberechtigten möglich ist.[685]

---

673 Publicità di fatto.

674 Publico Registro Automobilistico (P.R.A.).

675 PLANCKER/PFEIFER–Italien, S. 351.

676 Sog. sakrättsligt moment.

677 RING/RING (oben Fn. 50) Rz. 787.

678 Sog. besittning

679 Vgl. § 2 lag om godtrosförvärv av lösöre 1986:796.

680 Sog. handpanträtt.

681 Handelsbalk om pant och borgen; Gesetz über Pfand und Kaution.

682 Nach dem sjölag 1994:1009 (Seegesetz).

683 Nach dem lag om inskrivning av rätt till luftfartyg 1955:227 (Gesetz über die Eintragung von Rechten an Luftfahrzeugen).

684 Sog. Fastighetsregister.

685 RING/RING (oben Fn. 50) Rz. 848ff.

Spanien setzt bei Mobilien grundsätzlich ebenfalls auf den Besitz[686] und erfordert für die Verpfändung die Besitzübertragung.[687] Ausnahmen bestehen auch hier für spezielle Güter, wie insbesondere Industriemaschinen, deren Verpfändung in ein öffentliches Register eingetragen werden.[688] Echte Mobiliarhypotheken sieht das spanische Recht in Art. 34 LHM für Kraftfahrzeuge jeglicher Art, sowie im Privateigentum stehende Straßenbahn- und Eisenbahnwagen vor. Das Unternehmenspfandrecht hipoteca de establicimiento mercantil ist in ein spezielles, hierfür eingerichtetes, Register einzutragen. Grundstückshypotheken[689] werden ebenso im öffentlichen Register[690] dokumentiert, wie auch die Eigentumsübertragung an Liegenschaften.[691]

In Deutschland erfolgt die Registrierung dinglicher Rechte bei Grundstücken im Grundbuch, bei Schiffen und Luftfahrtschiffen, sowie Hochseekabeln in dafür eingerichteten Registern.[692] Der Besitz wurde für Mobilien als erforderliches Publizierungsmittel, sei es bei Erwerb des Vollrechts Eigentum, oder sei es bei Erwerb eines Verwertungsrechts (Faustpfandprinzip) gewählt. Den Vermerk einer Verpfändung einer Sache kennt das deutsche Recht in dem Spezialfall des § 808 Abs. 2 ZPO,[693] wonach mittels Anlegung von Pfandsiegel, durch Anheften einer vom Gerichtsvollzieher gesiegelten und unterschriebenen Pfandanzeige oder auf andere geeignete Weise die Verpfändung kenntlich gemacht werden kann.[694]

(ii) Zwischenbetrachtung

Auffällig ist bei einem kursorischen Überblick über die Publizitätsgrundsätze in europäischen Sachenrechtsordnungen, dass die Anknüpfungspunkte nicht stringent

---

686 Posesión oder ocupación mit Besitzvermutungswirkung (prescunciones posesorias) gem. Art. 448 c.c.

687 Acreedor pinoraticio; siehe auch MARISCAL–Spanien S. 531.

688 Ley sobre prenda sin desplazamiento de los préstamos indostriales para la reconstrucciión nacional v. 17.5.1940, BOE Nr. 216 v. 3.8.1940.

689 Hipoteca.

690 Registro de la Propiedad; hierzu ADOMEIT/FRÜHBECK, Einf. in das spanische Recht 2. Teil, § 8 IV. (S. 59)

691 MARISCAL–Spanien a.a.O.

692 Oben Fn. 21, 22, 23.

693 Siehe THOMAS/PUTZO § 808 Rz. 14.

694 Das Anlegen des Siegels muss haltbar und bei gewöhnlicher Aufmerksamkeit erkennbar sein. Die Pfändung besteht selbst dann fort, wenn die Pfändung später unkenntlich wird, etwa durch Abfallen oder Entfernen des Pfandsiegels oder der Pfandanzeige, sofern dies ohne Wissen und Wollen des Gerichtsvollziehers geschieht; THOMAS/PUTZO a.a.O.

und einheitlich sind. Bei Mobilien kann das innerhalb der Rechtsordnungen gewählte Publizitätsmittel der Besitz, die Registrierung oder aber der Vermerk an der Sache oder einem zugehörigen Papier sein. Dieser Befund ergibt sich nicht nur bei einem Vergleich der Publizitätsmittelwahl der unterschiedlichen nationalen Rechtsordnungen, sondern bereits innerhalb der Rechtsordnungen selbst. So lässt das deutsche Rechtssystem für Mobilien sowohl den Besitz, als auch in bestimmten Ausnahmefällen die Registrierung, als auch den Vermerk an der Sache selbst (Pfandsiegel) in Ausnahmefällen grundsätzlich zu.

Dieser zwingenden Publizitätsmittelverteilung Deutschlands, bei der in erster Linie nur der Besitz und nur in ganz eng begrenzten Ausnahmefällen andersartige Publizierungen zulässig sind, kann nur dann Allgemeininteressenqualität im europarechtlichen Sinne zukommen, wenn diese dem Publizitätszweck auf eine Weise dient, die nicht auf andere Weise erreicht werden kann, also durch Registrierung oder Vermerk an der Sache selbst und daher nur in den gesetzlich ausdrücklich genannten Sonderfällen als ausreichend angesehen werden kann.

Dass der Publizitätsmittelverteilung und Nichtzulassung andersartiger Publizitätsmittel im deutschen Recht keine eigene Konzeption zu Grunde liegt und die Nichtzulassung anderer Publizitätsmittel im Übrigen europarechtlich nicht gerechtfertigt ist, wird im Folgenden darzulegen sein. Dazu werden zunächst die gesetzgeberischen Gründe, die für den Besitz als Publizitätsmittel streiten, herauszuarbeiten und zu analysieren sein. Hierbei wird vom Allgemeinen zum Besonderen übergegangen, indem zunächst allgemeine gesetzgeberische Erwägungen, sodann die Besitzpublizität bei Eigentumserwerb und schließlich im speziellen bei Pfandrechtsbestellung beleuchtet werden.

3. Rekurs auf die in den Gesetzesmaterialien für den Besitz als Publizitätsmittel angeführten Gründe

a. Allgemeine Erwägungen des deutschen Gesetzgebers für die Wahl des Besitzes als Publizitätsmittel

Rekurriert man hinsichtlich des Besitzes als vornehmliches Publizitätsmittel bei Mobilien auf die Protokolle und Motive zum BGB, so finden sich innerhalb der allgemeinen Erwägungen zunächst nur wenig ergiebige Aussagen:

„Die Vorschriften über den Besitz haben mithin überwiegend nicht eine selbständige Bedeutung, sondern liefern, gleich einer gesetzlichen Definition, für die sie einen Ersatz bieten, an anderer Stelle zu verwerthende Prämissen. Die Vorschriften, für welche durch die Bestimmung, was Besitz sei, eine Prämisse festgestellt wird, betreffen sämmtlich das Eigenthum, namentlich Vindikation, Ersitzung, Tradition, Okkupation und Dereliktion. Wer einen gegenwärtigen oder früheren Besitz behauptet, will damit stets eine das Eigenthum der Sache betreffende Rechtsnorm für sich geltend machen."[695]

Es wird lediglich klargestellt, dass der Besitz seine Bedeutung und seine Funktion in erster Linie im Zusammenhang mit Eigentum erhält. Ob der Besitz darüber hinaus auch eine Aussagekraft hinsichtlich der Eigentumslage aus sich selbst heraus hat, lassen die Motive eigentümlicherweise in diesem Zusammenhang offen, scheint aber für die Gesetzesverfasser auch nur von untergeordneter Bedeutung zu sein: „Ob man den Besitz als das der Verwirklichung des Eigenthumes entsprechende Verhältnis der Person zur Sache ansehen will, bleibt eine theoretische Betrachtung".[696]

Dennoch scheinen die Gesetzesverfasser von einer grundsätzlich bestehenden, „gewissen" Indizwirkung vom Besitz auf die Eigentumslage ausgegangen zu sein, was daran ersichtlich ist, dass wiederholt allgemein auf den Zusammenhang zwischen Besitz und Eigentum eingegangen wird.[697] Zu einer verbindlichen Festlegung und Aussage kommt es in diesem Zusammenhang allerdings nicht: „Es kann dahingestellt bleiben, inwieweit die Zulassung des Schlusses vom Besitze auf das Eigenthum einen positiven Charakter hat oder, auch wenn das Gesetz schwiege, der Doktrin und der Praxis unverschränkt bleiben würde."[698]

b. Gründe für die Wahl des Besitzes als Publizitätsmittel bei Eigentumserwerb - traditio brevi manu

Hinsichtlich der Publizität bei Erwerb des Eigentums werden die Materialien ausführlicher und liefern eine konkrete, wenn auch, wie sogleich zu verdeutlichen sein wird, wenig überzeugende Begründung für die Erforderlichkeit der Besitzeinräumung bei Übertragung des Vollrechts: „Der Entw. geht (§ 91) von dem Prinzipe der [vertraglichen; Anm. d. Verf.] Formfreiheit aus. Es wird deshalb allerdings ein Bedürfnis nachgewiesen werden müssen, um im Falle der Eigenthumsübertragung durch Rechtsgeschäft den bloßen Willenserklärungen die Wirkung zu versagen und

---

695 Motive, Bd. 3 Sachenrecht S. 78 (= MUGDAN S. 43).
696 Motive, Bd. 3 Sachenrecht S. 78 (= MUGDAN S. 43).
697 Die positivrechtliche Ausgestaltung der Vermutungsregelungen des BGB ist in diesem Zusammenhang nicht ausschlaggebend. Denn es ist die Frage zu trennen, inwieweit naturgemäß der Besitz Rückschlüsse auf Eigentum zulässt von der Frage, inwieweit eine Indizwirkung gesetzlich ausgestaltet wird, durch die die Indizwirkung erst entsteht.
698 Motive, Bd. 3 Sachenrecht S. 134 (= MUGDAN S. 74).

den Eintritt der beabsichtigten Wirkung an die Erfüllung eines weiteren Erfordernisses zu knüpfen. Für das Vorliegen eines solchen Bedürfnisses sprechen folgende Gründe: Wie im Immobilienrechte das Eintragungsprinzip der Richtigerhaltung des Grundbuches und damit der Kundbarmachung des zeitigen Rechtsbestandes dient, so dient im Mobilienrechte das Traditionsprinzip ähnlichen Zwecken, indem es ein Auseinanderfallen von Besitz und Eigenthum thunlichst verhütet und in einer, wenn auch dem Grundbuche gegenüber unvollkommenen, aber doch immer von großem praktischen Werthe bleibenden Weise zur Kundbarmachung des zeitigen Rechtszustandes beiträgt. Ist der veräußernde Eigenthümer zugleich Besitzer der Sache, so leidet dessen Veräußerungserklärung an einer gewissen Dunkelheit und ist von einem Versprechen der Sache schwer zu unterscheiden, wenn nicht zugleich der Besitz der Sache zu Gunsten des Erwerbers aufgegeben wird, damit dieser mit der Ergreifung des Besitzes Eigenthümer werde. Ein Behalten des Besitzes würde mit der Veräußerungserklärung in einem inneren Widerspruch stehen, da alsdann der Veräußerer zugleich Eigenthum übertragen und das übertragene Eigenthum verletzen würde."[699]

Diese auf den ersten Blick schlüssige Begründung ist bei einer genaueren Prüfung brüchig:

(i) „Dunkelheit des Übereignungstatbestandes"

Soweit die Gesetzesbegründung den Besitz für erforderlich hält, um der „gewissen Dunkelheit" zu begegnen, so kann dies bereits nicht als Argument für die Nichtzulassung andersartiger Publizierungen angeführt werden. Es ist nicht gesagt, dass diese „Dunkelheit" nur durch Besitzübertragung und nicht durch einen anderen Publizierungsakt, etwa die Eintragung in ein Register, aufgehoben werden könnte. Eine solche Publizierungsart als Alternative zum Besitz wurde – soweit aus den Materialien zum BGB ersichtlich –[700]nicht ernsthaft in Erwägung gezogen.[701]

Unabhängig davon ist die Begründung insofern nicht tragfähig, als das BGB diese „gewisse Dunkelheit" gerade begünstigt, indem durch die Regelung des § 930 BGB die grundsätzlich durch § 929 BGB geforderte Übergabe nicht erforderlich ist. Da das

[699] MUGDAN S. 185 (= Motive, Bd. 3 Sachenrecht S. 333f.).

[700] Vorentwürfe, Protokolle und Motive zum BGB.

[701] Die Gründe hierfür werden nicht genannt, sind aber im traditionellen Bereich angesiedelt, siehe die Nachzeichnung HROMADKA´s (oben Fn. 667) S. 89ff.

Gesetz hierdurch einen Eigentumserwerb ohne Übergabe ermöglicht, vermag der Traditionsakt den Übereignungsakt an sich nicht grundsätzlich zu erhellen.

Erschwerend kommt hinzu, dass durch eine Vielzahl von weiteren Vorschriften ein Auseinanderfallen von Besitz und Eigentum nicht verhütet, sondern demgegenüber ermöglicht wird. Zu nennen sind insbesondere Miete, Leihe und Pacht. Der Besitz vermag daher keinen erheblichen Beitrag zur Erhellung der Rechtslage zu leisten und ist bereits daher für die Erkennbarkeit der dinglichen Rechtslage nicht „von großem praktischen Werthe".

(ii) „Vermeidung innerer Widersprüche"

Des Weiteren heißt es in der Gesetzesbegründung, das „Behalten des Besitzes würde mit der Veräußerungserklärung in einem inneren Widerspruch stehen, da alsdann der Veräußerer zugleich Eigenthum übertragen und das übertragene Eigenthum verletzen würde." Gemeint ist hiermit, dass es in einem inneren Widerspruch zu der vollständigen Eigentumsübertragung stünde, wenn der Veräußerer noch einen Rest der umfassenden Eigentümerbefugnisse für sich behält, nämlich den Besitz.

Unabhängig davon, dass eine pauschale Einordnung verbleibenden Besitzes als Eigentumsverletzung ohnehin zu weit geht, zeigt sich eine erhebliche Inkonsistenz der Begründung in den Motiven, heißt es noch an anderer Stelle: „Ob man den Besitz als das der Verwirklichung des Eigenthumes entsprechende Verhältnis der Person zur Sache ansehen will, bleibt eine theoretische Betrachtung"[702], so wird dies in diesem Zusammenhang vorausgesetzt – die Nicht-Übertragung des Besitzes sei eine Eigen-tumsverletzung. Selbst wenn man diese inkohärenten Aussagen außer Betracht lässt und sie auf den jeweiligen Kontext zurückführt, so kann die von den Gesetzesverfas-sern beschriebene Verletzung des Eigentums nicht schon damit begründet werden, dass der Besitz bei der Eigentumsübertragung nicht mitübertragen wird.

Die Verletzung des Eigentums hängt in diesem Zusammenhang nicht von der äußeren Erkennbarkeit der Besitz- und Eigentumslage, sondern nur von der Willensrichtung der Beteiligten ab, ist also ein rein interner Faktor, der nicht durch externes Verhalten oder externe Umstände beurteilt werden kann. Gem. § 930 BGB hängt die Legalität der Eigentumsübertragung [ob mit (§ 929) oder ohne Übertra-

[702] Motive, Bd. 3 Sachenrecht S. 78 (= MUGDAN S. 43).

gung des Be-sitzes (§930)] davon ab, ob noch eine Willensbildung erfolgt,[703] die sich auf ein Besitzmittlungsverhältnis bezieht und ob ein dahingehender Konsens erzielt wird. Dieser muss allerdings wiederum nicht nach außen erkennbar sein, da ein formfreier Vertrag hierüber ausreicht, sofern man ein Rechtsgeschäft im Rahmen des Besitzmittlungsverhältnisses des § 930 BGB überhaupt für erforderlich hält[704] und nicht den Fremdbesitzwillen als rein tatsächlichen Faktor bereits ausreichen lässt.[705] Eigentum wird daher nicht schon dadurch verletzt, dass der Eigentümer den Besitz nicht innehat.

(iii) Erkennbarkeit der Rechtslage

Schließlich benennen die Materialien die Erkennbarkeit der Rechtslage als weiteren Grund für die Notwendigkeit der Besitzübertragung. Diesbezüglich ist nach der tatsächlichen Bedeutung der Erkennbarkeit anhand des Besitzes zu fragen.

(01) Erkennbarkeit für die Beteiligten

Soweit die Gesetzgeber der Überzeugung sind, dass ohne die Besitzübertragung die Veräußerungserklärung nur schwer von einem Versprechen der Sache zu unterscheiden ist, so ist dies zunächst schlüssig und überzeugend.

Allerdings verschiebt sich diese Einschätzung bei einem Vergleich zu Rechtsordnungen, denen nicht das Abstraktionsprinzip, sondern das Vertragsprinzip zu Grunde liegt, also etwa Frankreich[706], England[707] oder Italien[708]. Dort wird für die Erkennbar-

---

[703] STAUDINGER-WIEGAND § 930 Rz. 12; WIELING, Voraussetzung, Übertragung und Schutz des mittelbaren Besitzes AcP 184 (1984) 439ff., 451f.

[704] So anscheinend SOERGEL-HENSSLER § 930 Rz. 11; dafür spricht immerhin die Verwendung des Begriffs „vereinbart" in § 930 BGB.

[705] STAUDINGER-WIEGAND § 930 Rz. 12; E. WOLF Sachenrecht S. 224; WOLF Sachenrecht Rz. 545 iVm. 177.

[706] Zwar erfolgt theoretisch auch im französischen Recht die Eigentumsübertragung in zwei Phasen, indem zunächst die Verbindlichkeit (l'obligation de donner, Artt. 1136-1141 Cc) begründet wird und durch deren Erfüllung der Eigentumsübergang stattfindet. Jedoch sind die Begründung der Verbindlichkeit und deren Erfüllung so eng miteinander verzahnt ausgestaltet, dass nach h.M. die Eigentumsübertragung mit einer Willenseinigung solo consensu übergeht, ohne dass es noch weiterer Handlungen bedarf. TERRE/SIMMLER, Les biens Rz. 387 (S. 274); CORNU, Les biens, Rz. 1070f. (S. 362f.), sowie BEYSEN–Frankreich, S. 239 m.w.N; zu weiteren europäische Ländern, in denen das Vertragsprinzip gilt, siehe oben Fn. 44 des Hauptdokuments.

[707] Für das Kaufrecht folgt dies aus Part III s. 17 (1) Sale of Goods Act 1979 : „Where there is a contract of sale of ... goods the property in them is transferred to the buyer at such time as the

keit der Übereignung eine Übergabe für nicht erforderlich gehalten. Gegen den hier vorgenommenen Vergleich ließe sich zwar einwenden, dass es zirkelschlussverdächtig ist, daraus eine grundsätzliche Entbehrlichkeit der Besitzübertragung abzuleiten, da es gerade Wesensmerkmal des Vertragsprinzips ist, dass Eigentum schon mit Vertragsschluss übergeht und nicht noch ein weiteres Übereignungsgeschäft hinzutreten muss, das nach deutschem Recht gem. § 929 BGB erst die Übergabe erforderlich macht. Indes ist dem entgegenzuhalten, dass das Abstraktionsprinzip nicht aus sich selbst heraus dazu zwingt, für das Verfügungsgeschäft die Besitzübertragung zu fordern. Sieht man nämlich den Unterschied zwischen Vertrags- und Abstraktionsprinzip darin, dass Verpflichtungs- und Verfügungsgeschäft rechtstechnisch durch einen einzigen Vertrag bewerkstelligt werden, so entspräche der Eigentumsübertragung nach dem Vertragsprinzip nur die Erzielung eines obligatorischen und eines dinglichen *Konsenses uno actu*. So besehen zwänge das deutsche Abstraktionsprinzip im Regelfall demnach nur zu dem Abschluss eines Verpflichtungs- und eines Verfügungsgeschäftes und nicht zu einer Besitzübertragung.[709] Legt man dies zugrunde, so zeigt ein Vergleich etwa zum französischen oder italienischem Recht,[710] dass die Besitzübertragung nicht zwingend für die Übersichtlichkeit der Übereignung erforderlich ist. Ein Fehlen der Besitzübertragung zur Erkennbarkeit

---

parties to the contract intend it to be transferred."; abgedruckt in BUTTERWORTH´S Commercial Law Handbook, London 1989, S. 45ff.

[708] Art. 1470 c.c. definiert den Kaufvertrag als einen Vertrag, der die Übertragung des Eigentums einer Sache oder die Übertragung eines anderen Rechts gegen die Leistung eines Preises zum Gegenstand hat. Demgemäß erwirbt der Käufer das Eigentum ohne Notwendigkeit der Besitzübertragung bereits im Zeitpunkt der Wollenseinigung; PLANCKER/PFEIFFER–Italien S. 341).

[709] Vgl. hierzu auch WIEACKER, Privatrechtsgeschichte der Neuzeit, S. 522: „... Die erste dieser Tendenzen [der Rechtsentwicklung im Mobiliarsachenrecht; Anm. d. Verf.] stieß sich an dem Traditionsprinzip bei Begründung und Übertragung dinglicher Rechte: der immer schnellere und rationalisierte Güterumschlag der arbeitsteiligen Wirtschaft fordert die Trennung der tatsächlichen Verfügungsgewalt und des Eigentums an der Ware, vor allem insoweit die Ware zur Kreditsicherung ausgenutzt wird. Indem sie mittels beider Traditionssurrogate Besitzkonstitut und Vindikationszession das Übergabeprinzip so weit auflockerte, daß man übertreibend vom Übergang zum „Vertragsprinzip" hat sprechen können, hat die sonst dem Publizitätsschutz ... so günstige Rechtsprechung im Sinne sachenrechtlicher Vertragsfreiheit sich wieder der Übereignungslehre des Vernunftsrechts und dem Konsensprinzip des Code civil oder doch der Aufweichung der traditio ... stärker angenähert."

[710] Die Übergabe der verkauften Sache ist nur eine vertragliche Verpflichtung des Verkäufers und berührt im Regelfall nicht die Wirksamkeit des Eigentumsübergangs, vgl. Art. 1476 Abs. 1 c.c.

der Übereignung wird dort nicht beklagt oder die Übertragung für notwendig erachtet.[711]

Unabhängig von diesen Erwägungen, die die Notwendigkeit der Besitzübertragung zur Erkennbarkeit der Rechtslage bei Übereignungstatbeständen für die Beteiligten bereits in einem anderen Licht erscheinen lassen, ist eine Kenntlichmachung des Verfügungsgeschäftes als solches durch das Besitzübertragungserfordernis auch insofern entbehrlich, als die Beteiligten nach deutschem Recht ohnehin eine dingliche Einigung erzielen müssen, die sich von einer obligatorischen Einigung unterscheidet und sich für die Beteiligten auch von dieser abgrenzen lässt. Das Obligationsgeschäft hat naturgemäß nur die Verpflichtung, das Verfügungsgeschäft naturgemäß die Verfügung zum Inhalt.

Es läge dem auch eine Überschätzung der Leistungsfähigkeit des Besitzübertragungsaktes zu Grunde, wenn man davon ausginge, dass die Besitzübertragung auf die dingliche Einigung Einfluss haben könnte oder durch diese erkennbarer wäre und hierdurch aus ihrer „gewissen Dunkelheit“ ins Licht gerückt werden könnte. Da die Besitzübertragung gem. § 929 BGB zusätzlich zur dinglichen Einigung treten muss,[712] also eine eigenständige Voraussetzung ist, vermag sie aufgrund ihrer Selbständigkeit Defizite der dinglichen Einigung nicht ausgleichen zu können.[713] Zweifel im Rahmen der Veräußerungserklärung können demnach auch nur im Rahmen dieser dinglichen Einigung geklärt werden.

Ferner trägt dem Umstand, dass es für die Beteiligten nicht notwendigerweise einer Besitzübertragung zur Kenntlichmachung bedarf, bereits § 930 BGB Rechnung, der die Übergabe in diesem Falle entbehrlich macht.

Schließlich ist auch zu berücksichtigen, dass selbst wenn eine Übergabe erfolgt, damit im Grunde nur wenig gesagt ist, da sich der Erwerber auch bei erfolgter Übergabe nicht mit absoluter Sicherheit darauf verlassen kann, dass er tatsächlich Eigentum erworben hat – hinzuweisen ist insbesondere auf § 935 Abs. 1 BGB.

---

[711] Allgemein kritisch zu dem Besitzübertragungserfordernis auch VÉKÁS–Ungarn S. 175f. (Dort nicht auf Ungarn beschränkt, S. 177): „Es läuft fast auf das gleiche hinaus, ob man den Vertragsschluss oder die Übergabe der Sache als das das Eigentumsrecht übertragende Moment bestimmt.“.

[712] MUGDAN und Motive (oben Fn. 699); STAUDINGER-WIEGAND § 929 Rz. 45; SOERGEL-HENSSLER § 929 Rz. 49ff.

[713] So auch WILHELM, Sachenrecht Rz. 798: Die Übertragung „ … ist nicht Dokumentation der außerhalb ihrer stehenden Einigung.“

(02) Erkennbarkeit für Dritte

Soweit die Besitzeinräumung deshalb für erforderlich gehalten wird, dass Dritte die Eigentumsübertragung nachvollziehen, bzw. erkennen können, so liegt dem ebenfalls eine Fehlvorstellung über das Potential der Besitzübertragung zugrunde.[714,715]

Zunächst gilt auch hier das zuvor genannte Argument, dass angesichts der Regelung des § 935 Abs. 1 BGB Dritte aus der Besitzübertragung nur in beschränktem Maße verbindliche Rückschlüsse auf die tatsächliche Eigentumslage ziehen können. Ebenfalls gilt auch, dass ein Auseinanderfallen von Eigentum und Besitz in einer Vielzahl von Fällen stattfindet, sodass Dritte aus dem Besitz ohnehin kaum Rückschlüsse auf die wahren Verhältnisse ziehen können.[716]

Entscheidend kommt hinzu, dass das Besitzeinräumungserfordernis des § 929 BGB auch nach dem Willen des Gesetzgebers keine Dauervoraussetzung für die Innehabung von Eigentum ist. Nichts hindert den Erwerber daran, unmittelbar nach erfolgter Übergabe den Besitz dem Veräußerer oder einem Dritten einzuräumen. Schon deshalb kann die Besitzübertragung kaum etwas zur Erhellung der Eigentumslage für Dritte beitragen. Da es sich bei dem Besitzübertragungsakt nur um einen kurzen Moment handelt, und der Zustand der Besitzeinräumung nicht aufrechterhalten werden muss, ist die Besitzübertragung auch deshalb ein ungeeigneter Anknüpfungspunkt, weil Dritte, für die die dingliche Rechtslage relevant wäre, üblicherweise zu dem Besitzübertragungszeitpunkt nicht anwesend sind.

Schließlich besteht auch kein nennenswertes Interesse eines Dritten an der Erkennbarkeit der dinglichen Rechtslage für den Fall, dass dieser evtl. ungerechtfertigt auf eine Sache einwirkt und sich damit deliktischen oder negatorischen Ansprüchen des Inhabers aussetzt. Denn diesem ist ohnehin bewusst, dass er diese

---

[714] STAUDINGER-WIEGAND Anh. zu §§ 929-931 Rz. 43 weist demgemäß darauf hin, dass Publizität im Sinne von Erkennbarkeit der Sachzuordnung weder verwechselt, noch gleichgesetzt werden darf mit Klarheit und Eindeutigkeit der Eigentumsverhältnisse.

[715] Auch das von WACKE sog. „allgemeine Kuriositätsinteresse" am dynamischen dinglichen Vorgang, also das Wissenwollen der Öffentlichkeit, wie viel der einzelne Volksgenosse umsetzt, verdient und zu eigen hat, wird – unabhängig davon, dass dessen Legitimität zu bezweifeln ist – nicht durch das Publizitätsprinzip befriedigt; WACKE, Besitzkonstitut, S. 32.

[716] Einzig im Rahmen eines gutgläubigen Erwerbs gem. §§ 929, 932 BGB kommt dem Glauben an eine Verfügungsbefugnis, für die ggf. die Besitzlage sprechen kann, Bedeutung zu, aber dies auch nur insofern begrenzt, als dass es, sofern § 935 BGB einschlägig ist, auf einen solchen guten Glauben nicht mehr ankommt.

Ansprüche gegen sich gelten lassen muss.[717] Aus Sicht des Schädigers ist die Erkennbarkeit der dinglichen Rechtslage daher nur die Klärung nach der Verteilung der deliktischen und negatorischen Anspruchsberechtigung.[718]

Unabhängig von den aufgezeigten Schwächen des Besitzes als Indikator für eine bestimmte Rechtslage, findet sich in diesem Zusammenhang in den Gesetzesmaterialien im Übrigen keine Begründung für die Festlegung auf den Besitz als einzig zugelassenes Publizitätsmittel bei Mobilien.

c. Gründe für den Besitz als Publizitätsmittel bei vertraglichen Pfandrechten

Dringt man in den konkreten Bereich der dinglichen Sicherungsrechte vor, so ist insbesondere das Besitzerfordernis bei der Einräumung von vertraglichen Pfandrechten an Mobilien gem. §§ 1204ff. BGB von Interesse. Die Nichtzulassung eines rechtsgeschäftlichen besitzlosen Pfandrechts an beweglichen Gütern wird von einer Reihe von Vorschriften klargestellt. Zur Beseitigung eines jeden Zweifels ist in § 1205 BGB geregelt, dass zur Bestellung des Pfandrechts die Übergabe erforderlich ist. Einer Umgehung dieses Übergabeerfordernisses durch Übergabe und sofortige Rückübergabe des Pfandgegenstandes an den Verpfänder präventiert § 1253 BGB, wonach das Pfandrecht erlischt, wenn der Pfandgläubiger das Pfand dem Verpfänder oder dem Eigentümer zurückgibt. Abs. 2 der Vorschrift flankiert diesen Schutz, indem die gesetzliche Vermutung aufgestellt wird, dass wenn der Verpfänder im Besitz des Pfandgegenstandes ist, vermutet wird, dass ihm das Pfand vom Pfandgläubiger zurückgegeben wurde.

Sucht man auch für diese Regelungen nach einer Begründung und konsultiert die Motive zum BGB, so wird das Erfordernis der Übergabe und der Besitzinnehabung wie folgt begründet:

„Wenn das Pfand in der Inhabung des Verpfänders verbleibt, so tritt einerseits das dem Rechtsverhältnisse entsprechende thatsächliche Verhältnis äußerlich weit weniger deutlich hervor als in dem gleichen Falle bei dem Nießbrauche, in welchem regelmäßig der behaltende Eigenthümer einen die Nutzungen darstellenden Entgelt für die Belassung gewährt, und andererseits ist die mit der Zulassung des const. poss. [constitutum possessorium;[719] Anm. d. Verf.] verknüpfte Unersichtlichkeit des

[717] WIELING, Sachenrecht I § 1 II 4 d, S. 20.

[718] SCHÖN, Nießbrauch an Sachen, S. 245.

[719] Besitzkonstitut.

Rechtsverhältnisses gerade bei dem Pfandrechte mit besonderen Gefahren verbunden, indem das const. poss. vielfach genutzt werden würde, um geheime, die Sicherheit des Verkehres, namentlich auf den Fall des Konkurses hin, beeinträchtigende Pfandrechte zu schaffen. Endlich ist auch daran zu erinnern, daß bei der Besitzübergabe durch const. poss. das Eigenthum des Erwerbers durch die strafrechtlichen Vorschriften über Unterschlagung geschützt und in Folge davon das eintretende Rechtsverhältnis im klaren Bewusstsein der Betheiligten erhalten wird, während bei der Inhabungsübergabe durch const. poss. zu Pfandzwecken ein ähnlicher strafrechtlicher Schutz gegen eine Unterschlagung des Detentors der eigenen Sache fehlt (vergl. § 289 StGB)."[720]

(i) Erkennbarkeit der Rechtslage / Unbefriedigende Abbildung der tatsächlichen Verhältnisse ohne Besitzeinräumung

Abgesehen davon dass auch an dieser Stelle keine Begründung für die Festlegung auf den Besitz als einzig zulässigem Publizitätsmittel gegeben wird, ist die dort gegebene Begründung für das Besitzerfordernis aus heutiger Sicht kaum mehr haltbar:

Zum einen gilt auch hier, wie bereits oben ausgeführt, dass die äußere Erkennbarkeit des tatsächlichen Rechtsverhältnisses aus dem Besitz kaum zu deduzieren ist, da in einer Vielzahl von Konstellationen Besitz und Eigentum auseinander fallen.[721]

Zum anderen muss auch schon in der Sache bezweifelt werden, ob das „tatsächliche Verhältnis", also die dingliche Belastung der Sache, durch die Übergabe derselben in irgendeiner Weise befriedigend abgebildet wird und einer „Unübersichtlichkeit" vorbeugt. Ausgehend von dem dem BGB zugrunde liegenden umfassenden, nicht-teilbaren Eigentumsverständnis,[722] stellt der Verpfänder dem Pfandgläubiger nur einen geringen Teilausschnitt aus dem Eigentum zur Verfügung, weitaus mehr Befugnisse verbleiben beim Verpfänder. Gegenüber dem auf die Verwertungsbefugnis verwiesenen und beschränkten Pfandgläubiger, bleibt der Verpfänder Eigentümer und kann darüber hinaus etwa die Nutz- und Fruchtziehung durch den Pfandgläubiger ausschließen, § 1213 BGB. Begreift man Eigentum als aus Berechtigungssplittern

[720] MUGDAN, S. 447 (=Motive, Bd. 3 Sachenrecht S. 801f.).

[721] Ähnlich STAUDINGER-WIEGAND Anh. zu §§ 929-931 Rz. 42; demgemäß wurden bereits öfter und schon früh verschiedene andere Publizitätsmittel im Zuge der Revision des BGB vorgeschlagen. Siehe etwa REINHARDT, Protokolle der Ausschüsse, Fahrnis-, Besitz- und Bodenrecht 1937-1942, Bd. III S. 58.

[722] Oben Teil III § 4 I.1. „Historischer Hintergrund" S. 147ff.

zusammengefügtes Ganzes,[723] so müsste an sich – unter Zugrundelegung des von den Gesetzesverfassern benannten Zieles die „tatsächlichen Verhältnisse“ annähernd nach außen hin erkennbar abzubilden – bereits aufgrund des quantitativ größeren Rechtsumfangs des Verpfänders diesem der Besitz zustehen. Dieser verfügt trotz Heraustrennung des Verwertungsrechts aus der umfassenden Eigentümerbefugnis über mehr Rechte als der Pfandnehmer. Dem ließe sich zwar entgegnen, dass die Verwertungsbefugnis ein derart starkes Recht ist, weil es letztlich im Verwertungsfall über die Eigentümerposition entscheiden kann, dass es qualitativ die dem Verpfänder zustehenden Rechte aufzuwiegen vermag. Jedoch ist dies nicht der Fall. Das Pfandrecht, das der Pfandgläubiger erhält, ist ein Verwertungsrecht, das als aufschiebend bedingt hinsichtlich der Folgen des Verwertungsfalles, also der Entziehung des Eigentums durch Verwertung, zu begreifen ist. Diese Verwertungsfolge kristallisiert sich erst im Sicherungsfall, erst zu diesem Zeitpunkt ist das Pfandrecht überhaupt als „starkes“ Recht einzuschätzen. Demgemäß kann in der Position des Pfandgläubigers bis zu dieser Kristallisation nicht ein so erhebliches Recht gesehen werden, das die unzweifelhaft dem Verpfänder bis dahin verbleibenden Rechte überwiegt.

Unabhängig davon zeigt auch ein Vergleich mit der Übertragung des Vollrechts Eigentum die Unschlüssigkeit der Begründung. Denn es ist nicht ersichtlich, aus welchem Grund die Publizitätsanforderungen bei der Einräumung des Pfandrechtes allgemein höher sein müssen, als bei einer Übereignung, die im Rahmen des § 930 BGB auf die Besitzeinräumung verzichtet und bei der nicht nur das Verwertungsrecht, sondern dieses und darüber hinaus auch sämtliche anderen dem Eigentümer zustehenden Rechte übertragen werden.

(ii) Prävention geheimer Pfandrechte

Hinsichtlich der weiteren Argumentation der Gesetzesbegründung, dass bei einer Zulassung des constitutum possessorium dieses vielfach dazu genutzt werden würde, um geheime Pfandrechte zu schaffen, so ist dies aufgrund der Wandlungen im Sachenrecht ebenfalls ein nicht mehr tragfähiges Argument. Zwar wurde etwa die Sicherungsübereignung als solches stilles Pfandrecht teilweise heftig kritisiert – die Bezeichnungen reichen von „illegitimes Kind des Verkehrs“[724] über „Bastard“[725] bis

[723] SCHWAB/PRÜTTING Sachenrecht Rz. 18.
[724] SALINGER, Gutachten zum 31. DJT, Bd. I, 1912 S. 501.
[725] ACKERMANN, Sicherungsübereignung an Warenlagern, 1919, S. 166.

hin zu „scheußlich“ [726] – jedoch hat die Wirtschaft solche „stillen Pfandrechte“ erfordert. Die Sicherungsübereignung avancierte zu dem deutschen Mobiliarpfandrecht überhaupt, ist mittlerweile nicht mehr aus dem Wirtschaftsverkehr wegzudenken und ihre Daseinsberechtigung lässt sich auch kaum ernsthaft bestreiten. Das neuere Schrifttum hat im Übrigen herausgearbeitet, dass, entgegen der teilweise abwertenden Beurteilungen, der Gesetzgeber bereits bei Schaffung des BGB die Sicherungsübereignung für selbstverständlich gehalten hat.[727]

(iii) Prävention der Schuldnermasseauszehrung

Schließlich setzt die Gesetzesbegründung voraus, dass durch das Erfordernis der Besitzübertragung einer Entleerung der Schuldnermasse präventiert werden soll und kann. Unter Schuldnermasseentleerung oder –auszehrung ist in diesem Kontext zu verstehen, dass der Schuldner die an sich in der Insolvenz haftende Masse durch Besicherung mit in der Insolvenz privilegierten und nicht erkennbaren Sicherungsrechten soweit belastet, dass für ungesicherte Gläubiger keine oder kaum relevante Haftungsmasse verbleibt. Dieses Phänomen trat schon früh nach Inkrafttreten des BGB durch die Rechtsfigur der Sicherungsübereignung auf und ist verantwortlich für ihren zuvor genannten schlechten Ruf.

Diese Begründung des Besitzerfordernisses zur Prävention der Schuldnermasseauszehrung hängt eng mit der vorgenannten Prävention geheimer, also nicht erkennbarer, Pfandrechte zusammen und zielt auf deren Konsequenzen ab. Dritte sollen sich auf den Anschein der bei dem Schuldner vorgefundenen Vermögenslage verlassen können. Gläubiger, die dem Schuldner Kredit aufgrund des augenscheinlichen Besitzstandes einräumten, müssten letztlich gleich behandelt werden wie gesicherte Gläubiger.

Die Materialien beschreiben die Gefahr der Schuldnermasseauszehrung im Zusammenhang der Belastungsmöglichkeiten von Liegenschaften wie folgt:

„Das Pfandrecht soll durch seinen Gegenstand dem Gläubiger besondere Sicherheit gewähren. Wenn aber der Schuldner seine gesammte Habe durch formlose Willenserklärung verpfänden kann, so wird jeder geschäftskundige und vorsichtige Mann, der nur Pfandkredit gewähren will, die Kreditgewährung regelmäßig davon abhängig machen, daß ihm neben dem Spezialpfande, welches der Kreditnehmer

[726] FLUME, 41. DJT 1955, F 42.

[727] Dies wurde herausgearbeitet von HROMADKA (oben Fn. 667) S. 89ff., sowie GAUL, Lex comissaria und Sicherungsübereignung AcP 168 (1968), 351ff., 352, 357ff.

bietet, zugleich ein Pfandrecht an dem ganzen Vermögen des Verpfänders eingeräumt werde. In der That war dies in großen Gebieten Deutschlands üblich, damit aber das Pfandrecht zu einem bloßen Vorzugsrechte bei der Zwangsvollstreckung in das Vermögen des Schuldners abgeschwächt. Wo dann noch gesetzliche, meist privilegirte Generalhypotheken hinzukamen, da ist das Pfandgeschäft fast ohne wirthschaftlichen Werth, nicht selten sogar zu einer Falle für weniger geschäftskundige Leute geworden."[728]

Der gleiche Gedanke liegt dem zugrunde, wenn die Gesetzesverfasser im Rahmen der Begründung der Notwendigkeit der Besitzübertragung bei Verpfändung von Mobilien anführen, dass „... das const. poss. vielfach genutzt werden würde, um geheime, die Sicherheit des Verkehres, namentlich auf den Fall des Konkurses hin, beeinträchtigende Pfandrechte zu schaffen...".[729]

Die Schuldnermasseentleerungsproblematik betrifft den Kern des Insolvenzverfahrens und bestimmt dessen Effizienz und Wert. Durch die Entleerung der Schuldnermasse wird das Insolvenzverfahren selbst sinnentleert, was teilweise als „Konkurs des Konkurses"[730] bezeichnet wird. Es handelt sich dabei um ein primär insolvenzrechtliches und nur sekundär ein sachenrechtliches Problem.[731] Allerdings besteht eine Rückkopplung zwischen diesen Rechtsmaterien insofern, als die dinglichen Rechte ihren Wert neben dem einfachen Sicherungsfall in der Insolvenz beweisen müssen.[732] Durch die Privilegierung dinglicher Rechte in der Insolvenz werden dingliche Rechte erst zu einer echten Sicherheit, schmälern dabei aber wiederum die den ungesicherten Gläubiger zur Verfügung stehende Haftungsmasse.

In der Literatur ist teilweise die Tendenz zu verzeichnen, ungesicherten Gläubigern nicht den Boden entziehen zu wollen[733] indem sie mit gesicherten Gläubigern gleichgestellt werden sollen. Der hierfür in der Hauptsache angeführte Grund, eine „ ... gleichmäßige Befriedigung aller Mitglieder der Gefahrengemeinschaft [sämtlicher

[728] Motive, Bd. 3 Sachenrecht S. 597.

[729] MUGDAN, S. 447 (=Motive, Bd. 3 Sachenrecht S. 801f.).

[730] BAUR/STÜRNER § 57 B IV Rz. 37.

[731] SCHMIDT, 51. DJT 1976 O 83ff.; REICH, 51. DJT 1976 O 107.

[732] 51. DJT 1976, Beschluss Nr. 17, O 182: „Die Reform der Mobiliarsicherungsrechte steht in untrennbarem Zusammenhang mit einer Reform des Insolvenzrechts."

[733] So verwenden etwa SCHWAB / PRÜTTING Rz. 415 pauschal die Bezeichnungen „der betrogene Gläubiger", „Kreditschwindel" „Täuschung"; differenzierter BAUR/STÜRNER, Sachenrecht § 57 B IV Rz. 35ff. und WOLF, Sachenrecht Rz. 763.

Insolvenzgläubiger; Anm. d. Verf.] sicherzustellen"[734] begegnet allerdings erheblichen Bedenken.[735]

Bereits das BGB spricht konzeptionell gegen einen solchen Schutz ungesicherter Gläubiger. Das BGB geht von einem freien Wirtschaftsbürger aus, der mit seinem Vermögen selbstverantwortlich verfahren kann, wie es ihm beliebt.[736] Diese Selbstverantwortlichkeit wird an vielen Stellen des BGB deutlich. Bereits § 1 BGB, wonach alle Menschen die gleiche Rechtsfähigkeit besitzen, indiziert die im Verhältnis zu der vor 1900 geltenden Rechtslage liberale Grundkonzeption des BGB.[737] In der Zusammenschau nur der Vorschriften der schuldrechtlichen Vertragsfreiheit gem. § 311 BGB, der Eigentumsfreiheit gem. § 903 BGB, der sachenrechtlichen Abschlussfreiheit, etc. ergibt sich das Bild einer Rechtsordnung, die grundsätzlich dem Individuum freien wirtschaftlichen Raum gibt. Nimmt man noch die Entscheidung für das Verschuldensprinzip hinzu, so entsteht das Leitbild des selbstverantwortlichen Bürgers.[738] Eine solche Systematik ist grundsätzlich auf einen freien, grundsätzlich paritätischen Wettbewerb angelegt, in dem jedem ohne Bevorzugung die gleichen Chancen und Risiken zuteil werden.

Vor diesem Hintergrund ist es geradezu erstaunlich, dass die Defizite aufgrund einer unterlassenen Bestellung dinglicher, in der Insolvenz privilegierender, Sicherheit durch die Zuverlässigkeit der Besitzlage als Indikator für die Vermögenslage und damit für die Solvenz des Schuldners bei den ungesicherten Gläubigern aufgefangen werden soll. Zwar reihte sich eine solche Entscheidung grundsätzlich in die Linie der Vorschriften ein, die auch sonst den Schutz bestimmter Rechtsverkehrsteilnehmer im Auge haben. Für dieses Anliegen spricht auch die ausdrückliche Benennung der „...weniger geschäftskundige[n] Leute"[739] in den Motiven. Außerdem ist nicht abzustreiten, dass es bestimmte Gläubigergruppen gibt, die eine Privilegierung verdienen, wie etwa Arbeitnehmer. Jedoch fällt im Gegensatz zu den sonstigen

[734] SCHWAB / PRÜTTING Rz. 415.

[735] Eine umfassende Darstellung der Problematik unter Einschluss ökonomischer Gesichtspunkte DORNDORF/FRANK (oben Fn. 666) S. 65ff.

[736] Hierzu bereits oben Teil III § 4 I.1. „Historischer Hintergrund" S. 147f.

[737] WIEACKER bezeichnete das BGB als „spätgeborenes Kind der Pandektenwissenschaft und der nationaldemokratischen, insoweit vor allem vom Liberalismus angeführten Bewegung seit 1848" vgl. auch KROESCHELL, Rechtsgeschichte Deutschlands im 20. Jahrhundert, S. 20; siehe auch SCHULTE-NÖLKE, Geburt des Bürgerlichen Gesetzbuchs NJW 1996, 1710.

[738] KROESCHELL (vorangehende Fn.) S. 19.

[739] Motive, S. 597.

Schutzvorschriften, etwa § 123 BGB, bereits auf, dass bei dem Erfordernis der Besitzeinräumung bei der Pfandrechtsbestellung keine Differenzierung nach Schutzbedürftigkeit der ungesicherten Gläubiger getroffen wird. Jeder, ob es der unerfahrene Marktteilnehmer oder aber der, dessen tägliches Geschäft der Wirtschaftsverkehr ist, wird ohne Differenzierung als schutzbedürftiger Gläubiger angesehen. Das Besitzerfordernis zur Prävention der Schuldnermasseauszehrung zu Gunsten sämtlicher ungesicherten Gläubiger ist damit eine Sachverhaltspauschalbeurteilung, während sonstige Schutzvorschriften des BGB in der Regel individuell zur Geltung kommen. In der Konsequenz bedeutet die von den Gesetzgebern angeführte[740] und auch in der Literatur[741] zu findende Begründung für das Besitzerfordernis, dass selbst derjenige Gläubiger, der positiv um die wirtschaftlich miserable Lage eines Schuldners weiß und diesem dennoch ein ungesichertes Darlehen einräumt, durch die pauschale Gleichbehandlung als schutzwürdig zu betrachten ist. Bereits deshalb ist das häufig in diesem Zusammenhang angeführte Argument der Notwendigkeit des Schutzes vor einer Irreführung Dritter über die wahren Vermögensverhältnisse,[742] nicht plausibel.

Denkt man noch einen Schritt weiter, so tritt die Brüchigkeit der Begründung gänzlich zutage: Macht man nämlich mit dem Gedanken ernst, dass ungesicherte Gläubiger sich auf die vorgefundene, augenscheinliche Vermögenslage verlassen können, so müssten jegliche publizitätslose Sicherungsrechte, also im Bereich des Mobiliarsachenrechts dann auch die Sicherungsübereignung und der Eigentumsvorbehalt untersagt sein.[743]

Unabhängig von diesen Erwägungen läge dem auch eine Überschätzung des Vertrauens der Gläubiger zu Grunde, wenn man davon ausginge, dass diese in der heutigen Zeit noch tatsächlich aus dem vorgefundenen Besitzstand Rückschlüsse auf die Solvenz des Schuldners ziehen würden.[744] Bereits bei den Beratungen zur Entstehung des BGB vor 1900 stand es den Gesetzgebern nicht zur Diskussion, dass

---

[740] Motive a.a.O.

[741] SCHWAB / PRÜTTING Rz. 415; DROBNIG, Empfehlen sich gesetzliche Maßnahmen zur Reform der Mobiliarsicherheiten? S. F 35; zu weiterem Schrifttum siehe die umfassenden Nachweise bei KIENINGER (oben Fn. 261) S. 168ff.

[742] Siehe vorige Fn.

[743] DORNDORF/FRANK (oben Fn. 666) S. 70; ihnen folgend v. WILMOWSKY (oben Fn. 341) S. 142 sowie KIENINGER (oben Fn. 261) S. 170ff.

[744] HROMADKA, Die Entwicklung des Faustpfandprinzips S. 188f. sowie KIENINGER (oben Fn. 261) S. 170ff.

Gläubiger im Allgemeinen nicht dazu berechtigt sind, sich darauf zu verlassen, dass alle im Besitze des Schuldners befindlichen Sachen diesem auch gehören.[745] Insofern dürften auch allgemeine Bezeichnungen wie „Täuschung“[746] und „der betrogene Gläubiger“[747] zu weit gehen. In den Fällen, in denen es sich tatsächlich um Täuschungen und Betrug zum Nachteil der Gläubiger[748] handelt, bemüht sich die Rechtsprechung Korrektive zu schaffen,[749] um der Schuldnermasseauszehrung zu begegnen.[750]

Schließlich ist die Frage nach der Aussagekraft des Besitzstandes über die Solvenz des Schuldners insofern auch nur von untergeordneter Bedeutung, als im Zwangsvollsteckungsrecht kein rechtlicher Schutz des Vertrauens des Gläubigers in den beim Schuldner vorgefundenen Besitzstand besteht.[751]

Endlich kommt es hierauf im Rahmen der Mobiliar- und Unternehmenshypotheken nach ausländischem Recht nur begrenzt an, da diese regelmäßig eine Dokumentierung[752] erfordern und damit von vornherein nicht publizitätslos sind, wodurch eine Gläubigertäuschung aufgrund fehlender Publizierung nicht in Betracht kommt.

(iv) Zwischenergebnis

In den Materialien zum BGB, sowie im BGB selbst, wird grundsätzlich vorausgesetzt, dass im Mobiliarsachenrecht kein anderes Publizitätsmittel die gleiche Funktion wie

---

745 Protokolle III S. 3690; siehe auch SERICK, Eigentumsvorbehalt und Sicherungsübertragung S. 136; HROMADKA (vorangehende Fn.).

746 Oben Fn. 733.

747 Oben Fn. 733.

748 Gläubigergefährdung.

749 Siehe hierzu RG, Urt. v. 9. 4.1932 – IX ZR 74/31, RGZ 136, 247ff.; BGH, Urt. v. 9. 7.1953 – IV ZR 242/52, BGHZ 10, 228ff.; BGH, Urt. v. 8.2.1956 – IV ZR 287/55, BGHZ 20, 43ff; BGH, Urt. v. 16.12.1957 – VII ZR 49/57, BGHZ 26, 185; BGH, Urt. v. 20.3.1985 – VIII ZR 342/83 NJW 1985, 1836ff.

750 Eine Täuschung der Gläubiger lässt sich nur dann annehmen, wenn die Tatbestände der Sittenwidrigkeit gem. §§ 138, 826 BGB erfüllt sind; SEIF, Bestandsschutz besitzloser Mobiliarsicherheiten im deutschen und englischen Recht, S. 269f., 306.

751 HENSSLER, Treuhandgeschäft AcP 196 (1996), S. 37ff., 57 Fn. 96 m.w.N.; siehe auch WACKE, Besitzkonstitut als Übergabesurrogat in Rechtsgeschichte und Rechtsdogmatik, S.34.

752 In Finnland beispielsweise die jeweilige Registrierung, für Unternehmen gem. §§ 17, 25 YritysKiinL, für Kraftfahrzeuge gem. §§ 1, 3 AutoKiinL und für Schiffe gem. § 23 AlusKiinL.

der Besitz erfüllt.[753] Die von den Gesetzesverfassern gegebene Begründung für die Erforderlichkeit des Besitzes als Publizitätstatbestand bei Übereignung und Verpfändung ist aus heutiger Sicht in sich nicht plausibel. Insbesondere begründen die von den Gesetzesverfassern angeführten Gründe und deren Umsetzung im BGB keinen derart gewichtigen Verkehrs- oder Vertrauensschutz, dass sie als Allgemeininteresse im europarechtlichen Sinne Abschottungen gegen andersartig publizierte Sicherungsrechte rechtfertigen können. Auch streiten insolvenzrechtliche Erwägungen nicht für die Erforderlichkeit der Offenlegung der Rechtsverhältnisse durch Besitz.

Darüber hinaus kommen auch keine sonstigen, im Zusammenhang mit der Publizität im Mobiliarsachenrecht stehenden Gründe in Betracht, die eine Nichtzulassung von Mobiliar- und Unternehmenshypotheken ausschließen:

4. Weitere Gründe für eine Versagung der Wirksamkeit andersartig publizierter dinglicher Rechte

a. Einfachheit der Dokumentation

Ein dem ersten Anschein gegen eine andersartige Publizierung als durch Besitz sprechendes Argument ist das der Einfachheit und damit der Praktikabilität des Besitzes als Publizitätsanknüpfungspunkt bei Mobilien. Während grundsätzlich drei Publizierungsmittel zur Auswahl stehen, um den Publizitätszweck[754] zu erreichen, lassen sich die tatsächlich vorkommenen Sachen nach ihrer Quantität unterscheiden, was entscheidenden Einfluss auf die Praktikabilität der Publizierungsart hat: Es lassen sich unterscheiden solche Güter, die in einem Land nur begrenzt zur Verfügung stehen, also insbesondere Liegenschaften, und solchen, die nahezu unbegrenzt vorhanden sind, wie die meisten Mobilien. Bei beiden Gruppen müssen naturgemäß zur Publizitätszweckerreichung „künstliche" Anknüpfungspunkte für eine Offenlegung der dinglichen Rechtslage geschaffen werden. Bei den begrenzt zur Verfügung stehenden Gütern ist es möglich, diese abschließend zu erfassen. Dieser Ansatz wird, wie oben gezeigt, in nahezu allen europäischen Rechtsordnungen bei Grundstücken, sowie bei verhältnismäßig seltenen beweglichen Sachen, wie etwa Luftfahrzeugen und Schiffen, verfolgt. Anders verhält es sich bei solchen Gütern, die in kaum

---

[753] Eine Nachzeichnung der historischen Hintergründe, die zur Zeit der Gesetzgebung den Besitz als attraktivstes Publizitätsmittel erscheinen ließen, findet sich bei HROMADKA (oben Fn. 667) S. 89ff.

[754] Teil III § 4 II.1.a. „Zweck der Publizität" S. 165.

überschaubarer Anzahl vorhanden sind. Durch die industrielle Produktion werden tagtäglich in großen Mengen neue bewegliche Sachen hergestellt, sodass eine Dokumentation und Erfassung faktisch unmöglich ist.[755] Für solche Sachen ist eine Dokumentation, ob sie direkt an dem Gegenstand oder in einem Register erfolgt, aufwändig und mit eigenen Schwierigkeiten versehen, sodass sich diese Art für einen raschen Warenumschlag nicht empfiehlt. Im Gegensatz dazu ist der Besitz als grundsätzlich einfaches und unkompliziertes Publizitätsmittel einzustufen und spricht dadurch grundsätzlich auch für diesen.

Indes ist diese Einfachheit der Dokumentation kein Argument dafür, anders publizierten dinglichen Rechten in einem Rechtssystem, das bei Mobiliarbelastungen auf den Besitz setzt, ihre Wirksamkeit zu versagen, etwa der im zuständigen Register dokumentierten Unternehmenshypothek oder der im Kfz-Brief verzeichneten Autohypothek. Denn soweit es um den Publizitätszweck[756] und das Publizierungsziel[757] geht, können sowohl Zweck, als auch Ziel ebenso durch andere Publizitätsmittel erreicht werden.

b. Tradition und Gepflogenheit

Auch das Argument der Gepflogenheit und Tradition als Grund für das zwingende Besitzerfordernis in Deutschland streitet nicht für eine Nichtanerkennung anderer als durch Besitz publizierter dinglicher Rechte.

Zwar lässt sich die Anknüpfung an den Besitz als Mittel zur Publizierung der dinglichen Rechtslage historisch weit zurückverfolgen und dürfte seit der Etablierung von Eigentum geläufig sein. Vor Inkrafttreten des BGB galt das Besitzpublizitätsprinzip bei Mobilien jedenfalls bereits im gemeinen Recht aufgrund PrALR I 9 § 6, I 10 § 1,[758] § 253 sächs. BG[759], bayer. LR II 3 § 7 und österr. BG[760] §§ 425, 426. Insofern lässt sich von einer hohen Geläufigkeit ausgehen, die für die zwingende Anknüpfung an den Besitz und die Nichtanerkennung anderer Publizierungsarten streiten kann.

[755] v. Wilmowsky (oben Fn. 341) S. 154.

[756] Teil III § 4 II.1.a. „Zweck der Publizität" S. 165.

[757] Teil III § 4 II.1.b. „Ziel der Publizierung" S. 166.

[758] PrALR I 9 § 6: „Geht aber das Eigenthum erst durch die Erledigung des Besitzes von Seiten des vorigen, und durch die Ergreifung derselben von Seiten des neuen Eigenthümers über; so heißt die Erwerbungsart mittelbar"; I 10 § 1: „ Die mittelbare Erwerbung des Eigenthums einer Sache erfordert, außer dem dazu nothigen Titel, auch die wirkliche Übergabe derselben".

[759] Bürgerliches Gesetzbuch für das Königreich Sachsen v. 2. Januar 1866.

[760] Allgemeines bürgerliches Gesetzbuch für Österreich v. 1. Juni 1811.

Jedoch relativiert sich dies bereits durch den fortschreitenden europäischen Integrationsprozess. Diesem ist eine Veränderung und Auflösung von Gebräuchlichkeiten immanent und hat eine Vielzahl von überkommenen nationalen Vorstellungen, die für die Bürger der Mitgliedstaaten geläufig waren, porös gemacht, wenn nicht gar beseitigt. Zwar will die Europäisierung Traditionen und kulturelle Unterschiede weitgehend bewahren,[761] jedoch ist dies nicht in der Weise zu verstehen, dass jegliche Veränderung als Angriff auf traditionelle Gegebenheiten zu werten ist, da dies einen Entwicklungsstillstand zur Folge hätte. Unabhängig davon, dass die Einordnung des Besitzerfordernisses als kulturelle Errungenschaft schwer fällt, wäre dies demnach ohnehin nicht geschützt.[762]

c. Leichte Erkennbarkeit

(i) Übersicht - Keine Notwendigkeit einer unmittelbaren Augenfälligkeit

Schließlich lässt sich die leichte Erkennbarkeit der Rechtslage als Grund für die zwingende Anknüpfung an den Besitz als Publizitätsmittel anführen. Unter dieser leichten Erkennbarkeit ist zu verstehen, dass den Beteiligten und Dritten keine oder nur geringe „Nachforschungsarbeit" aufgebürdet werden soll, um eine verlässliche Einschätzung der dinglichen Rechtslage zu erhalten.

Dieser Funktion des Besitzes sind allerdings zwei Dinge entgegenzuhalten. Zum einen hat der Besitz, wie zuvor angesprochen, ohnehin keinen eindeutigen, verlässlichen Aussagegehalt. Zum anderen sind innerhalb jeweiliger Rechtsordnungen die Publizitätsmittelanforderungen regelmäßig nicht so streng – und können dies naturgemäß auch nicht sein –, dass bereits auf den ersten Blick die dingliche Rechtslage erkennbar sein müsste: Der Erwerber von Fahrnis im deutschen Recht muss davon ausgehen, dass er die Sache vom Eigenbesitzer erwirbt, ansonsten kann er die Sache nicht gutgläubig lastenfrei erwerben;[763] bei Kraftfahrzeugen ist es erforderlich, sich den Kraftfahrzeugbrief vorlegen zu lassen.[764] Der Erwerber eines

---

761 Teil II § 1 V.2. „Gegenargument: Grundstruktur der Gemeinschaft" S. 87f.

762 Tradition besagt im Übrigen auch nur, dass ein bestimmter Zustand erreicht ist, jedoch nicht, dass es keinen anderen, gleich guten oder besseren gibt.

763 SCHWAB/PRÜTTING Sachenrecht Rz. 425; ZERANSKI, Prinzipien und Systematik des gutgläubigen Erwerbs beweglicher Sachen JuS 2002, S. 340ff., 343 m.w.N.

764 BGH, Urt. v. 27.1.1965 – VIII ZR 62/63, NJW 1965, 687; OLG Düsseldorf, Urt. v. 1.3.1985 – 22 U 230/84, NJW 1985, 2484.

Grundstückes kann sich im Rahmen eines Verkehrsgeschäfts nicht auf die Aussage der in Wirklichkeit nicht bestehenden und im Grundbuch dokumentierten Lastenfreiheit des Veräußerers verlassen, wenn er eine Liegenschaft gutgläubig lastenfrei erwerben will, da gem. § 892 BGB der Bestand des Grundbuchs massgeblich ist. Derjenige, der sich eine Sicherheit an einer Liegenschaft, etwa Hypothek oder Grundschuld, einräumen lässt, muss ebenfalls Erkundigungen einziehen und kann nicht blindlings darauf vertrauen, dass er den begehrten Rang erhält. Wer in Frankreich oder Italien ein Kraftfahrzeug erwirbt, muss grundsätzlich eine vorher an dem Fahrzeug bestellte Hypothek gegen sich gelten lassen, wenn er nicht nachweisen kann, dass er das Fahrzeug lastenfrei erworben hat. Gleiches gilt, wenn etwa in Italien unbesehen eine mit einer Hypothek belastete Maschine erworben wird, deren dingliche Belastung aus dem angebrachten Siegel erkennbar gewesen wäre.[765] Der Erwerber muss also die Maschine in Augenschein genommen haben. Auch in Polen reicht für einen gutgläubigen Erwerb einer Sache nach Art. 169 § 1 K.c. dessen einfache Übergabe nicht aus. Vielmehr muss der Erwerber etwa im Falle eines Fahrzeugkaufs, wie in einem in jüngerer Zeit entschiedenen Fall,[766] den Rechtszustand des Fahrzeugs kontrollieren, wozu grundsätzlich die Kontrolle der Identität des Veräußerer, dessen Berechtigung zur Verfügung, des Fahrzeugbriefes sowie der Motornummer und des Datenschildes gehört. Unter Umständen gehen die Nachforschungspflichten sogar soweit, dass die Inhaberkette anhand der Eigentumsübertragungsurkunden zurückverfolgt werden, die Echtheit des Fahrzeugbriefes festgestellt oder die Polizeilisten über gestohlene Fahrzeuge überprüft werden müssen.[767]

Die Publizität verlangt demnach nicht nach einer unmittelbaren und unbedingten Augenfälligkeit der dinglichen Rechtslage. Vielmehr wird dem Erwerber oder Sicherungsnehmer stets eine gewisse „Nachforschungsarbeit" aufgebürdet.[768]

---

765 Den Gutglaubenserwerb und den gutgläubig lastenfreien Erwerb regelt Art. 1163 c.c.

766 OLG Brandenburg, Urt. v. 12.12.2000 – 11 U 14/00, NJW-RR 2001, 597ff.

767 OLG Brandenburg (vorangehende Fn.) m.w.N.

768 Siehe nur die Entscheidungen BGH, Urt. v. 27.1.1965 – VIII ZR 62/63, NJW 1965, 687; OLG Karlsruhe, Urt. v. 7.4.1989 – 15 U 295/88, NJW-RR 1989, 1461f.; BGH, Urt. v. 13.5.1996 – II ZR 222/95, NJW 1996, 2226; OLG Düsseldorf, Urt. v. 18.9.1996 – 11 U 58/95, NJW-RR 1997, 246; BGH, Urt. v. 1.7.1987 – VIII ZR 331/86, NJW-RR 1987, 1456; BGH, Urt. v. 13.4.1994 – II ZR 196/93, NJW 1994, 2022ff.

(ii) Intensität der Nachforschungen

Allerdings ließe sich dem entgegenhalten, dass es nicht nur auf die Frage ankommt, ob überhaupt Nachforschungen betrieben werden müssen, sondern auch, mit welcher Intensität. In der Sache geht es darum, was dem jeweiligen Erwerber oder Sicherungsnehmer im Rahmen von grenzüberschreitenden Sachverhalten bei unterschiedlichen Publizitätsanforderungen oder -niveaus an Nachforschungen abverlangt werden kann, sodass dieser seine Gutgläubigkeit absichern kann. Stellt sich die Frage nach dem anzuwendenden Intensitätsmaßstab und den entscheidenden Faktoren der Gut- oder Bösgläubigkeit bereits innerhalb einer Rechtsordnung, so kommt es bei unterschiedlichen Rechtsordnungen darauf an, wie bei Publizitätsdivergenzen zu verfahren ist.

Bei abstrakter Betrachtung ist einleuchtend, dass bei unterschiedlich hohen Anforderungen davon ausgegangen werden kann, dass bei einem erkennbaren und selbsterklärenden Mehr an Publizierung gegenüber der eigenen Rechtsordnung die darüber hinausgehende Publizierung für die Rechtsordnung mit geringerem Publizierungsniveau ausreicht: Wenn beispielsweise das Land A höhere Anforderungen an die Publizierung eines Sicherungsrechts stellt, als das Land B und aus dem Land A nunmehr dieses nach höherem Niveau publizierte Sicherungsrecht in das Land B „exportiert" wird, so kann für diese Rechtsordnung die solchermaßen für jedermann erkennbare Offenlegung der dinglichen Rechtslage nach dem Recht des Landes A nicht als Argument einer mangelnden oder ungenügenden Publizierung herangezogen werden. Diese Überlegung liegt auch dem zu Grunde, wenn der BGH ein an einem LKW bestelltes französisches Kfz-Registerpfandrecht bei Verbringung des Fahrzeugs nach Deutschland auch nach den Maßstäben Deutschlands als hinreichend publiziert ansieht: „... Da aber das französische und das deutsche Sachenrecht für einen Fall der vorliegenden Art dem Finanzierungsinstitut gleicherweise ein besitzloses Sicherungsrecht zur Verfügung stellen, kann es nicht gegen den Zweck der Pfandrechtsbestimmungen des Bürgerlichen Gesetzbuches verstoßen, wenn in diesem Fall das besitzlose französische Registerpfandrecht anerkannt wird. Denn die Pfandrechtsbestimmungen des Bürgerlichen Gesetzbuches mit ihrem Prinzip des Faustpfandrechts wären [wg. der üblicherweise in diesen Fällen erfolgenden Sicherungsübereignung; Anm. d. Verf.] auch nicht zum Zuge gekommen, wenn der Sachverhalt sich ganz unter der Herrschaft des deutschen Sachstatuts ereignet hätte. Das deutsche Recht hätte sich vielmehr ... mit einem

Sicherungsrecht ohne jede Publizität begnügt, ***während das französische Registerpfandrecht immerhin die Registerpublizität hat*** … [Herv. d. Verf.]".[769]

Indes geht es in der Sache nicht nur um ein Publizierungsniveaugefälle, da häufig nicht nur die Publizierungsniveaus unterschiedlich sind, sondern auch unterschiedliche Publizierungsanknüpfungspunkte als Indikator für eine bestimmte Rechtslage innerhalb der jeweiligen Rechtsordnungen gewählt werden.

Die Beantwortung der Frage nach Augenfälligkeit einerseits und Nachforschung des Erwerbers oder Sicherungsnehmers andererseits ist vor dem Hintergrund unterschiedlicher Bezugsobjekte und Anknüpfungspunkte auszudifferenzieren: Ohne auf Detailfragen einzugehen wäre diese Frage bei Liegenschaften verhältnismäßig unkompliziert zu beantworten. Obwohl im Liegenschaftsrecht die Grenzüberschreitung nicht auftritt, sei dieses aus Transparenzgründen als Ausgangspunkt der Überlegung gewählt. Da das Liegenschaftsrecht in den Kernpunkten bei den europäischen Rechtsordnungen ähnlich ausgestaltet ist, indem in Grundbüchern oder Registern die dinglichen Rechte zu dokumentieren sind, müsste der Erwerber oder Sicherungsnehmer Einsicht in das Grundbuch nehmen und gegebenenfalls – sofern ihm dort eingetragene Rechte inhaltlich unbekannt sind – noch anderweitig Erkundigungen über Art und Umfang dieses eingetragenen Rechts einziehen. Der Erwerber eines Voll- oder Teilrechts kann sich bereits im Rahmen der eigenen Rechtsordnung nicht darauf berufen, dass er etwa eine eingetragene Grundschuld kannte, sich aber nicht der Bedeutung oder des Inhalts dieses Rechts bewusst war und darum dieses Recht nicht gegen sich gelten lassen müsse. Daher könnte ein solches Argument der Unkenntnis auch nicht bei grenzüberschreitenden Sachverhalten angeführt werden.

5. (Vorläufige) Konsequenzen für die Behandlung von Unternehmenshypotheken

Nimmt man diese vorstehende Erwägung als Ausgangspunkt, so gibt dies Anhaltspunkte dafür, wie mit Unternehmenshypotheken zu verfahren ist. An dieser Stelle sei die Frage, ob die Unternehmenshypothek als Inbegriff von Sachen gegen das sachenrechtliche Bestimmtheits- und Spezialitätsprinzip verstößt und dadurch in Deutschland einer Anerkennung im Wege steht, vorläufig ausgeblendet. Dass dies nicht der Fall ist, wird noch an anderer Stelle nachzuweisen sein.[770]

---

769 BGH, Urt. v. 20.3.1963 – VIII ZS 130/61 – BGHZ 39, 173ff., 176.

770 Unten Teil III § 4 II.8. „Besonderheiten bei Unternehmenshypotheken" S. 198ff.

a. Ausreichende Publizität durch Eintragung im Handelsregister

Da die Unternehmenshypothek sich regelmäßig[771] nicht auf Immobilien bezieht, ist diese grundsätzlich nicht bei dem zuständigen Grundbuch- oder Katasteramt, sondern dem jeweilig zuständigen (Handels-) Register, wie etwa in Finnland der zentral geführten, landesweiten Patent- und Registerbehörde gem. § 16 Abs. 1, 2 YritysKiinL einzutragen. Da bei einer Verlegung eines Unternehmens nach Deutschland die Sitzverlegung ohnehin in das Handelsregister einzutragen ist,[772] könnte dort auch die Unternehmenshypothek eingetragen werden.

Gem. § 10 HandelsregisterVO sind das Register und die zum Register eingereichten Schriftstücke auf der Geschäftsstelle des Registergerichts während der Dienststunden vorzulegen. Aufgrund dieser Vorschrift ist es jedermann gestattet Auskünfte zu Informationszwecken[773] zu erlangen.[774] Durch die Eintragung einer Unternehmenshypothek in das deutsche Handelsregister wäre diese genauso erkennbar, wie sonstige eintragungspflichtige oder eintragungsfähige Tatsachen:[775] Sofern ein Dritter weitergehendes Interesse an dem Unternehmen hat, wird er ohnehin Erkundigungen über die wirtschaftliche Lage des Unternehmens einholen und zumindest überprüfen, ob das Unternehmen insolvent ist. Hierüber gibt das Handelsregister Auskunft und

---

771 Eine Ausnahme stellt etwa die englische floating charge dar.

772 Hinsichtlich ausländischer Zweigniederlassungen im Inland bestimmt die Anordnung über Mitteilungen in Zivilsachen (MiZi) v. 29.4.1998, NJW 1998, Beilage zu Heft 38 im 4. Abschnitt unter XXI § 3 umfassende Mitteilungspflichten in Handelsregistersachen.

773 Ein Nachweis eines berechtigten Interesses i.S.d. § 34 FGG ist hierzu nicht erforderlich; MELCHIOR/ SCHULTE, Handelsregisterverordnung § 10 Rz. 1.

774 MELCHIOR/SCHULTE (vorangehende Fn.).

775 Die wichtigsten einzutragenden Tatsachen sind in Deutschland bei den Einzelkaufleuten die Eintragung als Kaufmann gem. § 1 HGB, die Führung einer Firma, Erteilung und Erlöschen der Prokura und die Eröffnung des Insolvenzverfahrens. Bei den Personenhandelsgesellschaften sind einzutragen die allgemeine Anmeldung der Gesellschaft, die Rechtsverhältnisse der Gesellschafter, wie besondere Vertretungsmacht oder Haftungsbeschränkungen, sowie deren Eintritt und Ausscheiden und die Liquidation und das Erlöschen der Gesellschaft. Einzutragende Tatsachen bei einer GmbH sind die allgemeine Anmeldung der Gesellschaft gem. §§ 7 ff. GmbHG, sowie ihrer Geschäftsführer, § 39 GmbHG, Satzungsänderungen im Allgemeinen, § 54 GmbHG, Kapitalerhöhungen und Kapitalherabsetzungen, §§ 57 f. GmbHG, und schließlich die Auflösung der Gesellschaft und die Liquidatoren, §§ 65, 67 GmbHG. Für die AG sind einzutragen die allgemeine Anmeldung gem. §§ 36 ff. AktG, Satzungsänderungen im Allgemeinen, § 181 AktG, Kapitalerhöhungen und -herabsetzungen, §§ 188, 210, 223, 227, 239 AktG, die Auflösung der AG, § 263 AktG, Unternehmensverträge gem. § 294 AktG und Verschmelzungen und Umwandlungen; siehe hierzu auch HÜBNER, Handelsrecht Rz. 114ff.

müsste zu diesem Zwecke eingesehen werden. Da insofern Einsicht in das Register genommen wird, wären dort verzeichnete Unternehmenshypotheken auch hinreichend augenfällig. Zwar kann freilich nicht davon ausgegangen werden, dass die Eintragung einer hipoteca de establecimiento mercantil[776] etwa bedeutet, dass dem Interessierten dadurch unmittelbar transparent ist, was dieses Recht im Einzelnen beinhaltet. Aber es wird erkennbar gemacht, dass dieses Unternehmen nicht frei von daran bestehenden Rechten ist. Dies reicht aus, um darauf aufmerksam zu machen, dass das Unternehmen nicht lastenfrei ist. Nachforschungen über Inhalt und Umfang des Rechts können ohne weiteres angestellt werden. Vor diesem Hintergrund ist die Eintragung der Unternehmenshypothek im deutschen Handelsregister hinreichend publiziert. Die etwa dem Erwerber des Unternehmens aufgebürdete „Nachforschungsarbeit" geht nicht über das Maß hinaus, das etwa bei dem Erwerb eines Grundstückes anzuwenden ist, und ist zumutbar.

b. Kein Entgegenstehen des numerus clausus des Handelsregisters

Der Eintragung der Unternehmenshypothek steht nicht im Wege, dass die Eintragung derselben im Handelsregister nicht vorgesehen ist. Denn unabhängig davon, dass das derzeitige Handelsregisterrecht ohnehin weithin für reformbedürftig gehalten wird[777] und in diesem Zuge eine Berücksichtigung der Eintragungsfähigkeit von Unternehmenshypotheken vorgesehen werden könnte, ist jegliches den Beschränkungsverboten entgegenstehende Recht unanwendbar. Da die Beschränkungsverbote die Anerkennung von ausländischen Unternehmenshypotheken im Inland erzwingen, was im Einzelnen noch im Folgenden darzulegen sein wird, ist dadurch auch die Nicht-Eintragungsfähigkeit in Deutschland EG-vertragswidrig und darf demgemäß nicht zur Anwendung kommen.

c. Aus dem Haftungsverband herausgelöste Sachen

Problematisch könnte im Zusammenhang mit im deutschen Handelsregister eingetragenen Unternehmenshypotheken daher nur der Fall sein, dass einzelne Sachen, die von der Hypothek erfasst werden, an Dritte weiterveräußert werden. Denn in diesem Fall würde regelmäßig keine Einsicht in das Register genommen werden, sodass es als fraglich erscheint, ob dieser Gegenstand dann noch zur

[776] Oben Fn. 19.
[777] Siehe hierzu insbesondere die Arbeiten von KRAMM, Handelsregisterrecht – Reformvorschläge und SCHÖPE, Reorganisation des Handelsregisters.

Haftungsmasse zählt, also auch in der Hand des Dritten mit der Hypothek belastet ist. Das deutsche Recht trifft für aus dem Haftungsverband einer Hypothek stammende Gegenstände in § 1121 BGB die Regel, dass eine Enthaftung stattfindet, wenn vor der Beschlagnahme gem. §§ 20ff. ZVG im Falle der Zwangsversteigerung, gem. § 148 ZVG bei der Zwangsverwaltung oder gem. §§ 808, 829 ZPO im Falle der Pfändung einzelner Gegenstände, diese aus dem Haftungsverband entfernt und veräußert werden. Hierdurch werden Dritte vor für sie unvorhersehbaren und nicht erkennbaren Belastungen geschützt;[778] es wird damit eine Grundentscheidung zur Fungibilität von Sachen getroffen. Gleiches gilt, wenn aus dem mit einem nantissement belasteten fonds du commerce einzelne Gegenstände herausgelöst und veräußert werden. Dem Pfandgläubiger steht in diesem Falle kein droit de suite,[779] sondern nur ein Vorzugsrecht am noch nicht ausgezahlten Veräußerungserlös des Gegenstandes zu.[780] Der Zugriff auf den Gegenstand ist dem Pfandgläubiger damit genauso wie bei aus dem Haftungsverband einer deutschen Hypothek herausgelösten Sachen verwehrt. Ähnliche Regelungen finden sich im schwedischen lag om företagshypothek,[781] §§ 3, 4 (2. Kap.) und im finnischen YrityskiinLaki[782] § 9 wieder.[783] Insofern bestehen auch hinsichtlich aus dem Haftungsverband der Unternehmenshypothek herausgelöster Gegenstände keine unüberwindbaren Divergenzen, die zu Systembrüchen führen würden und den Rechtsverkehr verunsichern könnten.

---

[778] Siehe dazu auch die Ausführungen bei WOLF, Sachenrecht Rz. 891 ff.; SCHWAB/PRÜTTING, Sachenrecht § 57 Rz. 654ff. (S. 317ff.); PALANDT/BASSENGE, § 1121 Rz.4.

[779] Hierzu oben Teil I § 3 III.1. „Der nantissement du fonds de commerce“ S. 56f.

[780] Droit de préférence ; hierzu oben Teil I § 3 III.1. „Der nantissement du fonds de commerce“ S. 56f.

[781] Oben Fn. 14; siehe zur Enthaftung auch RING/RING (oben Fn. 50) 7. Teil § 27 Rz. 806.

[782] Oben Fn. 18.

[783] § 9 YritysKiinL bestimmt in den Abs. 1 und 2 grundsätzlich: „(1) Unabhängig vom Bestehen eines Unternehmenspfandrechts kann mit dem Unternehmenspfandrecht belastetes Vermögen soweit rechtsgeschäftlich übereignet oder verwendet werden, wie dies der regelmäßige gewerbliche Warenaustausch oder die erforderliche Erneuerung von Waren oder der sonstige gewöhnliche Betrieb erfordert. (2) Das Unternehmenspfandrecht erlischt am veräußerten Vermögen. Wenn derjenige, welchem das Eigentum übertragen wird, beim Erwerb gutgläubig war, erlischt das Pfandrecht, obgleich das Vermögen entgegen der Vorschrift in Abs. 1 übereignet worden ist.“

d. Zusammenfassung

Aus den vorstehenden Ausführungen folgt, dass mit Eintragung einer Unternehmenshypothek in das jeweilig zuständige Handelsregister nach Grenzüberschreitung nach Deutschland, diese hinreichend publiziert ist und dessen genauer Inhalt mittels zumutbarer Nachforschungen sicher ermittelt werden kann. Der Eintragung und der solchermaßen eingetragenen Unternehmenshypothek kann bei grenzüberschreitenden Sachverhalten der Bestand nicht mit dem Hinweis auf zwingende Publizitätserfordernisse versagt werden. Mithin ergeben sich aus der Publizität keine Allgemeininteressen, die eine Diskontinuität von Unternehmenshypotheken bei grenzüberschreitenden Sachverhalten rechtfertigen.[784]

6. Konsequenzen für die Behandlung von Kfz-Hypotheken und anderen publizierten dinglichen Belastungen

Hinsichtlich der Kfz-Hypothek mit Briefvermerk verhält es sich vergleichbar zu den zuvor erörterten Unternehmenshypotheken. Da sämtliche europäischen Rechtsordnungen einen Kfz-Brief vorsehen, und bei Erwerb des Fahrzeugs die Briefübergabe für einen gutgläubigen Erwerb voraussetzen, ist die Nachforschungsarbeit nach evtl. Vorbelastungen aufgrund einer Kfz-Hypothek für den Erwerber nicht aufwändig. Selbst der Umstand, dass Eintragungen im Brief etwa in italienischer Sprache erfolgt sind, ist kein tragfähiges Gegenargument. Denn die Europäisierung bringt es mit sich, dass der Kontakt zwischen den Mitgliedstaaten wesentlich erhöht ist und der Einzelne sich zunehmend mit Sprachunterschieden auseinandersetzen muss.[785] Der BGH hat demgemäß im Ferrari-Urteil die in italienischer Sprache erfolgte Eintragung im Kfz-Brief als auch für Deutschland hinreichend erkennbares Indiz für eine dingliche Belastung ausreichen lassen.[786] In der zuvor genannten Entscheidung bzgl. des französischen Registerpfandrechts an dem LKW kam es nicht einmal mehr auf die Erkennbarkeit an.[787]

Sofern ein Kraftfahrzeug mit einer im Brief dokumentierten Kfz-Hypothek die Grenze nach Deutschland überschreitet, kann die Publizität nicht als tragfähiges Argument

---

[784] Zu der Frage, ob das Bestimmtheits- oder Spezialitätsprinzip einer Anerkennung entgegensteht siehe sogleich unten Teil III § 4 II.8. „Besonderheiten bei Unternehmenshypotheken" S. 198ff.

[785] Siehe hierzu bereits oben Teil II § 1 VIII.2.b(i) S. 109ff.; außerdem JAYME, Ein internationales Privatrecht für Europa, S. 5ff., 13.

[786] BGH, Urt. v. 11.3.1991 – II ZR 88/90, NJW 1991, 1415ff.

[787] BGH, Urt. v. 20.3.1963 – VIII ZS 130/61,BGHZ 39, 173ff., 176.

dafür herangezogen werden, dass eine solche Hypothek, sei es durch Nichtanerkennung oder inhaltliche Veränderung durch Transposition, abgeändert wird.

Genauso sind Sachverhalte zu bewerten, bei denen zwar das Pfandrecht als solches in beiden Ländern anzutreffen ist, jedoch unterschiedliche Publizierungsarten und -niveaus der betroffenen Mitgliedsstaatsrechtsordnungen bestehen, die dingliche Belastung aber grundsätzlich erkennbar ist. Wenn an einer Werkzeug- oder Produktionsmaschine in Italien wirksam ein Registerpfandrecht bestellt wird (privilegio del venditore di macchine),[788] was gleichzeitig die Anbringung eines gut sichtbaren Schildes an der Maschine und die Versiegelung der Anbringungsvorrichtung durch einen Justizbeamten voraussetzt, so kann daraus jedenfalls bei Verbringung in Mitgliedstaaten, die ebenfalls eine solche oder ähnliche Verpfändung von Maschinen kennen, wie Frankreich mit dem nantissement outillage et matériel d`équipment[789], hinreichend sicher geschlossen werden, dass diese Maschine nicht lastenfrei ist. Sofern ein dritter Gläubiger Zugriff auf das Pfandobjekt nehmen will, kann dieser hinreichend klar vorher erkennen, dass ein vorrangiges Befriedigungsrecht besteht.[790] Auch hier muss ihm der Rückzug auf gegebenenfalls bestehende Sprachdivergenzen aus bereits genanntem Grund versagt bleiben.

Auch in Fällen, in denen eine solchermaßen belastete Maschine in ein Land verbracht wird, das diese spezielle Form der Maschinenhypothek nicht kennt, kann das Pfandsiegel hinreichend Aufschluss darüber geben, dass Rechte an der Maschine bestehen. Denn sofern eine Rechtsordnung stille Sicherungsrechte, wie Deutschland die Sicherungsübereignung oder den Eigentumsvorbehalt, kennt und diese bereits ohne Publizierung mit Drittwirkung ausgestattet sind, so ist irgendeine Publizierung ein Mehr an Erkennbarkeit im Rahmen der bereits oben angesprochenen Niveauunterschiede: Wenn die Rechtsordnung keine Erkennbarkeit bereits mit Drittwirkung

---

[788] Aufgrund des Gesetzes Nr. 1329 v. 28.11.1965, Gazetta uffiziale v. 14.12.1965, S. 6255 und Decreto ministeriale v. 10.3.1966, Gazetta ufficiale v. 24.3.1966, S. 1399.

[789] Aufgrund Loi 51-59 v. 18.1.1951 zuletzt geändert durch Loi 69-1129 v. 19.12.1969 i.V.m. mehrfach geändertem Dekret v. 17.12.1952 – Pfandrecht an Betriebsausrüstungs- und Investitionsgütern.

[790] Dies umso mehr, als dass beispielsweise Frankreich auch gerade eine solche Anbringung von solchen Siegeln kennt. Wenn dieses zusätzlich zur Registrierung angebracht ist und daraus Ort, Datum und Nummer der Eintragung des Pfandrechts hervorgeht, so hat der Pfandgläubiger ein unbeschränktes Folgerecht im Falle des Weiterverkaufs; vgl. FERID/SONNENBERGER, Das Französische Zivilrecht, 3 D 170; siehe auch KIENINGER (oben Fn. 261) S. 182.

ausstattet, so muss dies nach oben Gesagtem erst recht für erkennbare Pfandrechte gelten.

Aus den vorstehenden Erwägungen folgt: Ist durch eine Dokumentation im zugehörigen Papier oder durch Anbringung eines erkennbaren Siegels ein Rechtsverhältnis offengelegt, dann kann nicht das Argument der Erforderlichkeit der Besitzpublizität als Rechtfertigungsgrund für eine Diskontinuität oder Beschneidung von Sicherungsrechten herangezogen werden.

7. Zwischenergebnis

Es ist festzuhalten, dass der Besitz bei Mobilien im deutschen Recht keine Qualität hat, die nicht gleichermaßen über die bei Kfz- und Unternehmenshypotheken praktizierte Offenlegung der dinglichen Rechtslage erfüllt wird. Es lässt sich die Nichtanerkennung, resp. Nicht-so-Anerkennung von diesen Sicherungsrechten nicht mit Publizitätserwägungen rechtfertigen. Die hieraus resultierende Folge ist, dass bei derzeitiger Rechtslage Kfz-Hypotheken in der Weise, wie sie einmal im Herkunftsland bestellt wurden, auch in Deutschland ohne Transposition Bestand haben und wirken müssen.

Dass dies ebenso für Unternehmenshypotheken als Sachgesamtheitshypothek trotz des eine Anerkennung vermeintlich ausschließenden sachenrechtlichen Bestimmtheits- und Spezialitätsprinzips gilt, wird im Folgenden darzulegen sein.

8. Besonderheiten bei Unternehmenshypotheken

Hinsichtlich der Behandlung von Unternehmenshypotheken als einheitlichem Gegenstand vergleichbar zum französischen, belgischem, spanischen oder polnischem Recht begegnet man zwei Problemkreisen. Zum einen, dass das Unternehmen als Wirtschaftseinheit nicht nur aus körperlichen, sondern auch unkörperlichen Bestandteilen besteht, zum anderen, dass das im deutschen Sachenrecht geltende Spezialitätsprinzip grundsätzlich einen dinglichen Zusammenschluss zu einer Sachgesamtheit untersagt.

a. Problematik der Einbeziehung von unkörperlichen „Gegenständen" (insbes. Kundenstamm)

Bereits dadurch, dass zu dem Umfang eines Unternehmens unkörperliche Gegenstände gehören, erscheint es zunächst problematisch, diese überhaupt in die Sachgesamtheit des Unternehmens als Belastungsgegenstand einzubeziehen. Eine sachenrechtliche Erfassung der immateriellen Werte scheint angesichts § 90 BGB, wonach Sachen nur körperliche Gegenstände sein können, zu scheitern.

Allerdings regiert § 90 BGB nicht das gesamte Zivilrecht, die deutsche Rechtsordnung lässt in einer Vielzahl von Fällen auch die dingliche Belastung von immateriellen Güter zu, sodass von vornherein nicht von einer konsequenten Haltung der deutschen Rechtsordnung gesprochen werden kann, die sich gegen die Belastung von immateriellen Gegenständen anführen ließe.

(i) Entwicklungstendenz zur sachenrechtlichen Berücksichtigung immaterieller Werte

Eine sachenrechtliche Ausgestaltung immaterieller Werte hat im deutschen Recht in einer Vielzahl von Fällen stattgefunden. Zu nennen sind insbesondere die Marke, Urheberrechte, Geschmacks- und Gebrauchsmusterrechte und Patentrechte.

Dass die sachenrechtliche Berücksichtigung nur aus einem Grund erfolgte, der genauso für die übrigen von dem Haftungsverband von Unternehmenshypotheken erfassten immateriellen Werten gilt, wird deutlich bei einer Nachzeichnung der Entwicklung gesetzlichen Regelungen.

(01) Marke

Die Marke war an sich nicht schon immer als selbständiges Wirtschaftsgut anerkannt, sondern etablierte sich erst im Laufe der Zeit. Vor der Einführung des MarkenG hatte sich bereits das Erfordernis ergeben, die Marke an sich wirtschaftlich zu berücksichtigen. Schließlich können in ihr „enorme wirtschaftliche Werte verkörpert sein“[791], sodass die Marke als Wertverkörperung insbesondere im Konkursverfahren eine wichtige Rolle einnahm. Die Rechtsentwicklung in Deutschland führte schließlich dazu, dass die Marke, die bis dahin als an den zugehörigen Geschäftsbetrieb gebunden zu verstehen war, durch das Erstreckungsgesetz und das MarkenG als immaterielles Wirtschaftsgut verselbständigt wurde.[792] Die Marke kann seitdem gem. § 29 MarkG Gegenstand von dinglichen Rechten sein.[793]

---

[791] INGERL/ROHNKE, Markengesetz Vor §§ 27-31 Rz. 1.

[792] INGERL/ROHNKE (vorangehende Fn.) Rz. 6.

[793] Neben der Inhaberschaft kommen insoweit für die Marke nur der Nießbrauch gem. § 1068 Abs. 1 BGB sowie die Verpfändung gem. § 1273 Abs. 1 BGB in Betracht; siehe auch INGERL/ROHNKE (oben Fn. 791) § 29 Rz. 4, 6ff.

(02) Urheberrechte

Ebenso wie die Marke basiert auch die Anerkennung der Urheberrechte auf der ökonomischen Entwicklung, die eine gesetzliche Regulierung erforderlich machte. In Deutschland ergab sich ein drängendes Bedürfnis nach einer Regulierung erstmals mit dem Beginn des Büchernachdrucks. Der daraus resultierende wirtschaftliche Druck zwang schon früh den Gesetzgeber zu einer gesetzlichen Ausgestaltung.[794] Auf naturrechtlicher Grundlage wurde unter weiteren Impulsen der Philosophie in der Erkenntnis, dass das Recht am Werk nicht erst durch gesetzliche Anerkennung, sondern aus sich selbst heraus diesem vorgelagert besteht, die Idee des geistigen Eigentums geschaffen. [795] Eine umfassende, zentralisierte Regelung erfolgte schließlich durch die Neukodifizierung des Gesetzes über das Urheberrecht und verwandte Schutzrechte[796]. Hierdurch ist das Urheberrecht als immateriellen Gut ausdrücklich anerkannt, indem es vererblich ist, § 28 Abs. 1 UrhG, und Gegenstand von schuldrechtlichen und dinglichen Nutzungsrechten sein kann,[797] §§ 29 Abs. 2, 31 Abs. 1 UrhG. Diese umfassende Kodifizierung war insbesondere erforderlich, weil die wirtschaftliche Bedeutung des Urheberrechts ständig gestiegen war. Es etablierten sich Urheberrechtsindustrien, die weit über die wirtschaftliche Bedeutung nur des „Nachdruckschadens“ in den Anfängen hinausging. Volkswirtschaftliche Untersuchungen haben schon in den 70er und 80er Jahren einen Anteil der Urheberrechtsindustrie in Schweden von 6,6 %, in England von ca. 5 %, und in Deutschland von ca. 3% am Bruttoinlandsprodukt belegt.[798]

(03) Patentrechte

Immaterielle Güter sind, in ihrer Erscheinungsform als rein geistige Leistung, in Abweichung zu § 90 BGB auch im Rahmen des Patentgesetzes gesetzlich anerkannt. Unabhängig von dem zugrunde liegenden Gerechtigkeitserwägungen war es insbesondere, ebenso wie bei den vorgenannten immateriellen Gütern, die

[794] Exemplarisch sind zu nennen das Badische Landrecht von 1809, das Preußische Gesetz zum Schutz des Eigentums an Werken der Wissenschaft und Kunst gegen Nachdruck und Nachbildung v. 11.6.1837, siehe hierzu, sowie zu weiteren gesetzlichen Regelungen DREIER/SCHULZE, Urheberrechtsgesetz Einl. Rz. 55.

[795] DREIER/SCHULZE, Urheberrechtsgesetz Einl. Rz. 54.

[796] Urheberrechtsgesetz.

[797] DREIER/SCHULZE (vorangehende Fn.) § 31 Rz. 9.

[798] JEHORAM, Kritische Überlegungen zur wirtschaftlichen Bedeutung des Urheberrechts, GRUR Int. 1989, S. 23ff. m.w.N.

wirtschaftliche Bedeutung, die eine staatliche Anerkennung und damit Fungibilität erforderlich machte. Nach der Gründung des Deutschen Reichs wurde schon bald das Reichs-Patentgesetz vom 25.4.1877 verabschiedet,[799] das in überarbeiteter Fassung am 7.12.1923 neu bekannt gemacht wurde. Nach dem Zusammenbruch des deutschen Patentwesens aufgrund des Untergangs des Deutschen Reichs wurde auf wirtschaftlichen Druck zügig ein neues Patentwesen initialisiert. Das Patentgesetz ermöglicht die Verkehrsfähigkeit von Patentrechten genauso wie sie bei körperlichen Gegenständen besteht.

(04) Gebrauchsmuster

Auch durch das Gebrauchsmustergesetz werden immaterielle Güter entgegen der Grundentscheidung des § 90 BGB gesetzlich berücksichtigt. Gem. § 13 GebrMG ist das Recht auf das Gebrauchsmuster, der Anspruch auf seine Eintragung und das durch die Eintragung begründete Recht vererblich. Das Gebrauchsmuster kann im Übrigen beschränkt oder unbeschränkt auf andere übertragen werden, ist insofern ebenso fungibel wie ein körperlicher Gegenstand.

(ii) Schlussfolgerung für die im Zusammenhang mit dem Unternehmen stehenden immateriellen Werte

In verschiedenen Bereichen gab es die Entwicklung, entgegen der grundlegenden Entscheidung des § 90 BGB, wonach Sachen nur körperliche Gegenstände sind und dementsprechend auch nur solche Gegenstand des Sachenrechtes sein können, auch immaterielle Werte fassbar zu machen und als Gegenstand von dinglichen Rechten anzuerkennen. Diese Entwicklung wurde getragen durch den Wirtschaftsdruck, der, geprägt durch Industrialisierung, Dienstleistungsgewerbeausbau und Arbeitsteilung, auf dem Gesetzgeber lastete. Da Zivilrecht dem Grunde nach auch dem Wirtschaftsverkehr zu dienen bestimmt ist und sich die Erkenntnis durchsetzte, dass immaterielle Güter ökonomisch bedeutsame Werte verkörpern können, mussten diese schließlich durch den Gesetzgeber gesetzlich ausgestaltet werden.

Da der Kundenstamm ein ebensolcher immaterieller Gegenstand ist und ebenfalls teilweise erhebliche Werte verkörpert,[800] lastet der gleiche Druck, der seinerzeit die

[799] Die Wurzeln reichen wesentlich weiter bis ins Altertum zurück; BENKARD, Patentgesetz, Einl. Rz. 2ff.

[800] RÖDDER/HÖTZEL/MUELLER-THUNS, Unternehmenskauf – Unternehmensverkauf § 4 Rz. 7ff.: „Die immateriellen (unkörperlichen Vermögensgegenstände und –werte) bilden i.d.R. die wesentlichen

Ausgestaltung der vorgenannten Immaterialgüter erforderte, ebenso hinsichtlich des Kundenstamms und sonstigen im Rahmen von Unternehmenshypotheken relevanten immateriellen Werte auf dem Gesetzgeber. Frankreich hat ebenso wie Spanien und viele andere europäische Mitgliedstaaten auf das Bedürfnis der Wirtschaft nach der Fungibilität und Nutzbarkeit des Kundenstamms [801] schon früh reagiert und dementsprechend anerkannt. Den Beziehungen zur Kundschaft wird in Frankreich sogar eine so große Bedeutung beigemessen, dass nach übereinstimmender Auffassung der französischen Literatur und Rechtsprechung ein dinglich belastbarer fonds de commerce nur dann besteht, wenn überhaupt ein Kundenstamm resp. die Beziehungen zu diesem besteht.[802]

Die Entwicklungen in der jüngeren Vergangenheit zeigen, dass auch in Deutschland ein Bedürfnis nach einer sachenrechtlichen Anerkennung besteht und ständig wächst. In diesem Zusammenhang ist auf die erhebliche wirtschaftliche Bedeutung von Adressdatenbanken hinzuweisen. Ebenfalls bestehen Unternehmen, deren Wert nahezu ausschließlich in der Verwaltung von Kontaktdaten liegt. Daher ist es bei Unternehmensübernahmen, -übertragungen [803] und -ausgliederungen häufig der wesentlichste und kritischste Punkt, die Übernahme der Geschäftsbeziehungen zur Kundschaft bei und nach Übertragung, sowie die Kundeneinweisung auszugestalten.[804]

Die gesetzlichen Wettbewerbsverbote schützen entsprechend dieser wirtschaftlichen Bedeutung die Kundenbeziehungen und verdeutlichen, dass der Gesetzgeber sie als maßgeblichen Bestandteil von Unternehmen anerkennt und schützt. Ein solches Wettbewerbsverbot findet sich bereits als Nebenpflicht, bei Übertragung eines Unternehmens nicht den alten Kundenstamm mit einer eventuellen neuen Unternehmung, die die gleiche Leistung erbringt, weiterhin zu bedienen und damit das veräußerte Unternehmen faktisch zu entwerten,[805] wenn nicht sogar lebensunfä-

---

wertbildenden Faktoren eines Unternehmens und sind für die Fortführung des Unternehmens von entscheidender Bedeutung...“; HÖLTERS / BAUER / v. STEINAU-STEINRÜCK, Unternehmens- und Beteiligungskauf, Teil V Rz. 41.

[801] In Frankreich als droit à la clientèle, in Spanien als clientela.

[802] Nachweise bei KATERLÖH (oben Fn. 99) S. 30.

[803] Sog. asset deal.

[804] Siehe auch HOLZAPFEL/PÖLLATH, Unternehmenskauf Rz. 874; RÖDDER/ HÖTZEL/ MUELLER-THUNS, Unternehmenskauf – Unternehmensverkauf § 4 Rz. 8.

[805] Siehe auch HOLZAPFEL/PÖLLATH (vorangehende Fn.) Rz. 834ff.

hig zu machen. Auch erkennen sowohl der BGH,[806] als auch die vorherrschende Meinung in der Literatur[807] den „eingerichteten und ausgeübten Gewerbebetrieb" in seiner Gesamtheit, ebenso wie das Markenrecht, Urheberrecht, das Patentrecht, gewerbliche Schutzrechte als sonstiges[808] Recht im Sinne des § 823 Abs. 1 BGB an und stellen damit auch den Kundenstamm, obwohl er ein immaterielles Gut ist, unter gesetzlichen Schutz. Schädigende, unmittelbar betriebsbezogene[809] Einwirkungen auf den Kundenbestand lösen daher nach Rechtsprechung und Literatur eine Schadenersatzpflicht aus. [810] Schließlich sehen Verfassungsrechtler bestehende Kundenbeziehungen und den Kundestamm sogar dem verfassungsrechtlichen Eigentumsbegriff des Art. 14 GG unterstellt.[811]

Es ist eine Entwicklung zu verzeichnen, die über die bisherige gewohnheitsrechtliche Berücksichtigung des Kundenstammes als selbständiges immaterielles Gut durch Rechtsprechung und Literatur, zwangsläufig in einer ausdrücklichen gesetzlichen Berücksichtigung münden muss. Die Beobachtung von Rechtsentwicklungen zeigt, dass Vorstöße von Rechtsprechung und Literatur häufig in der gesetzlichen Ausgestaltung realisiert werden. Exemplarisch ist auf die durch die Schuldrechtsmodernisierung erfolgte gesetzliche Regelung der bisherigen gewohnheitsrechtlichen Institute culpa in cotrahendo und positiver Forderungsverletzung oder auf die Entwicklung des Markenrechts hinzuweisen.

Unabhängig davon, dass die Entwicklung zu einer gesetzlichen Berücksichtigung daher ohnehin stattfinden wird, wird dieser Prozess erheblich durch den europäischen Integrationsprozess beschleunigt. Denn die Nichtanerkennung des Kundenstammes als Rechtsposition in der deutschen Rechtsordnung ist daran zu messen, dass der EG-Vertrag eine Liberalisierung von Unternehmenshypotheken, die den

---

[806] BGH, Urt. v. 16. 6. 1977 – III ZR 179/75, BGHZ 69, 128ff., 139; BGH, Urt. v. 7.2.1984 – VI ZR 193/82, BGHZ 90, 113ff., 123; BGH, Urt. v. 21.11.1995 – VI ZR 31/95, NJW 1996, 387, 388.

[807] SCHILDT, Der deliktische Schutz des Rechts am Gewerbebetrieb, WM 1996, 2266; KÖTZ, Deliktsrecht, Rz. 662; STAUDINGER-HAGER Vorbem. Zu §§ 823ff., Rz. 73, § 823 Abschnitt D.

[808] Zur Subsidiarität des § 823 Abs. 1 BGB zu spezialgesetzlichen Schutznormen und dem verbleibenden Anwendungsbereich siehe STAUDINGER-HAGER § 823 B 137.

[809] Zum Problem der Abgrenzung zwischen dem Recht auf freie Meinungsäußerung und Eingriff in den Gewerbebetrieb siehe die Darstellung bei STAUDINGER-HAGER § 823 D 31.

[810] Bericht wahrer Tatsachen, die Prangerwirkung haben BGH, Urt. v. 25.11.1986 – VI ZR 269/85, NJW 1987, 2746f., 2747; ähnlich BGH, Urt. v. 18.12.1962 – VI ZR 220/61, NJW 1963, 484, 485; Schmähkritik BGH, Urt. v. 21. 6. 1966 – VI ZR 261/64, BGHZ 45, 296ff., 308, 310; OLG Frankfurt am Main, Urt. v. 9.6.1971 – 6 U 44/70, NJW 1971, 1900, 1901.

[811] MAUNZ/DÜRIG–PAPIER Art. 14 Rz. 95; SACHS-WENDT Art. 14 Rz. 48.

Kundenstamm als Belastungsgegenstand einschließen, erforderlich macht. Es sind keine Gründe dafür ersichtlich, den Kundenstamm als immaterielles Gut sachenrechtlich nicht anerkennen zu können.

Vielmehr lässt sich demgegenüber gegenwärtig ein Trend zu einer verselbständigten Behandlung und Anerkennung des Kundenstammes verzeichnen. Die Grundfreiheiten des EG-Vertrages erfordern daher, dass die in Deutschland nicht vorgesehene sachenrechtliche Erfassung des Kundenstammes einer Anerkennung von Unternehmenshypotheken, die den Kundenstamm etwa als droit à la clientèle[812] im französischen oder als relaciones de hecho[813] im spanischen Recht berücksichtigen, nicht im Wege steht.

b. Spezialitäts- / Bestimmtheitsgrundsatz

Die Gründe die es hiernach dennoch auszuschließen scheinen, ein Unternehmen dinglich belasten zu können, haben zwei Anknüpfungspunkte. Erstens, dass eine solche Belastungsmöglichkeit nach deutschem Recht schlichtweg nicht vorgesehen ist, und zweitens das sachenrechtliche Bestimmtheits- und Spezialitätsprinzip.

(i) Keine gesetzliche Ausgestaltung eines sachenrechtlichen Unternehmensbegriffs in Deutschland

Bereits dadurch, dass die deutsche Rechtsordnung keinen gesetzlich geregelten einheitlichen Unternehmensbegriff kennt, fällt es schwer, das Unternehmen fassbar zu machen. Demgemäß lehnt es der BGH bislang ab, das Unternehmen als einheitlichen Gegenstand zu behandeln.[814]

Andererseits ist es aber zu eng, diese terminologische Schwäche als Hinderungsgrund für eine Belastungsmöglichkeit überhaupt zu sehen. Schließlich wäre es ohne weiteres möglich, gesetzgeberisch diese Lücke zu schließen, ebenso wie es in anderen europäischen Sachenrechtsordnungen geschehen ist.

Da das Unternehmen ökonomisch gesehen ein lebender Organismus ist, dessen Gesamtheit darauf ausgerichtet ist, am Wirtschaftsverkehr teilzunehmen und Erträge

---

[812] Oben Teil I § 3 III.1. „Der nantissement du fonds de commerce" S. 56f.

[813] Tatsächliche Beziehungen.

[814] BGH, Urt. v. 11.10.1967 – I b ZR 144/65: „... die Verpfändung oder Sicherungsübereignung eines Unternehmens durch eine sich nur auf das Unternehmen als Ganzes oder als Teil eines Gesamtunternehmens beziehende Willenseinigung (ist) nicht möglich, da dieses weder eine Sache noch ein Recht, sondern ein Inbegriff von Vermögensgegenständen ist...".

zu erzielen, ist das Unternehmen als potentieller Belastungsgegenstand weit zu verstehen. Vergleichbar zum Verständnis zum französischen fonds de commerce handelt es sich daher um die organisierte Wirtschaftseinheit, mittels derer der Unternehmer am Markt auftritt.[815] Das Unternehmen ist folglich als organisatorische Verbindung personeller und sachlicher Kräfte zu verstehen, worunter auch im Eigentum oder Besitz des Unternehmensinhabers stehende Sachen, ihm zustehende Rechte sowie sonstige unkörperliche Vermögenswerte, wie Firma, Ruf, geschäftliche Erfahrung, Beziehungen, Kundenstamm und anderes mehr zu verstehen sind.[816] Mit diesem Unternehmensverständnis korrespondiert die höchstrichterliche Rechtsprechung im Steuerrecht. Der BFH versteht unter Unternehmen jede wirtschaftliche Einheit oder organisatorische Zusammenfassung persönlicher oder sachlicher Mittel zur Verfolgung wirtschaftlicher Zwecke.[817] Zu den Betriebsgrundlagen zählen hierbei nach seiner Rechtsprechung neben den materiellen Wirtschaftsgütern auch Erfahrungen, Geheimnisse, Beziehungen zu Kunden, Lieferanten und Mitarbeitern.[818]

Vor dem Hintergrund der Europäisierung geht es nicht mehr allein darum, ob das deutsche Recht die gegenständliche Erfassung eines Unternehmens vorsieht, sondern, dass die Grundfreiheiten des EG-Vertrages dies, wie bisher dargelegt, verlangen, sofern nicht gewichtige Gründe seitens der nationalen Rechtsordnung als rechtfertigendes Allgemeininteresse ausnahmsweise entgegenstehen.

Daher kommt es entscheidend darauf an, ob dem zweiten Begründungsstrang, dem Spezialitätsprinzip, Erwägungen zu Grunde liegen, die ein Verschließen vor der Aufnahme von Unternehmenshypotheken rechtfertigen, da sie die Belastung von Sachgesamtheiten zum Gegenstand haben.

---

[815] SCHMIDT, Handelsrecht 4./5. Aufl. § 4 I 2 a).

[816] LARENZ/WOLF, Allgemeiner Teil des Bürgerlichen Rechts § 20 Rz. 84.

[817] BFH, Urt. v. 14.5.1970, BStBl. II S. 676; BFH, Urt. v. 28.11.1973, BStBl. II 1974, S. 145; BFH, Urt. v. 11.5.1993, BStBl. II S. 700; BFH, Urt. v. 7.3.1996, BFH/NV 1996 S. 726.

[818] BFH, Urt. v. 27.11.1979, BStBl. II 1980 S. 258; BFH, Urt. v. 16.3.1982, BStBl. II S. 483; BFH, Urt. v. 3.5.1994, BFH/NV S. 762.

(ii) Gründe für die Nichtanerkennung des Unternehmens als Sachgesamtheit, insbesondere für das Spezialitätsprinzip

(01) Zweck des sachenrechtlichen Bestimmtheits- und Spezialitätsprinzips

Nach dem Bestimmtheitsgrundsatz sollen Vereinbarungen dinglicher Natur inhaltlich bestimmt getroffen werden. Dadurch, dass dingliche Rechte absolute Wirkung haben, soll der Inhalt für Dritte erkennbar sein, damit diese den Umfang des Rechts abschätzen können. [819] Das Spezialitätsprinzip ist Ausfluss dessen, dass jede selbständige Sache einem gesonderten Eigentumsrecht entspricht.[820] Das Spezialitätsprinzip soll insoweit wirtschaftlich die Fungibilität von einzelnen Sachen erhalten, damit diese nicht in eine Sachgesamtheit einbezogen werden und dadurch ihre Selbständigkeit verlieren. Allgemein formuliert soll im Interesse der Rechtssicherheit und -klarheit die Eindeutigkeit des Bezugsobjekts gewahrt werden.[821] Der Spezialitätsgrundsatz ist damit kein speziell sachenrechtliches Prinzip, sondern ein Prinzip der Verfügungen.[822]

Allerdings handelt es sich hierbei um keine im deutschen Recht absolut verwirklichte Prinzipien. Ausnahmen werden in einer Vielzahl von Fällen zugelassen.[823] Dies legt die Frage nahe, in welchen Fällen solche Ausnahmen zugelassen sind und welche gesetzgeberischen Motive dahinter stehen. In der Sache geht es um die Frage, ob bestimmte Kriterien bestehen, nach denen gesetzgeberisch Ausnahmen vom Spezialitätsprinzip zugelassen werden und ob diese Kriterien auch hinsichtlich Unternehmenshypotheken erfüllt werden. Dass dies der Fall ist, ist im Folgenden zu zeigen.

---

[819] WOLF, Sachenrecht Rz. 26ff.; SCHWAB/PRÜTTING § 4 Rz. 20b; HAEDICKE, Der bürgerlich-rechtliche Verfügungsbegriff, JuS 2001, S. 966ff., 969.

[820] WOLF, Sachenrecht R. 29; SCHWAB/PRÜTTING § 4 Rz. 20a.

[821] SOERGEL–HENSSLER Vor § 929 Rz. 11; BAUR/STÜRNER § 4 III Rz.17

[822] WILHELM, Sachenrecht Rz. 8; HAEDICKE (oben Fn. 819) S. 969.

[823] Dies übersieht HAEDICKE (oben Fn. 819) S. 969 wenn er schreibt: „ ... Zudem folgen Verfügungen dem Spezialitätsprinzip, so dass sich jede Verfügung *stets* auf eine konkrete Rechtsposition beziehen *muss*... [Herv. d. Verf]".

(02) Haltung des deutschen Gesetzgebers zu Wirtschaftseinheiten im Allgemeinen

Es wurde bereits angesprochen, dass Zivilrecht dem Wirtschaftverkehr zu dienen bestimmt ist. Da der Wirtschaftsverkehr nicht stets die separate Behandlung von Sachen erfordert, sondern demgegenüber etwa zusammengesetzte Sachen ihre wirtschaftliche Bedeutung erst durch diese Zusammensetzung erhalten, sieht das deutsche Gesetz zahlreiche Ausnahmen von dem Bestimmtheits- und Spezialitätsprinzip vor. Entscheidende Vorschriften in diesem Zusammenhang sind zunächst die §§ 93, 94, und 97 BGB.

Gem. § 93 BGB können Bestandteile einer Sache, die voneinander nicht getrennt werden können, ohne dass der eine oder andere zerstört oder in seinem Wesen verändert wird, nicht Gegenstand besonderer Rechte sein. Der Sinn der Vorschrift besteht darin, eine nutzlose Zerschlagung wirtschaftlicher Werte zu verhindern und damit die Wirtschaftseinheit zu erhalten.[824]

§ 94 BGB trifft eine vergleichbare Regelung für den Spezialfall des Grundstücks als Sache und schreibt fest, dass etwa Gebäude, die mit dem Grund und Boden fest verbunden sind, wesentliche Bestandteile des Grundstücks sind. Auch bei dieser Regelung hielt der Gesetzgeber eine separate Betrachtung der einzelnen Sachen, also Grundstück einerseits und Gebäude andererseits, für nicht erforderlich, da sie zusammen eine Wirtschaftseinheit bilden und dies auch der natürlichen Betrachtungsweise entspricht.[825]

---

[824] MUGDAN S. 22f. = Motive 41: „Klar ist ohne Weiteres, daß die Bestandtheile, um die es sich hier handelt, ihren wirthschaftlichen Zweck und damit ihren Werth regelmäßig nur in der von ihnen gebildeten Sache haben. Ihre Trennung voneinander führt nicht blos zur Auflösung des Ganzen, sondern auch zur Beschädigung und wesentlichen Veränderung der zu gewinnenden Stücke, mithin zur Entwerthung oder wenigstens zur Herabminderung des Werthes von Vermögensgegenständen, einem Ergebnisse, welches den volkswirthschaftlichen Interessen entgegenläuft."; PALANDT-HEINRICHS § 93 Rz. 1.

[825] MUGDAN S. 24 = Motive 43: „Allein wenn im Falle des § 782 [= § 93 BGB; Anm. des Verf.] die Ausschließung von Sonderechten an wesentlichen Bestandtheilen einer Sache ihre Rechtfertigung in dem volkswirthschaftlichen Interesse findet, das an der Erhaltung dieser Bestandtheile als solcher besteht, so rechtfertigt der nämliche Grund auch den § 783 Abs. 1 [= § 94 BGB; Anm. des Verf.], da dieser ebenfalls darauf abzielt, das Ganze zu erhalten, bz. Die Trennung der Gebäude von dem Grund und Boden zu verhindern, selbst wenn sie ohne eigenen Schaden und ohne Schaden des Bodens sich abtrennen lassen würden."

Gem. § 97 sind bewegliche Sachen, die, obwohl sie nicht Bestandteil einer Hauptsache sind, einer solchen jedoch zu dienen bestimmt sind und zu ihr in einem dieser Bestimmung entsprechenden räumlichen Verhältnis bestehen, Zubehör der Sache. Das Gesetz lässt durch diese Vorschrift grundsätzlich auch Sachen, die als Zubehör im Sinne der Vorschrift zu qualifizieren sind, selbständig bestehen, berücksichtigt jedoch, dass das Zubehör in einem wirtschaftlichen Zusammenhang zu der Hauptsache steht. Daher sieht das Gesetz in Verbindung mit spezialgesetzlichen Regelungen vor, dass im Zweifel auch das Zubehör, obwohl es selbständig ist, das rechtliche Schicksal der Hauptsache teilt.[826] Solche spezialgesetzlichen Regelungen sind insbesondere die §§ 926 Abs. 1 und 1120 BGB sowie die korrespondierende Vorschrift für die Zwangsvollstreckung, § 865 ZPO. § 926 Abs. 1 BGB betrifft die Grundstücksveräußerung und regelt in S. 2 die Vermutung, dass im Zweifel anzunehmen ist, dass sich die Grundstücksveräußerung auch auf das Zubehör erstreckt. Gem. § 1120 BGB erstreckt sich eine an einem Grundstück bestellte Hypothek nicht nur auf von dem Grundstück getrennte Erzeugnisse und sonstige Bestandteile, sondern grundsätzlich auch auf das Zubehör. Dies führt dazu, dass auch Maschinen, Werkzeuge, Lastkraftfahrzeuge und dergleichen, wenn sie dem wirtschaftlichen Zweck eines mit einer Fabrik bebauten Grundstücks zu dienen bestimmt sind, in den Haftungsverband fallen.[827] § 97 BGB in Verbindung mit den spezialgesetzlichen Regelungen statuiert damit entgegen dem Spezialitätsprinzip die einheitliche Behandlung einer Wirtschaftseinheit als Schutz vor Zerschlagung und Entwertung.

§ 98 BGB bringt darüber hinaus noch eine Erweiterung für gewerbliches und landwirtschaftliches Inventar, wodurch ebenfalls an sich einzelne Sachen einer einheitlichen Betrachtungsweise unterworfen sind. Eine solche rechtliche Zusammenfassung findet sich für Höfe auch in der HöfeO, wobei dessen § 3 S. 2 weitgehend der Regelung des § 98 BGB entspricht. Auch für Schiffe besteht in § 478 HGB eine spezielle Zubehörregelung, die dazu führt, dass zusammengehörige Sachen einheitlich zu betrachten sind.[828]

---

[826] PALANDT-HEINRICHS § 97 Rz. 1.

[827] BGH, Urt. v. 14.12.1973 – V ZR 44/72, BGHZ 62, 49ff.; BGH, Urt. v. 6.11.1990 – VI ZR 99/90, NJW 1991, 695; WOLF Sachenrecht Rz. 638.

[828] 478 HGB: „(1) Zubehör eines Schiffes sind auch die Schiffsboote. (2) Im Zweifel werden Gegenstände, die in das Schiffsinventar eingetragen sind, als Zubehör des Schiffes angesehen".

(03) Tendenzen Wirtschaftseinheiten sachenrechtlich anzuerkennen im europäischen Vergleich

Betrachtet man andere europäische Sachenrechtsordnungen, so fällt im Vergleich auf, dass auch diese in den klassischen Wirtschaftsbereichen häufig eine Zerschlagung von Wirtschaftseinheiten vermeiden. Art. 956 des griechischen Zivilgesetzbuches regelt inhaltsgleich zum deutschen Recht: „Zubehör ist eine bewegliche Sache, die, ohne Bestandteil der Hauptsache zu sein, dem wirtschaftlichen Zwecke der Hauptsache dauernd zu dienen bestimmt ist und bereits zu ihr in einem dieser Bestimmung entsprechenden räumlichen Verhältnis steht." Ebenfalls findet sich eine das Zubehör eines Landgutes regelnde Bestimmung in Art. 960 griech. ZGB. Durch die Bestimmung des Art. 958 griech. ZGB, wonach sich ein Rechtsgeschäft im Zweifel auch auf das Zubehör erstreckt, wird bei Übertragung[829] und Belastung[830] des Grundstücks die Wirtschaftseinheit erhalten und das Zubehör miteinbezogen. In den Niederlanden wird Zubehör[831] ebenfalls geregelt: Art. 3:254 N.B.W. bestimmt, dass hinsichtlich beweglicher Sachen, die dazu bestimmt sind, einer unbeweglichen Sache dauerhaft zu dienen und dies erkennbar ist, vereinbart werden kann, dass diese bei einer hypothekarischen Belastung mit in den Haftungsverband einbezogen werden können, wobei ein einfacher Hinweis auf die Einbeziehung ausreicht.[832] Gleiches gilt für Maschinen und Werkzeuge, die dazu bestimmt sind, mit ihnen ein Gewerbe auszuüben, vgl. Art. 3:254 Abs. 1 N.B.W.. Italien regelt in Art. 816 Abs. 1 codice civile Gesamtsachen, indem eine Mehrheit von beweglichen Sachen, die derselben Person gehören und eine einheitliche Widmung haben, als solche Gesamtsache anzusehen ist. Die Artt. 817, 818 codice civile bestimmen, dass sich Rechtshandlungen und Rechtsverhältnisse, die die Hauptsache betreffen, sich im Zweifel auch auf das Zubehör erstrecken, wobei unter Zubehör Sachen zu verstehen sind, die dem Dienst oder dem Zweck einer anderen Sache dauerhaft gewidmet ist. Das schwedische Jordabalk[833] 1970:994 2. Kap. regelt in den §§ 1-7 das Zubehör von Grundstücken in vergleichbarer Weise wie § 97 BGB. Ebenfalls sieht Portugal in den Artt. 206 und 210 código civil Sachgesamtheiten, Nebensachen und Zubehör vor.

---

[829] Gem. Art. 1033ff. griech. ZGB.

[830] Gem. Artt. 1118ff. (Grunddienstbarkeit), 1142ff. (Nießbrauch), 1257ff. (Hypothek) jeweils griech. ZGB.

[831] Hulpzaken.

[832] NIEPER/PLOEGER–Niederlande S. 218/219.

[833] Schwedisches Grundstücksgesetzbuch.

Die gleiche Intention der Erhaltung von Wirtschaftseinheiten findet sich in den osteuropäischen Staaten. Zubehör ist in Polen in Art. 51 K.c, ähnlich wie in den übrigen europäischen Rechtsordnungen, definiert als Sachen, die bestimmungsgemäß zum Gebrauch einer anderen Sache notwendig sind und mit diesen in einer dieser Bestimmung entsprechenden tatsächlichen Verbindung stehen. Art. 191 K.c. bestimmt, dass sich das Eigentum am Grundstück auf bewegliche Sachen erstreckt, die mit dem Grundstück verbunden sind, sodass sie wesentlicher Bestandteil sind. In Tschechien finden sich vergleichbare Regelungen über wesentliche Bestandteile und Zubehör in den §§ 120, 121 ZGB. § 95 des ZGB Ungarns regelt in Abs. 1 Bestandteile einer Sache und in Abs. 2 das Zubehör ähnlich dem deutschen Recht.

Über diese Regelungen zur Vermeidung der Zerschlagung von Wirtschaftseinheiten aus den klassischen, zur Basis einer jeden Volkswirtschaft gehörenden Bereichen, unabhängig davon, wie weit diese entwickelt ist, haben eine Vielzahl der europäischen Rechtsordnungen das wirtschaftliche Bedürfnis nach einer einfachen sachenrechtlichen Handhabung des Unternehmens befriedigt. Dies nicht nur durch die Ausgestaltung der Unternehmenshypotheken wie der företagshypothek, dem nantissement du fonds de commerce, der charge, der Yrityskiinnitys oder der hipoteca de establecimiento mercantil, sondern teilweise sogar gänzlich, wie das polnische Recht. Dies regelt in 55^2 des K.c, dass ein Rechtsgeschäft, das das Unternehmen zum Gegenstand hat, grundsätzlich alles umfasst, was zum Unternehmen gehört.[834] Hierbei ist ein umfassender Unternehmensbegriff zu Grunde zu legen. Gem. Art. 55^1 umfasst das Unternehmen die materiellen und immateriellen Bestandteile zur Erreichung eines bestimmten wirtschaftlichen Zwecks und listet hierzu die üblichen Bestandteile beispielhaft auf.[835]

(04) Zusammenfassung und Rückschlüsse für Unternehmenshypotheken

Wie sich zeigen lässt, sieht das deutsche Zivilrecht in einer Vielzahl von Fällen eine sachenrechtliche Zusammenhaltung von Wirtschaftseinheiten vor, um die wirtschaftliche Handlungsfähigkeit zu erhalten. Es lässt sich hieraus die gesetzgeberische Intention, die volkswirtschaftliche Grundlage zu erhalten, ablesen. Auffällig ist, dass es sich in den Fällen, in denen in Deutschland Wirtschaftseinheiten erhalten werden,

---

[834] Es sei denn, dass sich aus dem Inhalt des Rechtsgeschäfts oder aus besonderen Vorschriften etwas anderes ergibt, vgl. Art. 55^2 K.c.

[835] Bezeichnend ist die systematische Stellung der Vorschrift noch vor der Regelung des landwirtschaftlichen Betriebs.

in erster Linie um solche der eher klassischen „Wirtschaftszweige" handelt, bei denen erheblicher Finanzierungsbedarf besteht, also Grundstück, Hof und Schiff. Der Grund für die Beschränkung auf diese „essentialia der Volkswirtschaft" lässt sich vor dem historischen Hintergrund erklären: Da zur Zeit der Entstehung des BGB Deutschland ein überwiegend landwirtschaftliches Gepräge hatte und nur die großen Seestädte ebenfalls vergleichsweise hohe Umsätze aufgrund des Seehandels hatten, wurden die Grundlagen dieser Wirtschaftszweige gesetzgeberisch privilegiert.

Eine wirtschaftlich bedeutungsvolle Etablierung des Unternehmens an sich, wie es heute verstanden wird, das auch und ggf. maßgeblich lediglich Dienstleistungen erbringt und erheblichen Finanzierungsbedarf hat, geschah erst im Zuge der gewandelten Marktwirtschaftsordnung. Die Untersuchung der juristischen Literatur zeigt, dass das wirtschaftliche Phänomen „Unternehmen" überhaupt erst im 19. Jahrhundert in Gesetzgebung, Rechtsprechung und Rechtswissenschaft Eingang fand.[836] Bis dahin war es für die deutsche Rechtswissenschaft kaum relevant.

Der bestehende „numerus clausus" der sachenrechtlichen Wirtschaftseinheiten besteht demnach in erster Linie, weil kein drängendes Bedürfnis nach einer rechtlichen, insbesondere sachenrechtlichen, Anerkennung des Unternehmens an sich im auslaufenden 19. Jahrhundert, als das BGB geschaffen wurde, gesehen wurde.

Auffällig ist bei einem Vergleich zu anderen europäischen Sachenrechtsordnungen gegenüber dem BGB, dass diese das Unternehmen sachenrechtlich berücksichtigen. In der sachenrechtlichen Nicht-Berücksichtigung des Unternehmens als Wirtschaftseinheit im deutschen Recht besteht demgemäß im internationalen Vergleich ein gesetzgeberisches Defizit.

Dieses Defizit wäre allerdings beinahe nicht entstanden. Der Vorläufer des heutigen HGB, das ADHGB, regelte in Art. 22: „Wer ein bestehendes Handelsgeschäft durch Vertrag oder Erbgang erwirbt, kann dasselbe unter der bisherigen Firma mit oder ohne einen das Nachfolgeverhältnis andeutenden Zusatz fortführen, wenn der bisherige Geschäftsinhaber oder dessen Erben oder die etwaigen Miterben in die Fortführung der Firma ausdrücklich einwilligen."

Erstmalig wurde hierdurch in Deutschland ausdrücklich angesprochen, dass die Übertragung eines Unternehmens durch Vertrag oder Erbgang erfolgen kann.[837]

[836] CONRADI, Unternehmen im Handelsrecht S. 221 m.w.N.

[837] Siehe auch v. HAHN, Commentar zum allgemeinen deutschen Handelsgesetzbuch Art. 22 Anm. 5; ANSCHÜTZ / V. VÖLDERNDORFF, Kommentar zum Allgemeinen Deutschen Handelsgesetzbuch Art. 22 Anm. 3.

Erhebliche Zweifel kamen in diesem Zusammenhang darüber auf, wie die Veräußerung zu erfolgen hat.[838] Hierzu wurde die einheitliche Übertragung, die eine einheitliche Behandlung des Unternehmens impliziert, einerseits,[839] und die Einzelübertragung aller Vermögensgegenstände andererseits erwogen.[840] Die heutige Rechtslage wäre anders, wenn damals nicht die Übertragung uno actu abgelehnt worden wäre. *Wieacker* hatte im Übrigen knapp 40 Jahre nach Inkrafttreten des BGB auf eine einheitliche Betrachtung des Unternehmens hingewirkt.[841]

Die einheitliche Betrachtung des Unternehmens[842] als Wirtschaftseinheit und dessen sachenrechtliche Anerkennung verstößt nicht gegen fundamentale Prinzipien des Sachenrechts,[843] da ein Abweichen vom Bestimmtheits- und Spezialitätsprinzip in einer Vielzahl von Fällen stattfindet.[844] Mit wachsendem wirtschaftlichem Bedürfnis wird die Notwendigkeit der rechtlichen Anerkennung im Wege der richterrechtlichen Rechtsfortbildung oder durch den Gesetzgeber durch Kodifikation stetig drängender. In einem Zeitalter, in dem Unternehmen in einer so hohen Anzahl und Frequenz „umgeschlagen" werden wie heute, lässt sich von einer Unzeitgemässheit des deutschen Rechts in dieser Hinsicht reden. Sofern man dennoch versucht und geneigt ist, sich bei einer Rechtsordnung, die sich selbst Prinzipien schafft, mit diesen ohnehin nicht stringent befolgten Prinzipien gegen eine Rechtsänderung zu argumentieren, so muss man sich der daraus resultierenden Konsequenz des Stillstandes bewusst sein. Stillstand im Recht kann sich eine Gesellschaft weder unter

---

[838] V. HAHN, Commentar zum allgemeinen deutschen Handelsgesetzbuch Art. 22 Anm. 4.

[839] ANSCHÜTZ / V. VÖLDERNDORFF, Kommentar zum Allgemeinen Deutschen Handelsgesetzbuch Art. 23, S. 194.

[840] BEHREND, Lehrbuch des Handelsrechts, § 37 III S. 206f.

[841] WIEACKER, Vorschlag zur Neuregelung des Vermögensrechts, AcP, Bd. 148, 1943, S. 102-104, abgedruckt bei Protokolle der Ausschüsse, Akademie für Deutsches Recht 1933-1945, Fahrnis-, Besitz- und Bodenrecht 1937-1942 Bd. III S. 606f.

[842] Auf die Unterscheidung zwischen Betrieb und Unternehmen kommt es in diesem Rahmen nicht entscheidend an, da der Betrieb als dem Unternehmensbegriff untergeordnet anzusehen ist; vgl. HERRMANN, Der gemeinsame Betrieb mehrerer Unternehmen S. 10 m.w.N.

[843] Dass der Gesetzgeber auf das wirtschaftliche Bedürfnis reagiert und Durchbrechungen von Sachenrechtsprinzipien zulässt, verdeutlicht im Übrigen das WEG. Gingen die Gesetzesverfasser noch um 1900 davon aus, dass Stockwerkseigentum nicht zugelassen sein soll (vgl. MUGDAN S. 24), schuf der Gesetzgeber entgegen dieser Entscheidung durch das WEG die Möglichkeit des Wohnungseigentums.

[844] Dass das Unternehmen auch Rechte beinhaltet ist kein Argument, dies zu untersagen, da die Einbeziehung von Rechten dem BGB nicht fremd ist: Gem. § 96 BGB gelten Rechte, die mit dem Grundstück verbunden sind, als Bestandteile des Grundstücks.

ökonomischen noch soziologischen Gesichtspunkten leisten.[845] Bereits daher ist es erforderlich, um überhaupt international wettbewerbsfähig zu sein und mit anderen Rechtssystemen konkurrieren zu können, das Unternehmen sachenrechtlich auszugestalten.

Allerdings sind bereits einige Schritte auf dem Weg in Richtung einer einheitlichen Betrachtung des Unternehmens getan: Wie bereits angesprochen ist das Unternehmen als Wirtschaftseinheit geschützt als „eingerichteter und ausgeübter Gewerbebetrieb" durch § 823 Abs. 1 BGB. Der Grund hierfür liegt in der Anerkennung der wirtschaftlichen Betätigung als schützenswertes Gut durch BGH und Literatur.[846] Durch die Anerkennung als sonstiges Recht handelt es sich damit nach Rsp. und Literatur um ein absolutes Recht, da aufgrund der Konzeption des § 823 Abs. 1 BGB nur absolute Rechte als sonstige Rechte anerkannt werden können. Da absolute Rechte sich dadurch auszeichnen, dass sie gegenüber jedermann wirken, und dies ebenfalls dingliche Rechte auszeichnet, liegt hierin eine unverkennbare Nähe zueinander.

Die gesetzliche Anerkennung und der Schutz des Unternehmens als solchem geht soweit, dass der BGH[847], das BVerwG[848] und Teile der Rechtslehre[849] den eingerichteten und ausgeübten Gewerbebetrieb in den verfassungsrechtlichen Eigentumsbegriff des Art. 14 GG miteinbeziehen.[850]

Die Steuergesetze berücksichtigen ebenfalls das Unternehmen als Ganzes. Unter dem Unternehmensübereignungsbegriff des § 75 Abs. 1 AO [851] ist nach ständiger

[845] „...der Verlust der wirtschaftlichen Dynamik geht Hand in Hand mit der Erstarrung unserer Gesellschaft...." ROMAN HERZOG, „Aufbruch ins 21. Jahrhundert" Rede vom 6.4. 1997 in Berlin:
(http://www.bundespraesident.de/top/dokumente/Rede/ix_15154.htm).

[846] BGH, Urt. v. 22.12.1961 – I ZR 152/59, BGHZ 36, 252ff., 256; BGH, Urt. v. 16.6.1977 – III ZR 179/75, BHGZ 69, 128ff., 139; STAUDINGER-HAGER § 823 Rz. D 2.

[847] BGH, Urt. v. 28.1.1957 – III ZR 141/55, BGHZ 23, 157ff., 162f.; BGH, Beschl. v. 28.6.2001 – III ZR 286/00, DVBl. 01, 1671.

[848] BVERWG, URT. V. 27.5.1981 – 7 C 34/77, NJW 1982, 63ff.

[849] MAUNZ/DÜRIG-PAPIER Art. 14 Rz. 96ff.

[850] Das BVerfG lässt die Anwendbarkeit des Art. 14 GG offen, vgl. BVerfGE 77, 84, 118; 81, 208/227f.; 96, 375/397; 105, 252, 278.

[851] § 75 Abs. 1 S. 1 AO: „Wird ein Unternehmen oder ein in der Gliederung eines Unternehmens gesondert geführter Betrieb im Ganzen übereignet, so haftet der Erwerber für Steuern, bei denen sich die Steuerpflicht auf den Betrieb des Unternehmens gründet, und für Steuerabzugsbeträge, vorausgesetzt, dass die Steuern seit dem Beginn des letzten, vor der Übereignung liegenden

Rechtsprechung des BFH die Übereignung der wesentlichen Betriebsgrundlagen zu verstehen.[852] Erst wenn diese übertragen wurden und der Erwerber dazu in die Lage versetzt wurde, wirtschaftlich wie ein Eigentümer darüber zu verfügen und so das Unternehmen fortzuführen,[853] sieht der BFH den Übereignungsbegriff des § 75 Abs. 1 AO als erfüllt an. Hierbei bedient er sich einer ganzheitlichen Betrachtung, aufgrund derer sowohl die materiellen als auch die immateriellen Bestandteile des Unternehmens erfasst werden.[854]

Das Fehlen einer sachenrechtlichen Ausgestaltung des Unternehmens als Wirtschaftseinheit, vergleichbar zum Grundstück mit seinem Zubehör, ist ein Anachronismus. Bereits ohne europäischen Hintergrund ist eine Vereinfachung des Unternehmensrechts und dazu auch einer sachenrechtlichen Ausgestaltung erforderlich. Unabhängig davon, dass eine einheitliche sachenrechtliche Berücksichtigung des Unternehmens nicht gegen das Bestimmtheits- und Spezialitätsprinzip verstößt, gerät die Nichtanerkennung unter verstärkten Rechtfertigungsdruck soweit der EG-Vertrag von dem deutschen Recht die unveränderte Aufnahme von Unternehmenshypotheken entsprechend den grundfreiheitlichen Beschränkungsverboten erfordert.[855]

§ 5 Zusammenfassung der Teile I, II und III

Wie sich herausarbeiten ließ, verlangt der EG-Vertrag aufgrund der Grundfreiheiten eine Liberalisierung des Marktes der dinglichen Kreditsicherheiten, insbesondere auch die gegenseitige Anerkennung von Sicherungsrechten, also der Unternehmenshypotheken. Eine Abschottung Deutschlands vor diesen Sicherungsrechten ist nur legitim, wenn hierfür rechtfertigende, nationale Allgemeininteressen bestehen,[856] andernfalls ist entgegenstehendes nationales Recht unanwendbar. Es konnte gezeigt werden, dass entgegen dem ersten Anschein, weder der sachenrechtliche Typen-

---

Kalenderjahres entstanden sind und bis zum Ablauf von einem Jahr nach Anmeldung des Betriebs durch den Erwerber festgesetzt oder angemeldet werden.".

[852] BFH, Urt. v. 18.3.1986, BStBl. II S. 589; BFH, Urt. v. 10.12.1991, BFH/NV S. 712.

[853] Siehe die Urteile vorangehende Fn.

[854] Vgl. auch Amtliches Handbuch zur Abgabenordnung des Bundesministeriums der Finanzen § 75 Rz. 3.2.

[855] Teil II § 1 III. „Folgen aus den Beschränkungsverboten" S. 78f.

[856] Teil III § 1 ff. S. 129ff.

zwang,[857] noch das Publizitätsprinzip,[858] noch das sachenrechtliche Bestimmtheits- und Spezialitätsprinzip[859] solche rechtfertigenden Allgemeininteressen sind.

Die ausländischen Mobiliar-, also insbesondere Kfz- und Unternehmenshypotheken sind bei und nach Grenzüberschreitung nach Deutschland aufgrund der grundfreiheitlichen Beschränkungsverbote ohne den Umweg über das internationale Privatrecht[860] und ohne Transposition[861] anzuerkennen. Im Sicherungsfall sind diese Rechte im Umfang und im Inhalt nach dem jeweiligen Herkunftslandsrecht zu beurteilen.[862]

[857] Teil III § 4 I. „Sachenrechtlicher Typenzwang als rechtfertigendes Allgemeininteresse" S. 146ff.
[858] Teil III § 4 II. „Publizität als rechtfertigendes Allgemeininteresse" S. 162ff.
[859] Teil III § 4 II.8.b. „Spezialitäts- / Bestimmtheitsgrundsatz" S. 204ff.
[860] Teil I § 2 . „Art. 43 EGBGB – Lex rei sitae" S. 48ff.
[861] Teil II § 1 VIII.2.b(v). „Ausschluss der Belastungswirkung des Art. 43 EGBGB durch das Transpositionskorrektiv?" S. 121ff.
[862] Teil II § 1 III. „Folgen aus den Beschränkungsverboten" S. 78f.

Teil IV

§ 1 Discrimination à rebours

Dadurch, dass ausländische Besicherer ihre Finanzierungstechniken wie zuvor erörtert aufgrund der Beschränkungsverbote in Deutschland anbieten können, das deutsche Rechte selbst diese Finanzierungstechniken nicht vorsieht, kommt es zu dem Phänomen der sog. Inländerdiskriminierung[863]. Ausländer sind aufgrund der Beschränkungsverbotswirkung der Grundfreiheiten besser gestellt als Inländer. Dass dies grundsätzlich dem Binnenmarktgedanken widerspricht ist offensichtlich und verdient einer genaueren Betrachtung.

§ 2 Europarechtliche Lösung

Der EuGH lehnt es in ständiger Rechtsprechung ab, den EG-vertraglichen Beschränkungs- und Diskriminierungsverboten auch die Wirkung von Inländerdiskriminierungsverboten zuzusprechen. [864] Zur Warenverkehrsfreiheit stellte er in diesem Zusammenhang fest, dass diese „ ... nicht gewährleisten [soll], dass Waren aus nationaler Produktion in jedem Fall genauso behandelt werden, wie ... eingeführte Waren...“[865]. Hierbei macht es keinen Unterschied, ob man sich im Rahmen der grundfreiheitlichen Beschränkungsverbote oder dem allgemeinen Diskriminierungsverbot aus Art. 12 EGV, wonach grundsätzlich jede Diskriminierung aufgrund der Staatsangehörigkeit im Anwendungsbereich des Vertrages verboten ist, bewegt. Denn auch das allgemeine Diskriminierungsverbot des Art. 12 EGV verbietet nach der Rechtsprechung des EuGH lediglich die Benachteiligung von EG-Ausländern

---

[863] Umgekehrte Diskriminierung; discrimination à rebours.

[864] EuGH,Urt. v . 25.2.1987 – Rs. 168/88 – PROCUREUR GENERAL ./. YVETTE ROUSSEAU, Slg. 1987, S. 995ff., 1002 Rz. 7 ; EuGH, Urt. v. 28.1.1992 – Rs. C-332/90 – VOLKER STEEN ./. DEUTSCHE BUNDESPOST, Slg. 1992, S. 341ff., 356 Rz. 9f.; EuGH, Urt. v. 9.8.1994 – verb. Rs. C-363/93, C-407/93, C-408/93, C-409/93, C-410/93 u. C-411/93 – RENE LANCRY SA U.A. ./. DIRECTION GENERALE DES DOUANES U.A., Slg. 1994, S. 3957ff., 3990 Rz. 25ff.

[865] EuGH, Urt. v. 23.10.1986 – Rs. 355/85 – DRIANCOURT, COMMISAIRE DE POLICE, THOUARS, IN WARNEHMUNG DER AUFGABEN DER STAATSANWALTSCHAFT ./. MICHEL COGNET, Slg. 1986, S. 3231ff., 3241f Rz. 8/12.

gegenüber Inländern, nicht aber die Benachteiligung der EG-Inländer gegenüber EG-Ausländern.[866]

Der EuGH sieht die Fälle, in denen es zur umgekehrten Diskriminierung kommt, als nicht dem Regelungsbereich des EG-Vertrages unterworfen an, da dieser nur grenzüberschreitende Sachverhalte erfasse.[867] Dort, wo der grenzüberschreitende Bezug fehlt, sei folglich der Anwendungsbereich der Grundfreiheiten, die grundsätzlich auf eine Liberalisierung drängen,[868] nicht eröffnet. Daher können sich nach seiner Auffassung etwa im Rahmen der Arbeitnehmerfreizügigkeit Ansässige in der EG nicht auf die Vertragsbestimmungen über die Freizügigkeit hinsichtlich Betätigungen berufen, deren Elemente sämtlich nicht über die Grenzen eines Mitgliedstaates hinausweisen.[869]

Folgt man dem EuGH, so steht deutschen Besicherern keine europarechtliche Handhabe zur Seite, wenn sie die gleichen Finanzierungstechniken wie ihre europäischen Mitbewerber im Inland anbieten wollen, dies aber aufgrund der durch Art. 43 EGBGB zwingenden nationalen sachenrechtlichen Regelungen nicht können.

In der Literatur findet der EuGH überwiegend Zustimmung, dass der EG-Vertrag lediglich grenzüberschreitende Sachverhalte erfasst,[870] obwohl die daraus resultierenden Konsequenzen als „wenig befriedigend" empfunden werden.[871] Manche Autoren halten dem entgegen, dass bereits eine so hohe europäische Integrationsstufe erreicht ist, dass auch nicht-grenzüberschreitende Sachverhalte unter das Europarecht fallen.[872] Innerhalb dieser Ansicht versucht *Epiney* einen differenzierten Ansatz, indem sie nicht sämtliche Sachverhalte von einem Inländerdiskriminierungs-

---

[866] EuGH, Urt. V. 27.10.1982 – verb. Rs. 35 u. 36/82 – ELESTINA ESSELINA CHRISTINA MORSON ./. NIEDERLÄNDISCHEN STAAT UND LEITER DER ORTSPOLIZEIBEHÖRDE IM SINNE DER VREEMDELINGENWET; SEWRADJIE JHANAN ./. NIEDERLÄNDISCHEN STAAT, Slg. 1982, S. 3723ff., 3736 Rz. 16; EuGH, Urt. v. 28.1.1992 – Rs. C-332/90 – VOLKER STEEN ./. DEUTSCHE BUNDESPOST, Slg. 1992, S. 341ff., 356 Rz. 9f.; zustimmend SCHÖNE, RIW 1989, 450, 453f.; GROEBEN/THIESING/EHLERMANN– ZULEEG, Art.7 Rz. 16.

[867] Siehe die Nachweise vorangehende Fn.

[868] Oben Teil II § 1 I. „Allgemeiner Anwendungsbereich der Grundfreiheiten" S. 72ff.

[869] EuGH, Urt. v. 28.1.1992 – Rs. C-332/90 – VOLKER STEEN ./. DEUTSCHE BUNDESPOST, Slg. 1992, S. 341ff., 357 Rz. 10.

[870] GRABITZ/HILF–V. BOGDANDY Art. 6 Rz. 54; STREINZ EUV/EGV Art. 12 Rz. 63; LENZ/BORCHARDT–LENZ Art. 12 Rz. 3 ; GROEBEN/THIESING/EHLERMANN–ZULEEG Art. 6 EGV Rz. 15; GEIGER Art. 12 EGV Rz. 11; SCHÖNE, RIW 1989, 450, 453f.

[871] GRABITZ/HILF–V. BOGDANDY Art. 6 Rz. 54, zustimmend STREINZ EUV/EGV Art. 12 Fn. 177.

[872] KEWENIG, Niederlassungsfreiheit, Freiheit des Dienstleistungsverkehrs und Inländerdiskriminierung, JZ 1990, 20ff., 23; CARLIESS/RUFFERT–EPINEY Art. 12 Rz. 9ff.

verbot erfasst sieht, sondern einen Korrekturmechanismus über sog. „berechtigte Interessen“ den Mitgliedstaaten zur Verfügung stellen will.[873] Diese berechtigten Interessen seien konzeptionell ähnlich zu den rechtfertigenden Allgemeininteressen[874] aufgebaut, jedoch soll der Kreis der überhaupt als „berechtigtes“ nationales Interesse in Betracht kommenden Interessen weiter gezogen sein. Grundsätzlich verbiete der EG-Vertrag hiernach eine Inländerdiskriminierung. Abweichungen seien im Einzelfall bei Vorliegen von nachgewiesenen berechtigten Interessen eines einzelnen Mitgliedstaates möglich. Über dieses Korrektiv soll dem Spannungsverhältnis zwischen mitgliedstaatlichen und gemeinschaftlichen Interessen und Kompetenzen Rechnung getragen werden.[875]

Obwohl die dargestellten Ansichten auf den ersten Blick gegenläufig erscheinen, sind sie es letztlich nicht. Dass die Inländerdiskriminierung dem Binnenmarktgedanken widerspricht, wird auch von den Autoren, die ein aus dem EG-Vertrag abgeleitetes Inländerdiskriminierungsverbot ablehnen, grundsätzlich nicht bestritten.[876] Die unterschiedlichen Ansatzpunkte dokumentieren lediglich unterschiedliche integrationspolitische Warten. Einerseits wird auf die derzeitige Rechtspraxis, andererseits auf mögliche Perspektiven und die dazu bestehenden Möglichkeiten abgestellt.

Demgemäß ist es angezeigt, zu differenzieren, wenn es um die Beurteilung geht, ob der EG-Vertrag Deutschland unmittelbar, ohne Harmonisierungsmaßnahme seitens der Gemeinschaft, dazu zwingt, Mobiliar- und insbesondere Unternehmenshypotheken als rechtliche Institute zur Verfügung zu stellen.

Bei realistischer Betrachtung der Sachlage ist nicht mit einem Abweichen von der bisherigen Spruchpraxis des EuGH zu rechnen – auch nicht mit der Einführung der von *Epiney* vorgeschlagenen Kategorie der berechtigten Interessen.[877] Denn für den EuGH bleibt seine bisherige Argumentation gegen ein Inländerdiskriminierungsverbot bestehen: Maßgeblich für ein Eingreifen des EG-Vertrages und insbesondere der

---

[873] CARLIESS/RUFFERT–EPINEY Art. 12 Rz. 36.

[874] Oben Teil III § 3 . "Konturierung des Allgemeininteresses" S. 136ff.

[875] CARLIESS/RUFFERT–EPINEY Art. 12 Rz. 35/36.

[876] Ausdrücklich etwa STREINZ EUV/EGV Art. 12 Rz. 61: Die Inländerdiskriminierung „... widerspricht zwar in gewisser Weise dem Binnenmarktgedanken, nicht aber dem Binnenmarktrecht.“; sowie GRABITZ/HILF–V. BOGDANDY Art. 6 Rz. 54.

[877] Unabhängig davon weist STREINZ EUV/EGV Art. 12 Rz. 61zutreffend darauf hin, dass durch die berechtigten Interessen der EuGH eine Letztentscheidungskompetenz darüber innehätte, welche Interessen strengere Regelungen für rein innerstaatliche Sachverhalte legitimieren können.

Grundfreiheiten ist ein Auslandsbezug. Diese Vorraussetzung resultiert nicht nur aus der Natur des Gemeinschaftsrechts als originäres Völkerrecht, das vom Ausgangspunkt her primär zwischenstaatliche Sachverhalte erfasst,[878] sondern auch aus den Grundfreiheiten selbst: Bei der Warenverkehrsfreiheit gem. Artt. 28, 29 EGV setzt der EG-Vertrag den grenzüberschreitenden Bezug tatbestandlich voraus durch die Wahl der Formulierung, dass Ein- und Ausfuhrbeschränkungen „zwischen den Mitgliedstaaten" verboten sind. In Art. 39 Abs. 3 lit c) und Art. 43 Abs. 1 EGV wird der grenzüberschreitende Bezug durch „...im Hoheitsgebiet eines anderen Mitgliedstaats..." beschrieben. Ebenso gilt Art. 49 Abs. 1 EGV nach dem Wortlaut nur für Sachverhalte, denen die „Ansässigkeit in einem anderen Staat" zugrunde liegt. Schließlich wird die Grenzüberschreitung in Art. 56 EGV, wonach der Kapitalverkehr „zwischen den Mitgliedstaaten" unbeschränkt sein soll, ebenfalls tatbestandlich vorausgesetzt.

Dadurch scheiden sämtliche Sachverhalte als über die Grundfreiheiten liberalisiert aus, die keinen grenzüberschreitenden Bezug haben. Zwar ist der EuGH bei der Annahme des grenzüberschreitenden Bezugs relativ freizügig.[879] Jedoch ist auch nach diesem extensiven Verständnis bei der Frage, ob in Deutschland ein Deutscher eine Mobiliar- oder Unternehmenshypothek anbieten kann, ein Auslandsbezug nicht gegeben. Auch ist nicht zu erwarten, dass der EuGH in Anlehnung an seine Dassonville-Rechtsprechung, bei der er auf potentielle Diskriminierungen abstellt, auch eine solche Potenz für den Auslandsbezug ausreichen lässt. Denn bei beweglichen Sachen und Unternehmen besteht die Möglichkeit der Verbringung über die Grenze zu einem anderen Mitgliedstaat stets, sodass damit für sämtliche bewegliche Sachen und Unternehmen ein potentieller Auslandsbezug angenommen werden müsste, wodurch der EuGH seine ablehnende Position gegenüber einem aus dem EG-Vertrag resultierenden Inländerdiskriminierungsverbot faktisch umkehren würde.

Im Übrigen ist den Autoren, die ein Inländerdiskriminierungsverbot direkt aus dem EG-Vertrag ableiten, entgegenzuhalten, dass der EuGH nicht über die erforderliche Kompetenz verfügt, den Grundfreiheiten oder dem allgemeinen Diskriminierungs-

---

[878] FRENZ, Europäische Grundfreiheiten, Rz. 455.

[879] EuGH, Urt. v. 7.2.1979 – Rs. J. KNOORS ./. STAATSSEKRETÄR FÜR WIRTSCHAFT, Slg. 1979, S. 399ff., 409 Rz. 17-20; EuGH, Urt. v. 7.7.1992 – Rs. C-370/90 – THE QUEEN ./. IMMIGRATION APPEAL TRIBUNAL UND SURINDER SINGH EX PARTE: SECRETARY OF ATATE FOR THE HOME DEPARTMENT, Slg. 1992, S. 4265ff., 4293 Rz. 16ff.; EuGH, Urt. v. 7.5.1997 – verb. Rs. C-321/94, C-322/94, C-323/94 u. C-324/94 – STRAFVERFAHREN ./. JACQUES PISTRE U.A., Slg. 1997, S. 2343ff., 2375ff. Rz. 48ff.

verbot auch ein Inländerungleichheitsverbot zuzusprechen. Mit der Entscheidung für ein EG-vertragliches Inländerdiskriminierungsverbot wäre schlagartig das nationale Wirtschaftsrecht auf breiter Front außer Kraft gesetzt, durch die Regelungslücken entstünden[880] und die zu einer faktischen Zentralisierung der Marktordnungspolitik führen.[881] Der EG-Vertrag ist beherrscht von dem Prinzip der begrenzten Einzelermächtigung, welches gemeinschaftliche Aktivitäten nur dann zulässt, wenn eine entsprechende Kompetenznorm im Vertrag zur Verfügung steht.[882] Ausdrücklich besteht eine Kompetenz der Gemeinschaft zur Regelung rein nationaler Sachverhalte nicht.

Zwar leiten die Autoren, die dem EG-Vertrag ein Inländerdiskriminierungsverbot entnehmen wollen, die erforderliche Kompetenz aus den Vertragszielen des System eines unverfälschten Wettbewerbs[883] und der Verwirklichung des gemeinsamen Marktes[884] sowie schließlich der Perspektive des europäischen Binnenmarktes in dem Grenzen abgebaut werden müssen, ab.[885] Jedoch kann dem nicht gefolgt werden. Zu Recht weist *v. Bogdandy* darauf hin, dass gerade die nach dem EG-Vertrag verbleibende mitgliedstaatliche Kompetenz Restriktionen wie die Inländerdiskriminierung solange erlaubt, wie eine Harmonisierungsmaßnahme nicht ergriffen worden ist.[886] Auch nach der Einführung des Vertragszieles „Verwirklichung des Binnenmarkts" ist nicht von einer gänzlichen Homogenisierung auszugehen.[887] Zwar sind die Vertragsziele geltendes Recht, woraus die Pflicht der Mitgliedstaaten resultiert, die Vertragsziele umzusetzen,[888] jedoch handelt es sich hierbei lediglich um eine allgemeine Pflicht, die nicht für sich selbst justiziabel im Sinne einer eigenständigen Kompetenz ist.[889] Der EuGH stellte dazu zutreffend fest, dass die Vertragsziele aufgrund ihrer Allgemeinheit weder rechtliche Pflichten der Mitgliedstaaten noch Rechte Einzelner begründen können.[890]

---

880 GRABITZ/HILF–V. BOGDANDY Art. 6 Rz. 54.

881 BASEDOW, Deregulierungspolitik und Deregulierungspflichten S. 151ff.,159.

882 Oben Fn. 265.

883 Art. 3 lit. g EGV.

884 Art. 2 EGV.

885 Vor allem CARLIESS/RUFFERT–EPINEY Art. 12 Rz. 33.

886 GRABITZ/HILF–V. BOGDANDY Art. 6 Rz. 54.

887 STREINZ EUV/EGV Art. 2 Rz. 13, 30ff.

888 LENZ/BORCHARDT–LENZ Art. 2 Rz. 8.

889 SCHWARZE–HATJE Art. 2 Rz. 5; GROEBEN/THIESING/EHLERMANN–ZULEEG Art. 2 Rz. 5.

890 EuGH, Urt. v. 24.1.1991 – Rs. C-339/89 – ALSTHOM ATLANTIQUE SA ./. COMPAGNIE DE CONSTRUCTION MECANIQUE SULZER SA, Slg. 1991, S. 107ff., 123 Rz. 9 ; EuGH Urt. v. 29.9.1987 –

Gestützt wird diese Auffassung durch die systematische Erwägung, dass der EG-Vertrag grundsätzlich zwischen Aufgabennormen einerseits und Befugnisnormen andererseits differenziert: Während Art. 14 EGV die Verwirklichung eines Binnenmarktes als Aufgabe definiert, regelt Art. 95 EGV die hierfür erforderlichen Kompetenzen; während Art. 174 EGV umweltpolitische Ziele beschreibt, regelt Art. 175 EGV die hierfür erforderlichen Kompetenzen. Es liefe der grundlegenden Systematik der Trennung zwischen Aufgaben- und Befugnisnormen entgegen, wenn aus den Vertragszielen ohne weiteres die erforderliche Kompetenz abgeleitet würde.

Die Vertragsziele sind daher nicht unmittelbar anwendbares Gemeinschaftsrecht.[891] Sie geben zwar die Verwirklichung des Binnenmarktes als rechtsverbindliches Ziel der Gemeinschaft vor, sie gewähren allerdings keine Kompetenz, die Grundfreiheiten auch zu Inländerdiskriminierungsverboten zu interpretieren.[892]

Demgemäß besteht keine realistische Möglichkeit die Zur-Verfügung-Stellung von Mobiliar- und Unternehmenshypotheken in Deutschland über das derzeitig geltende Europarecht zu erzwingen.[893]

§ 3 Verfassungsrechtliche Lösung

Allerdings bietet das deutsche Recht einen Ausweg aus diesem Dilemma. Entscheidend ist in diesem Zusammenhang Art. 3 Abs. 1 GG, wonach alle Menschen vor dem Gesetz gleich sind. Dieses Gleichbehandlungsgebot besteht für Inländer wie Ausländer und ist damit allgemeingültig.[894] Es kann als unbestritten gelten, dass die gesetzliche Formulierung „vor dem Gesetz“ entgegen ihrem Anschein als Verpflichtungsadressaten der Gleichbehandlung nicht nur die Verwaltung und Rechtsprechung meint, sondern auch für die Gesetzgebung gilt.[895] Dies folgt aus Art. 1 Abs. 3 GG, wonach die „nachfolgenden“ Grundrechte, also auch Art. 3 Abs. 1 GG, alle drei

---

Rs. 126/86 – FERNANDO ROBERTO GIMENEZ ZAERA ./ INSTITUTO NACIONAL DE LA SEGURIDAD SOCIAL UND TESORERÍA GENERAL DE LA SEGURIDAD SOCIAL, Slg. 1987, 3697ff. Rz. 11.

[891] SCHWARZE–HATJE Art. 2 Rz. 5.

[892] LENZ-BORCHARDT–LENZ Art. 2 Rz. 8.

[893] Im Ergebnis ebenso SCHILLING, Gleichheitssatz und Inländerdiskriminierung, JZ 1994, S. 8ff., 9, wenn er schreibt: „... Die Inländerdiskriminierung ist gemeinschaftsrechtlich irrelevant ...“.

[894] BVerfGE 51, 1, 22; MAUNZ/DÜRIG-DÜRIG Grundgesetz Art. 3 Abs. 3 Rz. 27; FASTENRATH, Inländerdiskriminierung, JZ 1987 S. 170ff., 170.

[895] BVerfGE 1, 14/52; SEIFERT/HÖMIG-BERGMANN Grundgesetz Art. 3 Rz. 2; JARASS/PIEROTH-JARASS Art. 23 Rz. 13a.

Gewalten bindet. Daher ist Art. 3 Abs. 1 GG richtigerweise als umfassender Gleichheitssatz im Sinne von „Alle Menschen sind vor dem Recht gleich" zu verstehen.[896]

Das BVerfG sah Art. 3 Abs. 1 GG lange Zeit als reines Willkürverbot an. Eine Verletzung des Art. 3 Abs. 1 GG lag danach dann vor, wenn sich ein vernünftiger, sich aus der Natur der Sache ergebender oder sonst wie sachlich einleuchtender Grund für die gesetzliche Differenzierung oder Gleichbehandlung nicht finden lässt, kurzum, wenn die Bestimmung als willkürlich bezeichnet werden muss".[897]

Der erste Senat des BVerfG veränderte dieses allgemeine Willkürverbot zur sog. Neuen Formel, wonach Art. 3 Abs. 1 GG dann verletzt ist, wenn eine Gruppe von Normadressaten im Vergleich zu anderen Normadressaten anders behandelt wird, obwohl zwischen beiden Gruppen keine Unterschiede von solcher Art und solchem Gewicht bestehen, dass sie die ungleiche Behandlung rechtfertigen könnten.[898] Zwar ist auch hiernach ein Vergleich von Lebensverhältnissen zu Grunde zu legen, jedoch entstehen nach der Neuen Formel flexiblere Grenzen für die Zulässigkeit von Ungleichbehandlungen in Abhängigkeit vom gesetzgeberischen Regelungsgegenstand und Differenzierungsmerkmal.[899] Hierdurch ist es dem Gesetzgeber grundsätzlich nicht verwehrt, erst durch die Schaffung von Gesetzen Kriterien einer Ungleichbehandlung zu schaffen, die eine Ungleichbehandlung rechtfertigen können.[900] Maßgeblich kommt es im Rahmen der Neuen Formel daher auf den sachlichen Grund an, d.h., ob ein solcher besteht und dieser eine Ungleichbehandlung rechtfertigen kann.[901] Ein sachlicher, eine Ungleichbehandlung rechtfertigender, Grund liegt nur dann vor, wenn dieser Grund einer dreistufigen Verhältnismäßigkeitsprüfung standhält. Die Ungleichbehandlung muss demnach einen legitimen Zweck verfolgen, zur Erreichung dieses Zwecks geeignet und erforderlich sein und schließlich in einem angemessenem Verhältnis zum Wert des Zwecks stehen. Eine

---

[896] SACHS-OSTERLOH Grundgesetz Art. 3 Rz. 4-6.

[897] BVerfGE 1, 52ff; BVerfGE 89, 141f.

[898] BVerfGE 55, 72ff., 82; BVerfGE 85, 238ff., 244.

[899] SEIFERT/HÖMIG-BERGMANN Grundgesetz Art. 3 Rz. 5.

[900] PIEROTH / SCHLINK Rz. 482

[901] HUSTER, Gleichheit und Verhältnismäßigkeit JZ 1994, 541; HESSE, Festschrift Lerche, 1993, S. 121ff., 128.

Ungleichbehandlung ohne sachlichen Grund in diesem Sinne verstößt gegen Art. 3 Abs. 1 GG.[902]

Da die durch die den Grundfreiheiten zugesprochene Beschränkungsverbotswirkung entstehende umgekehrte Diskriminierung im Inland keinen bestimmten gesetzgeberischen Zweck verfolgt und im übrigen keine einleuchtenden Gründe hierfür bestehen, resultiert aus Art. 3 Abs. 1 GG die grundsätzliche Pflicht Deutschlands, Sachverhalte, die im Inland stattfinden, einer Gleichbehandlung mit grenzüberschreitenden Sachverhalten zuzuführen. Auf den Bereich der Mobiliar- und Unternehmenshypotheken angewandt bedeutet dies, dass dadurch, dass die ausländischen Sicherheiten Mobiliar- und Unternehmenshypothek – wie zuvor gezeigt –[903] aufgrund der EG-vertraglichen Grundfreiheiten auch nach Grenzüberschreitung nach Deutschland Bestand haben, diese Finanzierungstechniken auch dem Inländer gestattet sein muss und ihm demgemäß dafür die rechtlichen Instrumentarien zur Verfügung gestellt werden müssen.
Gegen diese Konsequenz lässt sich allerdings zweierlei einwenden: Erstens ließe sich argumentieren, dass Art. 3 Abs. 1 GG nur auf vertikaler Ebene wirkt, also voraussetzt, dass nur der jeweils zur Gleichbehandlung Verpflichtete zwei annährend gleiche Sachverhalte gleich behandeln muss. Dass dieses Erfordernis bei Ungleichbehandlungen, die aus dem Nebeneinander von Gemeinschaftsrecht und nationalem Recht resultieren, erfüllt ist, bezweifelt etwa *Fastenrath*[904]: Ungleichbehandlungen, die daraus resultieren, dass die Gemeinschaft bestimmte Handlungen vornimmt, seien nicht dem deutschen Verfassungsrecht unterworfen, da die Ungleichbehandlung durch die Gemeinschaft nicht dem deutschen Staat zuzurechnen sei.[905] Folgt man dieser Auffassung, so wären auch die hier in Rede stehenden Sachverhalte nicht der grundgesetzlichen Gleichbehandlungsanforderung unterworfen, da die Mobiliarhypotheken ausländischem Recht entspringen und nur aufgrund des Gemeinschaftsrechts Wirksamkeit in Deutschland haben.[906]

Zweitens ließe sich gegen ein aus Art. 3 Abs. 1 GG resultierendes Inländerdiskriminierungsverbot und die daraus folgenden Kosequenzen anführen, dass Art. 3 Abs. 1

---

902 Damit führt die Neue Formel des BVerfG nicht zu einem wesentlich veränderten Kerngehalt des Art. 3 Abs. 1 GG, sondern erhöht lediglich die verfassungsrechtliche Kontrolldichte; BVerfGE 74, 29f. /Sondervotum; SEIFERT/HÖMIG-BERGMANN Grundgesetz Art. 3 Rz. 5.

903 Teil III § 5 . „Zusammenfassung der Teile I, II und III" S. 214.

904 FASTENRATH, Inländerdiskriminierung, JZ 1987 S. 170ff., 175.

905 FASTENRATH (vorangehende Fn.).

906 Oben Teile I, II und III.

GG in erster Linie ein Ungleichbehandlungsverbot auf horizontaler Ebene beinhaltet, also tatsächlich gleiche Vergleichsgruppen vorliegen müssen. Dass diese Anforderung bei dem Vergleich von Ausländern einerseits und Inländern andererseits erfüllt ist, liesse sich bestreiten.

Zum ersten: Das Gemeinschaftsrecht ist Recht, das durch den Bundesgesetzgeber zu vertreten und dementsprechend zu rechtfertigen ist. Die Berechtigung der Gemeinschaft, auf europäischer Ebene überhaupt Sachverhalte mit Wirkung für und gegen Deutschland kontrollieren und regeln zu dürfen, ist eine derivative und keine originäre Kompetenz.[907] Das Europarecht kann, wie bereits oben erörtert,[908] aus verfassungsrechtlicher Sicht nur in dem Rahmen Wirksamkeit für Deutschland entfalten, wie hierfür Kompetenzen an die Gemeinschaft abgetreten wurden.[909] Die dazu erfolgende Kompetenzübertragung führt nicht zu einer Kompetenzverlagerung zu Gunsten der Gemeinschaft, in dem Sinne, dass der deutsche Gesetzgeber keinen Bezug zu Akten auf Gemeinschaftsebene mehr hätte. Denn die Kompetenzverlagerung wird durch die vom deutschen Gesetzgeber geregelte Kompetenzübertragungsnorm des Art. 23 GG erst ermöglicht. Dadurch bleibt die Verantwortlichkeit des deutschen Gesetzgebers auch für Rechtsakte auf europäischer Ebene bestehen, soweit sie deutsche Belange berühren.

Dies wird auch daran deutlich, dass, wie es das BVerfG beschreibt, „die Gemeinschaft kein Staat (ist), auch kein Bundesstaat. Sie ist eine im Prozess fortschreitender Integration stehende Gemeinschaft eigener Art“[910]. Daraus resultiert, dass zwar die Kompetenz, nicht aber die alleinige Verantwortung für gemeinschaftsrechtliche Tätigkeiten auf die Gemeinschaft übertragen wurden, sodass die Verantwortung für Tätigkeiten auf Gemeinschaftsebene auch bei den Mitgliedstaaten verbleibt.[911] Daher sind auch die EG-vertraglichen Grundfreiheiten durch die Kompetenzübertragung auf die Gemeinschaft dem Bundesgesetzgeber zuzurechnen und auch die Auswirkungen der Grundfreiheiten im Inland vom nationalen Gesetzgeber zu vertreten. Wenn die Grundfreiheiten von Deutschland verlangen, wie zuvor in den Teilen I, II und III erörtert, dass es Mobiliar- und Unternehmenshypotheken anerkennt, so ist

---

[907] JARASS/PIEROTH-JARASS Art. 23 Rz. 2; SACHS-STREINZ Grundgesetz Ar. 23 Rz. 52ff.; SEIFERT/HÖMIG-RISSE Grundgesetz Art. 23 Rz. 2

[908] Teil II § 1 V.2.c(i). „Art. 23 GG“ S. 92f.

[909] Vgl. die Nachweise oben Fn.290 und 907.

[910] BVerfGE 37, 271, 278f.

[911] Wie hier mit teilweise anderer Begründung SCHILLING, Gleichheitssatz- und Inländerdiskriminierung, JZ 1994, S. 8ff., 10.

dies eine Wirkung die Deutschland selbst durch die Kompetenzübertragung auf die Gemeinschaft über Art. 23 GG verantwortet. Daher handelt es sich bei der Ungleichbehandlung von Ausländern und Inländern auf vertikaler Ebene um den gleichen Gesetzgeber. *Fastenraths* Einwand, dass aus dem Gemeinschaftsrecht resultierende Ungleichbehandlungen nicht dem grundgesetzlichen Gleichheitssatz unterworfen sind,[912] ist daher entgegenzutreten.

Zum zweiten: Der Gleichheitssatz des Art. 3 Abs. 1 GG erfordert keine vollständige Identität zweier Sachverhalte. Ausreichend ist bereits, dass bei dem Vergleich von einzelnen Sachverhalten einzelne Merkmale übereinstimmen. [913] Entscheidend kommt es daher auf das Differenzierungskriterium an,[914] auf das seitens einer der drei Gewalten bei einer Ungleichbehandlung abgestellt wird. In der Sache ist daher im Rahmen des Art. 3 Abs. 1 GG zu klären, mit welchem Ziel ein Differenzierungskriterium geschaffen wird. Eine Ungleichbehandlung kann sogar dann, wenn ein verfassungsgemäßes Ziel mit der Ungleichbehandlung angestrebt wird, rechtmäßig sein. Lässt sich dies üblicherweise aus dem Gesetz selbst, aus der ratio des Gesetzes, den Motiven des Gesetzgebers, sowie wirtschaftspolitischen Vorstellungen desselben ableiten,[915] so ist dies dadurch, dass die Ungleichbehandlung von In- und Ausländern aus der Beschränkungsverbotswirkung der Grundfreiheiten resultiert und diese erkennbar keine willentliche Entscheidung des deutschen Gesetzgebers ist, ein wenig ergiebiger Ansatzpunkt. Man kann insoweit davon ausgehen, dass der deutsche Gesetzgeber hiermit überhaupt kein Differenzierungsziel verfolgt. Dies muss indes nicht schon ausschließen, dass eine Ungleichbehandlung keinesfalls nicht stattfinden darf, da auch indirekte und mittelbare Diskriminierungskriterien, wenn man ihnen ein Differenzierungsziel entnehmen kann, ausreichen können. Die Ungleichbehandlung muss lediglich begründbar sein.[916] Grundsätzlich ließe sich daher auch hier vertreten, dass die Differenzierung erforderlich ist, um innerdeutsche sachenrechtliche Prinzipien aufrechtzuerhalten, um das Funktionieren der nationalen Rechtsordnung zu gewährleisten. Es wurde jedoch bereits erörtert, dass das Funktionieren des deutschen Sachenrechts nicht durch die Zulassung oder Aufnahme von Mobiliar- und Unternehmenshypotheken gefährdet ist. Denn in diesem Fall müsste diese Gefährdung des Sachenrechts auch als berechtigtes

[912] FASTENRATH, Inländerdiskriminierung, JZ 1987 S. 170ff., 175.
[913] V. MÜNCH/KUNIG-GUBELT Art. 3 Rz. 16a; SEIFERT/HÖMIG-BERGMANN Grundgesetz Art. 3 Rz. 6.
[914] SCHOCH, Gleichheitssatz DVBl. 1988, S. 863ff., 873; BVerfGE 51, 295, 300
[915] V. MÜNCH/KUNIG-GUBELT Art. 3 Rz. 18.
[916] V. MÜNCH/KUNIG-GUBELT Art. 3 Rz. 32.

nationales Allgemeininteresse gegen die Beschränkungsverbotswirkung der Grundfreiheiten für diesen Bereich sprechen. Dass dies nicht der Fall ist, wurde oben dargelegt, sodass sich aus den sachenrechtlichen Prinzipien auch kein legitimes Differenzierungsziel im Rahmen des Art. 3 Abs. 1 GG ableiten lässt.

Da ausländische Besicherer ihre Finanzierungstechniken der Mobiliar- und Unternehmenshypotheken aufgrund der Beschränkungsverbote anbieten und zur Anwendung bringen können und Deutschen die gleiche Besicherung aufgrund der sachenrechtlichen Regelungen Deutschlands ohne sachlichen Grund nicht möglich ist, liegt hierin eine ungerechtfertigte Ungleichbehandlung im Sinne des Art. 3 Abs. 1 GG. Die Inländerdiskriminierung hinsichtlich Mobiliar- und Unternehmenshypotheken ist damit rechtswidrig.

§ 4 Endergebnisse

Es ist zusammenzufassen:

1.) Die Grundfreiheiten sind unmittelbar geltendes Recht und sind als Beschränkungsverbote zu begreifen. Weder Rechtsprechung, noch Behörden dürfen entgegenstehendes nationales Recht anwenden.

2.) Als Derivat folgt daraus zwingend die Anerkennung von dinglichen Sicherungsrechten durch den jeweiligen Mitgliedstaat, in den das Sicherungsrecht gelangt, es sei denn, dass rechtfertigende nationale Allgemeininteressen bestehen.

3.) Solche rechtfertigenden Allgemeininteressen sind in Deutschland weder der sachenrechtliche Typenzwang, noch das Publizitäts-, noch das Bestimmtheits- oder Spezialitätsprinzip.

4.) Daraus folgt, dass europäische Mobiliar- und Unternehmenshypotheken in Deutschland anzuerkennen sind. Art. 43 EGBGB greift aufgrund des Anwendungsvorrangs des Gemeinschaftsrechts nicht ein.

5.) Das entscheidende deutsche Gericht muss, sofern es einen sachenrechtlichen, grenzüberschreitenden Sachverhalt, in dem nach obiger Untersuchung keine Allgemeininteressen bestehen, von sich aus die Anwendung der gesetzgeberischerseits für anwendbar erklärten Transpositionsregel sowie die Anwendung sonstigen entgegenstehenden nationalen Rechts unterlassen und das Herkunftslandsrecht zur Anwendung bringen.

6.) Eine Entscheidung, wie sie der BGH in dem bekannten Ferrari-Fall getroffen hat, wäre bei derzeitiger Rechtslage somit EG-vertragswidrig. Die Benennung dieses Urteils in der Gesetzesbegründung zu Art. 43 EGBGB ist verfehlt.

7.) Sofern es sich um eine letztinstanzliche Entscheidung handelt, besteht die Vorlagepflicht zum EuGH gem. Art. 234 Abs. 3 EGV. Unterbleibt diese Vorlage und wird weiterhin an Art. 43 EGBGB mit den daran geknüpften und oben dargestellten Folgen festgehalten, so ist dies ein Gemeinschaftsrechtsverstoß. Aufgrund dessen können die Kommission und die anderen Mitgliedstaaten gegen Deutschland ein Vertragsverletzungsverfahren nach Artt. 226, 227 EGV einleiten. Die Nichtvorlage an den EuGH bedeutet gleichzeitig einen Verstoß gegen die Garantie des Rechts des gesetzlichen Richters gem. Art. 101 Abs. 1 S. 2 GG, den der durch das Urteil Betroffene durch Verfassungsbeschwerde gem. Art. 93 Abs. 1 4 a i.V.m. 101 Abs. 1 S. 2 GG geltend machen kann.

8.) Besicherer aus dem europäischen Ausland können ihre Mobiliar- und Unternehmenshypotheken bedenkenlos zum Einsatz bringen, Rechtsverluste durch Grenzüberschreitung nach Deutschland dürfen nicht entstehen.

9.) Dadurch können ausländische Besicherer Mobiliar- und insbesondere Unternehmenshypotheken auch direkt grenzüberschreitend nach Deutschland anbieten.

10.) Es bedarf hierzu keiner weiteren Koordinierung der Mobiliar- und Unternehmenshypotheken auf europäischer Ebene, bereits jetzt geltendes Recht zwingt zu diesem Ergebnis.

11.) Das aus der Beschränkungsverbotswirkung der Grundfreiheiten resultierende Problem der Inländerdiskriminierung lässt sich weder über die Grundfreiheiten selbst, noch über das allgemeine Diskriminierungsverbot des Art. 12 EGV lösen.

12.) Art. 3 Abs. 1 GG verbietet Ungleichbehandlungen innerhelb Deutschlands durch Exekutive, Judikative oder Legislative ohne sachlichen Grund. Ein sachlicher Grund für eine Ungleichbehandlung von Deutschen gegenüber Ausländern hinsichtlich Mobiliar- und Unternehmenshypotheken besteht nicht. Diese Ungleichbehandlung ist verfassungswidrig.

13.) Deutschland ist verpflichtet, im Inland die dinglichen Sicherheiten Mobiliar- und Unternehmenshypothek zur Verfügung zu stellen.

Studien zum europäischen Privat- und Prozeßrecht

Herausgegeben von Prof. Dr. Manfred Wolf

Band 1 Axel Pajunk: Die Bedeutung und Reichweite der Kapitalverkehrs- und Dienstleistungsfreiheit des EG-Vertrages. Die gegenseitige Anerkennung von Privatrechtsinstituten am Beispiel der englischen Mobiliarkreditsicherheiten. 1999.

Band 2 Kerstin Pudor: Die Wirkungsweise verbraucherschützender Widerrufsrechte. Zur Wirksamkeit des Verbrauchervertrages bei bestehendem Widerrufsrecht nach den §§ 1 HWiG, 7 VerbrKrG und 5 TzWrG. 2000.

Band 3 Michael Brück: Das Vorabentscheidungsverfahren vor dem Europäischen Gerichtshof als Bestandteil des deutschen Zivilprozesses. Rechtsschutzhemmendes Integrationsproblem oder kohärente Rechtsschutzerweiterung. 2001.

Band 4 Christine Steven: Immobiliarsicherheiten im englischen und deutschen Recht. Eine rechtsvergleichende Untersuchung unter besonderer Berücksichtigung der Insolvenz des Sicherheitengebers. 2002.

Band 5 Jochen Kaiser: Schutzrechtsfremde Wettbewerbsverbote in immaterialgüterrechtlichen Lizenzverträgen. 2002.

Band 6 Nikolaj Fischer: Das allgemeine verbraucherschützende Widerrufsrecht gemäß § 355 BGB. Ein Beitrag zur Dogmatik der Wirkungsweise von Widerrufsrechten im Privatrecht. 2003.

Band 7 Markus Dinnes: Softwareentwicklung im Vertragsverhältnis. Die Zuordnung von Nutzungsrechten bei fehlender vertraglicher Vereinbarung. 2003.

Band 8 Jan Roth: Interessenwiderstreit im Insolvenzeröffnungsverfahren. Eine Untersuchung des Insolvenzeröffnungsverfahrens unter verfahrens- und verfassungsrechtlichen Gesichtspunkten. 2004.

Band 9 Cengiz Kulaksiz: Die Teilklage im deutschen und türkischen Zivilprozessrecht. 2004.

Band 10 Franc Zimmermann: Mobiliar- und Unternehmenshypotheken in Europa. Auswirkungen der Grundfreiheiten des EG-Vertrages auf das nationale Sachrecht. 2005.

www.peterlang.de

FSC
www.fsc.org
MIX
Papier | Fördert gute Waldnutzung
FSC® C083411

Kolibri 360 GmbH
Ferdinand-Jühlke-Straße 7
99095 Erfurt, Deutschland
produktsicherheit@kolibri360.de

Druck:
CPI Druckdienstleistungen GmbH
im Auftrag der
Kolibri 360 GmbH
Ferdinand-Jühlke-Str. 7
99095 Erfurt